Vertriebsbindungen im deutschen Apothekenrecht und die Freiheit des Warenverkehrs (Art. 28, 30 EG)

Europäische Hochschulschriften

Publications Universitaires Européennes
European University Studies

Reihe II
Rechtswissenschaft

Série II Series II
Droit
Law

Bd./Vol. 4171

PETER LANG
Frankfurt am Main · Berlin · Bern · Bruxelles · New York · Oxford · Wien

Friederike Meurer

Vertriebsbindungen im deutschen Apothekenrecht und die Freiheit des Warenverkehrs (Art. 28, 30 EG)

Unter besonderer Berücksichtigung des EuGH-Urteils in der Rechtssache Deutscher Apothekerverband gegen DocMorris

PETER LANG
Europäischer Verlag der Wissenschaften

Bibliografische Information Der Deutschen Bibliothek
Die Deutsche Bibliothek verzeichnet diese Publikation in der Deutschen Nationalbibliografie; detaillierte bibliografische Daten sind im Internet über <http://dnb.ddb.de> abrufbar.

Zugl.: Bonn, Univ., Diss., 2004

D 5
ISSN 0531-7312
ISBN 3-631-53695-X

www.peterlang.de

VORWORT

Die vorliegende Arbeit wurde im Sommersemester 2004 von der Rechts- und Staatswissenschaftlichen Fakultät der Rheinischen Friedrich-Wilhelms-Universität Bonn als Dissertation angenommen. Das Manuskript war im April 2004 abgeschlossen. Für die Drucklegung konnten teilweise noch neuere Literatur und Rechtsprechung berücksichtigt werden.

Mein herzlicher Dank gilt an erster Stelle meinem Doktorvater, Herrn Prof. Dr. Christian Koenig, LL.M., Direktor am Zentrum für Europäische Integrationsforschung (ZEI) der Universität Bonn, der die Arbeit angeregt und mit Engagement betreut hat. Wesentlich bereichert wurde die Arbeit durch die Erfahrungen, die ich als wissenschaftliche Mitarbeiterin am ZEI sammeln konnte. Insbesondere für die Möglichkeit, das EuGH-Verfahren in der Rechtssache Deutscher Apothekerverband/DocMorris von Anfang bis Ende „hautnah" miterleben zu können, bin ich Herrn Prof. Koenig zu Dank verpflichtet. Ihm ebenso wie dem Zweitgutachter Herrn Prof. Dr. Matthias Herdegen danke ich zugleich für die rasche Erstellung der Gutachten.

Darüber hinaus geht mein besonderer Dank an Frau Dr. Christina Engelmann, die für alle Fragen ein offenes Ohr hatte und durch zahlreiche Anregungen wesentlich zum Gelingen der Arbeit beigetragen hat. Neben ihr danke ich Frau Kristin Hentschel, Frau Christina Töfflinger und meiner Mutter, Frau Dr. Dorothea Meurer-Meichsner, für das unermüdliche Korrekturlesen. Frau Almuth Meichsner und Herrn Ricardo Guimarães danke ich schließlich für die stetige Aufmunterung und Motivation.

Nicht mehr danken kann ich meinem Vater, Prof. Dr. Dieter Meurer, der (nicht nur) meinen juristischen Werdegang stets begeistert unterstützt hat, ohne mich je dabei einzuengen. Seinem Gedenken widme ich diese Arbeit.

Köln, im Januar 2005 Friederike Meurer

INHALTSVERZEICHNIS

ABKÜRZUNGSVERZEICHNIS

DER ZITIERTEN QUELLEN UND INSTITUTIONEN

ABDA	Bundesvereinigung Deutscher Apothekerverbände
ABl.EG	Amtsblatt der Europäischen Gemeinschaften
AMG	Arzneimittelgesetz
AMPreisVO	Arzneimittelpreisverordnung
ApBetrO	Apothekenbetriebsordnung
ApoG	Apothekengesetz
ApoR	Apotheke & Recht
A & S	Arbeit und Sozialpolitik
BApO	Bundesapothekerordnung
BGB	Bürgerliches Gesetzbuch
BGBl.	Bundesgesetzblatt
BfArM	Bundesinstitut für Arzneimittel und Medizinprodukte
BKK	Betriebskrankenkasse
BT-Drucks.	Bundestagsdrucksache
BR-Drucks.	Bundesratsdrucksache
BVerfG	Bundesverfassungsgericht
CML Rev.	Common Market Law Review
DAZ	Deutsche Apothekerzeitung
DÖV	Die öffentliche Verwaltung
DWW	Deutsche Wohnungswirtschaft
DZWiR	Deutsche Zeitschrift für Wirtschaftsrecht
EBLR	European Business Law Review
EG	Europäische Gemeinschaft (oder, je nach Zusammenhang: Vertrag zur Gründung der Europäischen Gemeinschaft)
EGV	Vertrag zur Gründung der Europäischen Gemeinschaft in der Fassung vor dem 1. Mai 1999

EMEA	European Agency for the Evaluation of Medicinal Products
EuGH	Gerichtshof der Europäischen Gemeinschaft
EuGRZ	Zeitschrift für Europäische Grundrechte
EuR	Europarecht
EuZW	Europäische Zeitschrift für Wirtschaftsrecht
EWG	Europäische Wirtschaftsgemeinschaft
EWS	Europäisches Wirtschafts- und Steuerrecht
FS	Festschrift
GesR	GesundheitsRecht
GewArch	Gewerbe Archiv
GMG	Gesetz zur Modernisierung der Gesetzlichen Krankenversicherung (GKV-Modernisierungsgesetz)
GG	Grundgesetz
GKV	Gesetzliche Krankenversicherung
GRUR Int.	Gewerblicher Rechtsschutz und Urheberrecht, Internationaler Teil
GWB	Gesetz gegen Wettbewerbsbeschränkungen
HWG	Heilmittelwerbegesetz
JBl.	Juristische Blätter
JURA	Juristische Ausbildung
JZ	Juristenzeitung
K & R	Kommunikation und Recht
LSchlG	Ladenschlussgesetz
MedR	Medizinrecht
MMR	Multimedia und Recht
NJW	Neue Juristische Wochenschrift
NVwZ	Neue Zeitschrift für Verwaltungsrecht
NZG	Neue Zeitschrift für Gesellschaftsrecht
NZS	Neue Zeitschrift für Sozialrecht
PharmInd	Die Pharmazeutische Industrie

PharmR	Pharmarecht
PZ	Pharmazeutische Zeitung
RabelsZ	Rabels Zeitschrift für ausländisches und internationales Privatrecht
RegTP	Regulierungsbehörde für Telekommunikation und Post
RL	Richtlinie
SGB V	Sozialgesetzbuch, Fünftes Buch
Slg.	Sammlung der Rechtsprechung des Europäischen Gerichtshofs und des Gerichts erster Instanz
TKG	Telekommunikationsgesetz
TUDLV	Telekommunikationsuniversaldienstleistungsverordnung
VO	Verordnung
WRP	Wettbewerb in Recht und Praxis
WuW	Wirtschaft und Wettbewerb
ZESAR	Zeitschrift für europäisches Sozial- und Arbeitsrecht
ZIP	Zeitschrift für Wirtschaftsrecht
ZNR	Zeitschrift für neues Energierecht
ZRP	Zeitschrift für Rechtspolitik
ZUM	Zeitschrift für Urheber- und Medienrecht

Einleitung

Der Vertrieb von Arzneimitteln unterliegt in Deutschland – ebenso wie in den anderen Mitgliedstaaten der EG – strengen rechtlichen Vorgaben und Bindungen. Dies gilt für Hersteller und Großhändler und in besonderem Maße für Apotheken. Zahlreiche miteinander verbundene, oft historisch gewachsene Vorschriften sollen gewährleisten, dass die Bevölkerung bei der Anwendung von Arzneimitteln keinen Risiken ausgesetzt wird und die benötigten Arzneimittel zu jeder Zeit und in ausreichender Menge zur Verfügung stehen. Diese Vertriebsbindungen im deutschen Apothekenrecht geraten in Konflikt mit dem Gemeinschaftsrecht, wenn sie sich auf den grenzüberschreitenden Arzneimittelhandel auswirken. Insbesondere die Grundfreiheiten des EG-Vertrags stellen dann Maßstäbe auf, denen die mitgliedstaatlichen Regelungen genügen müssen und die der Entscheidungsbefugnis des nationalen Gesetzgebers Grenzen setzen. In der Vergangenheit war dieser Konflikt zwischen nationaler Regelungsgewalt und Reichweite der EG-Grundfreiheiten von wenig praktischem Interesse: Endkunden erwarben nur in Ausnahmefällen Arzneimittel direkt bei Apotheken anderer Mitgliedstaaten. Erst mit Aufkommen des Internets eröffnete sich die Möglichkeit, Konsumgüter des täglichen Lebens und damit auch Arzneimittel grenzüberschreitend zu beziehen. Dieses gewandelte Einkaufsverhalten hat zur Folge, dass sich die Frage des Verhältnisses apothekenrechtlicher Vertriebsbindungen zu den Grundfreiheiten des EG-Vertrags in neuer Aktualität stellt.

Besonders deutlich zeigte sich dies in dem am 11. Dezember 2003 ergangenen Urteil des EuGH in der Rechtssache Deutscher Apothekerverband gegen 0800DocMorris N. V.[1] Im Zentrum dieses Vorabentscheidungsverfahrens stand die Frage nach der Vereinbarkeit des bis zum 31. Dezember 2003 in § 43 Abs. 1 Arzneimittelgesetz (AMG) normierten Verbots des Versandes von Arzneimitteln mit der Freiheit des Warenverkehrs gem. Art. 28, 30 EG-Vertrag (EG). Hintergrund und konkreter Anlass war die Geschäftstätigkeit der niederländischen Apotheke 0800DocMorris N. V. (im Folgenden DocMorris). Diese unweit der deutschen Grenze niedergelassene Apotheke begann im Frühjahr 2000, deutsche Endkunden grenzüberschreitend mit kostengünstigen Arzneimitteln zu beliefern, die zuvor telefonisch oder per Internet bestellt worden waren. Während sich die alternative Bezugsmöglichkeit für Arzneimittel bei Verbrauchern wachsender Beliebtheit erfreute, war der neue Konkurrent den deutschen Apothekern ein Dorn im Auge. Unter Hinweis auf das damals noch geltende Arzneimittelversandverbot versuchte der deutsche Apothekerverband, die Geschäftstätigkeit von DocMorris gerichtlich zu unterbinden. Nach zahl-

---

[1] EuGH, Urt. v. 11. Dezember 2003, Rs. C-322/01, DocMorris, NJW 2004, 131.

reichen – im Ergebnis unterschiedlichen – Entscheidungen[2] legte schließlich das Landgericht Frankfurt/M. am 10. August 2001 dem EuGH gem. Art. 234 EG verschiedene Fragen zur Vorabentscheidung vor.[3] Die große Bedeutung, die diesem Verfahren nicht nur in Deutschland beigemessen wurde, kam nicht zuletzt durch die – für Vorabentscheidungsersuchen ungewöhnlich hohe – Anzahl der eingereichten schriftlichen Stellungnahmen zum Ausdruck.[4] Der EuGH trug dem dadurch Rechnung, dass er die Rechtssache vor dem Plenum aller 15 EuGH-Richter verhandelte. Nach der mündlichen Verhandlung am 10. Dezember 2002 legte am 11. März 2003 Generalanwältin *Stix-Hackl* ihre Schlussanträge vor.[5]

Das nunmehr ergangene Urteil des EuGH setzt auf den ersten Blick einen Schlussstrich unter die intensiv geführte juristische Debatte. Dies scheint umso mehr zu gelten, als das kategorische Verbot des § 43 Abs. 1 AMG unterdessen aufgehoben wurde und damit der Rechtsgeschichte angehört. Zeitgleich mit und angestoßen durch das EuGH-Verfahren hatten nämlich Krankenkassen und Politiker das Thema Versandhandel für sich entdeckt. In Zeiten leerer Kassen und steigender Arzneimittelausgaben schien eine Revision des deutschen Vertriebssystems für Arzneimittel zwingend erforderlich. Immer mehr gesetzliche Krankenkassen witterten eine Möglichkeit zur Kosteneinsparung und begannen – ohne konkrete rechtliche Grundlage – mit DocMorris abzurechnen. Zahlreiche gesetzlich Versicherte nahmen diese Möglichkeit in Anspruch, unter anderem auch deswegen, weil die niederländische Apotheke die in Deutschland fälligen Zuzahlungen übernahm. Nicht zuletzt diese Abrechnungspraxis führte zu einer intensiven – polarisiert geführten[6] – politischen Debatte zwischen Befürwortern und Gegnern des Arzneimittelversandhandels, welche ihren vorläufigen Höhe-

---

2 Siehe z. B. OLG Frankfurt/M., Urt. v. 31. Mai 2001, MMR 2001, 751; LG Berlin, Urt. v. 7. November 2000, MMR 2001, 249; LG Frankfurt/M., Urt. v. 9. November 2000, MMR 2001, 243; KG Berlin, Urt. v. 29 Mai 2001, MMR 2001, 759.

3 LG Frankfurt/M., Beschluss v. 10. August 2001, NJW 2001, 2824.

4 Neben den Parteien des Ausgangsverfahrens, der Kommission und der Bundesrepublik Deutschland hatten Frankreich, Griechenland, Irland und Österreich schriftliche Stellungnahmen eingereicht.

5 GA *Stix-Hackl* zu: EuGH, Urt. v. 11. Dezember 2003, Rs. C-322/01, DocMorris, abrufbar unter http://www.curia.eu.int/jurisp/cgi-bin/form.pl?lang=de nach Eingabe der Rechtssache; siehe zu den Schlussanträgen *Dettling*, PharmR 2003, 194 sowie *Koenig/Meurer/Engelmann*, PharmR 2003, 113.

6 Als Beispiel sei auf der einen Seite die groß angelegte Unterschriftenaktion der Bundesvereinigung Deutscher Apothekerverbände (ABDA) gegen den Arzneimittelversand genannt, auf der anderen die Ankündigung des Vorsitzenden der Gmünder Ersatzkasse, Dieter Hebel, für den Versandhandel sogar ins Gefängnis gehen zu wollen; siehe *Ärzte Zeitung* v. 28. März 2003, „Kasse will trotz Verbots Rezepte von DocMorris anerkennen“, S. 6; vgl. auch die emotional geführte Debatte um die Verleihung des deutschen Gründerpreises 2003 an DocMorris; siehe etwa *Stern* v. 25. Juni 2003, „Der Pillen-Aldi“, S. 102.

punkt in der Verabschiedung von Art. 20 bis 24 des GKV-Modernisierungsgesetzes (GMG) fand.[7] Als Teil der sog. Agenda 2010 wurden – neben der Novellierung des Systems der gesetzlichen Krankenversicherung – zahlreiche Vorschriften des Apothekenrechts aufgehoben, ergänzt oder abgeändert. Das bisherige kategorische Verbot des Arzneimittelversandes wurde durch ein Verbot mit Erlaubnisvorbehalt ersetzt. Deutsche Apotheken haben danach einen Anspruch auf Erteilung einer Erlaubnis zum Versand von Arzneimitteln, sofern bestimmte Sicherheitsstandards gewährleistet werden. Für die grenzüberschreitende Arzneimittelabgabe wurde durch § 73 Abs. 1 Nr. 1a AMG eine entsprechende Erlaubnis eingefügt.

Diese – nun vorläufig abgeschlossenen – Reformbestrebungen zeigen allerdings auch, welche Brisanz in dem so lange unangetastet gebliebenen Arzneimittelversorgungssystem durch Apotheken steckt. Gesetzgebungsaktivitäten und EuGH-Verfahren öffnen bei genauer Betrachtung das Tor zu zahlreichen weiteren Fragen, die der näheren Untersuchung bedürfen. So entschied der Gerichtshof, dass ein Arzneimittelversandverbot wie § 43 Abs. 1 AMG a. F. nicht unter die sog. „Keck-Formel" und damit in den Anwendungsbereich der Warenverkehrsfreiheit gem. Art. 28 EG fällt. Begründet wurde dies mit der marktzugangsbehindernden Wirkung eines solchen Verbots. Während die Bewertung des § 43 Abs. 1 AMG a. F. im Ergebnis also eindeutig ausfällt, lässt die knappe Urteilsbegründung eine Übertragung auf weitere Vertriebsbindungen nicht ohne weiteres zu. Insbesondere stellt sich die Frage, welche Voraussetzungen erfüllt sein müssen, um eine mitgliedstaatliche Regelung als marktzugangsbehindernd einzustufen. In der Rechtssache *DocMorris* sucht man ebenso wie in der früheren Rechtsprechung des EuGH vergeblich nach einer ausdrücklichen Bestimmung des in diesem Zusammenhang zugrunde zu legenden Marktbegriffs. Ist mit „Marktzugang" alleine die Ermöglichung des grenzüberschreitenden Warenverkehrs gemeint oder handelt es sich um einen spezielleren Marktbegriff, der – wie insbesondere im Wettbewerbsrecht – eine genaue Marktabgrenzung erforderlich macht?

Weitere gemeinschaftsrechtliche Fragen stellen sich im Rahmen der Rechtfertigungsprüfung nach Maßgabe des Art. 30 EG. Das System der Arzneimittelversorgung, in dessen Zentrum die Apotheke steht, soll in seiner Gesamtheit sicherstellen, dass die Bevölkerung flächendeckend und ohne Risiken zu jeder Zeit mit Arzneimitteln versorgt wird. Die Gewährleistung von Versorgungssicherheit mit Arzneimitteln wurde vom EuGH als Rechtfertigungsgrund im Rahmen des Gesundheitsschutzes anerkannt. Eine den freien Warenverkehr beschränkende apothekenrechtliche Vertriebsbindung lässt sich also dann gem. Art. 30 EG rechtfer-

---

[7] Gesetz zur Modernisierung der gesetzlichen Krankenversicherung v. 14. November 2003, BGBl. I, S. 2190.

tigen, wenn sie zur Sicherstellung einer flächendeckenden Versorgung mit Arzneimitteln geeignet, erforderlich und angemessen ist. Insbesondere das Kriterium der Erforderlichkeit setzt aber voraus, dass keine Regulierungsalternativen denkbar sind, die die Arzneimittelversorgung ebenso effektiv gewährleisten, den freien Warenverkehr aber weniger beschränken. Dahingehende Diskussionen um die Versorgungssicherheit wurden bisher in den klassischen „Daseinsvorsorgebereichen" wie etwa Energie, Verkehr oder Telekommunikation geführt.[8] Insbesondere wurden dort auch sog. „Universaldienstleistungsmodelle" entwickelt, die bei Zulassung möglichst vieler Wettbewerbselemente eine flächendeckende Versorgung gewährleisten. Die auf diesen Gebieten gewonnenen Erfahrungen und Ergebnisse können möglicherweise für die Arzneimittelversorgung nutzbar gemacht werden, um auch hier Vorschläge für alternative Absicherungen der Versorgungssicherheit zu entwickeln.

Ungelöstes Konfliktpotenzial enthält schließlich die Frage des grenzüberschreitenden Direktverkaufs solcher Arzneimittel, die im Ein- und Ausfuhrstaat jeweils national zugelassen sind und sich allein durch Verpackung und Packungsbeilage voneinander unterscheiden. Kann die Einfuhr solcher Arzneimittel unter Hinweis auf die fehlende Zulassung untersagt werden, oder findet ein nationales Verbringungsverbot für nicht zugelassene Arzneimittel wie § 73 Abs. 1 AMG bei einer solchen Konstellation keine Anwendung? Auf der Großhandelsebene ist diese Problematik unter dem Schlagwort „Parallelimport" seit einiger Zeit bekannt. Der EuGH hat dort in ständiger Rechtsprechung entschieden, dass die Einfuhr nicht unter Hinweis auf die fehlende Zulassung untersagt werden darf.[9] An die Stelle eines vollständigen Zulassungsverfahrens nach dem Gemeinschaftskodex für Humanarzneimittel tritt in solchen Fällen eine Identitätsüberprüfung (auch als vereinfachtes Zulassungsverfahren bezeichnet), die zur Erteilung einer sog. Parallelimportzulassung führt. Es fragt sich nun, ob und inwieweit diese Rechtsprechung auf den „Parallelimport auf der Einzelhandelsebene", d. h. auf den grenzüberschreitenden Direktverkauf aus EG-ausländischen Apotheken, übertragbar ist.

Die so aufgeworfenen Fragen stellen sich nicht nur im Hinblick auf das – mittlerweile historisch gewordene – deutsche Arzneimittelversandverbot. Sie haben vielmehr ebenso Bedeutung für zahlreiche andere Vertriebsbindungen im Apo-

---

[8] Siehe zur Diskussion um die Daseinsvorsorge an dieser Stelle nur die Beiträge in den Sammelbänden von *Hrbek/Nettesheim (Hrsg.)*, EU und mitgliedstaatliche Daseinsvorsorge und *Schwarze (Hrsg.)*, Daseinsvorsorge im Lichte des Wettbewerbsrechts.

[9] Siehe an dieser Stelle nur EuGH, Urt. v. 20. Mai 1976, Rs. 104/75, De Peijper, Slg. 1976, S. 613; EuGH, Urt. v. 1. Juli 1993, Rs. C-207/91, Eurim-Pharm, Slg. 1993, S. I-3723; EuGH, Urt. v. 12. November 1996, Rs. C-201/94, Smith & Nephew und Primecrown, Slg. 1996, S. I-5819; EuGH, Urt. v. 16. Dezember 1999, Rs. C-94/98, Rhône-Poulenc Rorer und May & Baker, Slg. 1999, S. I-8789.

thekenrecht. So fragt sich etwa, ob das sog. Apothekenmonopol, welches die Arzneimittelabgabe in Deutschland den Apotheken vorbehält, als Maßnahme gleicher Wirkung gem. Art. 28 EG einzuordnen ist, oder ob es als Regelung einer Verkaufsmodalität i. S. d „Keck-Formel" aus dem Anwendungsbereich der Warenverkehrsfreiheit herausfällt. Kritik ausgesetzt ist auch die Preisbildung durch die Arzneimittelpreisverordnung, die durch die Festlegung bestimmter Handelsmargen für Großhändler und Apotheken einheitliche Abgabepreise gewährleistet. Auswirkungen auf den grenzüberschreitenden Handel haben daneben die sog. Verbote des Fremd- und Mehrbesitzes, die – auch nach den Auflockerungen durch das GMG – das Betreiben von Apotheken durch Nichtapotheker sowie die Bildung von Apothekenketten verhindern. Als gemeinschaftsrechtlich kritisch erweist sich schließlich die Vorschrift des § 2 Abs. 2 Apothekengesetz (ApoG), die EG-ausländischen Apothekern die Errichtung einer neuen Apotheke in Deutschland verbietet, sofern sie über kein deutsches Diplom verfügen.

Jede dieser Vertriebsbindungen käme als Ausgangspunkt für eine eingehende Untersuchung in Betracht. Die gemeinschaftsrechtlichen Fragen stellen sich dort jedoch zumeist nur beschränkt auf einen Teilaspekt. So ist etwa wenig zweifelhaft, dass sowohl das Fremd- als auch das Mehrbesitzverbot die Niederlassungsfreiheit gem. Art. 43 EG beschränken. Inwieweit diese Verbote aber erforderlich sind, um eine flächendeckende Versorgung mit Arzneimitteln zu gewährleisten, wird konträr diskutiert. Im Gegensatz dazu steht z. B. bei der Bewertung eines Apothekenmonopols nicht die Rechtfertigungsprüfung, sondern die Vorfrage der grundsätzlichen Anwendbarkeit der Warenverkehrsfreiheit und damit die Untersuchung der „Keck-Formel" im Vordergrund. Während bei zahlreichen Vertriebsbindungen also *entweder* Tatbestandsmäßigkeit *oder* Rechtfertigung einer vertieften Überprüfung bedürfen, warf die gemeinschaftsrechtliche Bewertung des ehemaligen deutschen Arzneimittelversandverbots sämtliche Fragen kumulativ auf. § 43 Abs. 1 AMG a. F. verbot die Arzneimittelabgabe im Wege des Versandes und regelte damit eine Modalität des Verkaufs. Da diese Regelung formal für In- und Ausländer gleichermaßen galt, stellte sich die Frage nach der Anwendbarkeit der „Keck-Formel". Zur Verteidigung des Versandverbots waren stets Argumente der Versorgungssicherheit vorgebracht worden, anhand derer eine exemplarische Rechtfertigungsprüfung durchgeführt werden kann. Für nicht in Deutschland zugelassene Arzneimittel ist der Versand auch heute noch gem. § 73 Abs. 1 AMG verboten, so dass sich eine genaue gemeinschaftsrechtliche Überprüfung dieser Norm anbietet.

Die vielfältigen, soeben ansatzweise aufgezeigten gemeinschaftsrechtlichen Aspekte des deutschen Arzneimittelversandverbots gem. § 43 Abs. 1 AMG a. F. legen es nahe, die Untersuchung zunächst anhand dieses besonders plakativen Beispiels vorzunehmen. Wie sich zeigen wird, lassen sich auf diese Weise die offenen Rechtsfragen besonders gut verdeutlichen und im Anschluss daran verallgemeinern. Die Übertragung der gewonnenen Erkenntnisse auf weitere Vertriebsbindungen in der Arzneimittelversorgung soll – der Übersichtlichkeit halber – einem separaten Schlussteil vorbehalten bleiben.

Der so konzipierten Arbeit sind schließlich noch einige Bemerkungen zur Reichweite der Untersuchung voranzustellen: Das in der öffentlichen Diskussion um den Arzneimittelversandhandel geprägte Schlagwort von der Internet- oder Online-Apotheke[10] könnte die Vermutung nahe legen, dass im Zentrum einer juristischen Auseinandersetzung mit der Vertriebsform Arzneimittelversand Fragen des sog. E-Commerce stehen. Tatsächlich konnte der von DocMorris betriebene grenzüberschreitende Versandhandel nur deshalb erfolgreich werden, weil die niederländische Apotheke den Vertrieb maßgeblich über das Internet abwickelt. Dies darf allerdings nicht darüber hinwegtäuschen, dass sich die juristische Frage nach der Zulässigkeit des grenzüberschreitenden Vertriebs von Arzneimitteln auf der Einzelhandelsebene unabhängig von der Nutzung des Internets stellt.

Diese Geschäftsvorgänge sind insbesondere nicht an den sekundärrechtlichen Vorgaben der sog. E-Commerce Richtlinie zu messen.[11] Die Versendung, d. h. die Auslieferung der Arzneimittel erfolgt ohne Einsatz des Internets. Für den Geschäftsvorgang der Auslieferung („physical delivery") – in den Worten des deutschen Abstraktionsprinzips für das Verfügungsgeschäft – enthält die E-Commerce Richtlinie aber keine Regelungen. Vielmehr sehen Art. 2 lit. h ii sowie Erwägungsgrund 18 der Richtlinie ausdrücklich vor, dass Anforderungen betreffend die Lieferung von Waren vom koordinierten Bereich ausgenommen werden. Vorschriften, die diesen Geschäftsvorgang beschränken, sind dementsprechend unmittelbar anhand des EG-Primärrechts, insbesondere der Freiheit des Warenverkehrs zu messen.

Hiervon streng zu unterscheiden sind die Rechtsprobleme, die sich aus der Nutzung des Internets für die Arzneimittelbestellung – also für das Kausalgeschäft – ergeben. Wird dieser Vorgang von mitgliedstaatlichen Regelungen beeinträchtigt, kann nach der Vereinbarkeit mit der E-Commerce Richtlinie gefragt werden. Im Vordergrund stehen dann insbesondere die unterschiedlichen Verbote des Heilmittelwerbegesetzes. Neben einer Beurteilung anhand der E-Commerce Richtlinie ist stets auch zu prüfen, ob und inwieweit diese Verbote mit den Vor-

---

10 Siehe nur *Financial Times Deutschland* v. 30 Mai 2000, „Internet-Apotheke macht Schluss mit Apotheken Preisen", S. 1 oder *Frankfurter Allgemeine Sonntagszeitung* v. 20. Juli 2003, „Juristischer Sieg für Internet Apotheke DocMorris", S. 12. Dieser Begriff wurde auch in der juristischen Literatur aufgegriffen; vgl. etwa die Titel der Dissertationen von *Rolfes*, Internetapotheken und *Malz*, Die Internet-Apotheke in Europa.

11 RL 2000/31/EG über den elektronischen Geschäftsverkehr ABl.EG 2000 Nr. L 178, S. 1.

gaben der sog. Heilmittelwerberichtlinie im Einklang stehen.[12] Solche Fragen interessieren im Rahmen der vorliegenden Untersuchung allerdings nur am Rande. Soweit sie für den Auslieferungsvorgang Bedeutung haben, soll ihre positive Beantwortung prämissenartig vorausgesetzt werden. Im Focus stehen hier jedoch diejenigen Vorschriften des Apothekenrechts, welche die tatsächliche Arzneimittelabgabe regeln und einen Bezug zu den EG-Grundfreiheiten aufweisen.

Diese Schwerpunktsetzung führt dazu, dass auch ein anderer Fragenkomplex unbeachet bleibt: Im Zusammenhang mit der grenzüberschreitenden Inanspruchnahme von Gesundheitsleistungen war der EuGH bereits mehrfach mit Regelungen mitgliedstaatlicher Krankenversicherungssysteme befasst. In nunmehr ständiger Rechtsprechung entschied er, dass die Grundfreiheiten des EG-Vertrags gesetzlich Krankenversicherten die Möglichkeit einräumen, grundsätzlich auch Leistungserbringer aus anderen Mitgliedstaaten in Anspruch zu nehmen.[13] Dies gilt ausdrücklich auch dann, wenn das Krankenversicherungssystem – wie in Deutschland – sog. „Sachleistungen" vorsieht, d. h., wenn die Bezahlung durch den Versicherungsträger, nicht aber durch denjenigen erfolgt, dem die Leistung zugute kommt.[14] Während also die grundsätzliche Frage der Kostenübernahme bei grenzüberschreitend erbrachten Gesundheitsleistungen an gesetzlich Versicherte abschließend positiv beantwortet ist, stellen sich zahlreiche Folgefragen hinsichtlich der Einbindung EG-ausländischer Leistungserbringer in die nationalen Versicherungssysteme. So ist im Fall der Arzneimittelabgabe unstreitig, dass deutsche gesetzliche Krankenkassen verpflichtet sind, die Kosten für den Arzneimittelbezug aus einer EG-ausländischen Apotheke zu übernehmen.[15] Weitgehend ungeklärt ist aber, ob und inwieweit ausländische A-

---

[12] RL 92/28/EWG, ABl.EG 1992 Nr. L 113, S. 13, nunmehr Teil des Gemeinschaftskodex für Humanarzneimittel, ABl.EG 2001 Nr. L 311, S. 67. Mit diesen Fragen haben sich bereits verschiedene Autoren ausführlich befasst; siehe etwa *Sander*, ApoR 2002, 132; *Rolfes*, Internetapotheken, S. 26 ff.; *Koenig/Müller*, PharmR 2002, 5; *Mand*, MMR 2003, 77, 80 ff.

[13] EuGH, Urt. v. 28. April 1998, Rs. C-158/96, Kohll, Slg. 1998, S. I-1931; EuGH, Urt. v. 12. Juli 2001, Rs. C-157/99, Geraets-Smits und Peerbooms, Slg. 2001, S. I-5473; EuGH, Urt. v. 13. Mai 2003, Rs. C-385/99, Müller-Fauré, Slg. 2003, S. I-4509; siehe zu der sich hieraus ergebenden Rechtslage etwa *Kingreen*, ZESAR 2003, 199 oder *Becker*, NJW 2003, 2272.

[14] EuGH, Urt. v. 12. Juli 2001, Rs. C-157/99, Geraets-Smits und Peerbooms, Slg. 2001, S. I-5473; EuGH, Urt. v. 13. Mai 2003, Rs. C-385/99, Müller-Fauré, Slg. 2003, S. I-4509, Rn. 39, 103.

[15] Dies ergibt sich unmittelbar aus der in Fn. 13 genannten Rechtsprechung des EuGH. Infolge dieser Rechtsprechung wurde das SGB V entsprechend geändert: Seit Inkrafttreten des GMG sieht § 13 Abs. 4 SGB V vor, dass gesetzlich Versicherte Leistungserbringer in anderen Mitgliedstaaten der EG in Anspruch nehmen und für diesen Fall eine Abrechnung im Wege der Kostenerstattung wählen können. Ergänzend gestattet der neu eingefügte

potheken im Gegenzug den sozialrechtlichen Verpflichtungen des Sozialgesetzbuches V (SGB V) unterworfen werden können.[16] Auch in diesem Zusammenhang entbrannte der Streit anlässlich der Abgabepraxis von DocMorris. Obwohl die niederländische Apotheke bereits kurz nach Beginn ihrer Geschäftstätigkeit mit zahlreichen deutschen gesetzlichen Krankenkassen abzurechnen begann, verlangte sie von ihren Kunden anfangs nicht die gem. § 31 Abs. 3 SGB V obligatorische Zuzahlung. Dies führte zu einem Wettbewerbsvorteil gegenüber deutschen Apotheken, welcher die Frage nach der Rechtmäßigkeit des Zuzahlungsverzichts aufwarf.[17] Daneben erlangte z. B. die Diskussion um die Anwendbarkeit des sog. Herstellerrabatts gem. § 130 a SGB V Beachtung.[18] Nach dieser Vorschrift sind Apotheken den gesetzlichen Krankenkassen zur Leistung eines Rabatts verpflichtet, den sie im Anschluss von den pharmazeutischen Herstellern zurückverlangen können. Bei der Arzneimittelabgabe durch EG-ausländische Apotheken verweigern zahlreiche Hersteller diese Erstattung unter anderem mit dem Argument, dass die ausländische Apotheke nicht am deutschen Sachleistungssystem teilhabe.

Solche sozialrechtlichen Probleme sind die unmittelbare Folge des grenzüberschreitenden Arzneimittelbezugs durch gesetzlich Versicherte. Mit der gemeinschaftsrechtlichen Bewertung apothekenrechtlicher Vertriebsbindungen stehen diese Probleme jedoch allenfalls mittelbar in Zusammenhang. Ihre Untersuchung – so ergiebig sie auch sein mag – wird im Rahmen dieser Arbeit daher ausgeklammert. Aufgezeigt und untersucht werden allein die Rechtsfragen, die sich ergeben, sobald spezifische Regelungen des Arzneimittelvertriebs durch Apotheken auf den Prüfstand des Gemeinschaftsrechts gestellt werden. Diese Fragen sind weder durch das Urteil des EuGH in der Rechtssache *DocMorris* noch durch die aktuellen Änderungen des GMG abschließend beantwortet worden und machen die intensive Fortführung der erst angestoßenen Diskussion erforderlich.

---

§ 140e SGB V den Krankenkassen, Verträge mit Leistungserbringern in anderen Mitgliedstaaten abzuschließen, um mit diesen die Kosten im Wege des vertraglich vereinbarten Sachleistungsverfahrens abrechnen zu können. Bei dieser Novellierung handelt es sich um eine Anpassung an bereits zuvor geltendes unmittelbar anwendbares europäisches Gemeinschaftsrecht; BT-Drucks. 15/1525, S. 81 f. und 132.

[16] Dazu grundsätzlich etwa *Hösch*, GewArch 2004, 14, 16 ff.

[17] Soweit ersichtlich fehlen zu dieser Frage bislang juristische Veröffentlichungen.

[18] Siehe etwa *Diekmann/Christophers*, ApoR 2003, 143; *Koenig/Beer/Meurer*, ZESAR 2004, 57. Vgl. auch *Wagner*, PharmR 2003, 409, die die Norm des § 130 a SGB V für verfassungswidrig hält.

Erstes Kapitel

Vertriebsbindungen im deutschen Apothekenrecht

Rechtliche Vorgaben für den Arzneimittelvertrieb bestehen in Deutschland auf sämtlichen Handelsstufen. Neben pharmazeutischen Herstellern und Arzneimittelgroßhändlern sind von diesen Vertriebsbindungen insbesondere auch die Apotheken betroffen, denen durch § 43 Abs. 1 Arzneimittelgesetz (AMG) die Abgabe von Arzneimitteln an Endkunden vorbehalten ist. Neben den – zumeist gemeinschaftsweit harmonisierten – allgemeinen Vorgaben für das Inverkehrbringen von Arzneimitteln bestehen zahlreiche nationale Vorschriften, welche spezifisch die Arzneimittelabgabe durch Apotheken regeln.

I. Allgemeine Vorgaben für das Inverkehrbringen von Arzneimitteln in Deutschland

Das Inverkehrbringen von Arzneimitteln ist in Deutschland – ebenso wie in den übrigen Mitgliedstaaten der EG – nur unter bestimmten, streng geregelten Voraussetzungen zulässig. Nach der Begriffsbestimmung des § 4 Abs. 17 AMG ist unter Inverkehrbringen *„das Vorrätighalten zum Verkauf oder zu sonstiger Abgabe, das Feilhalten, das Feilbieten und die Abgabe an andere"* zu verstehen. Arzneimittel bringt also nicht nur der pharmazeutische Hersteller in den Verkehr, sondern auch der Groß- und Zwischenhändler, wenn er Arzneimittel in Deutschland lagert und weiterverkauft.[19] Schließlich ist auch die Abgabe von Arzneimitteln in der Apotheke ein „Inverkehrbringen" i. S. d. § 4 Abs. 17 AMG.[20] Auch der Apotheker ist daher bei der Arzneimittelabgabe an die allgemeinen Vorschriften zum Inverkehrbringen von Arzneimitteln gebunden. Insbesondere müssen die Arzneimittel zugelassen sein sowie den im zweiten Abschnitt des AMG aufgeführten Vorgaben genügen. Diese Vorschriften gehen überwiegend auf verschiedene gemeinschaftsrechtliche Richtlinien zurück, die seit November 2001 im sog. Gemeinschaftskodex für Humanarzneimittel zusammengefasst sind.[21]

---

[19] *Rehmann*, AMG, § 4, Rn. 16 ff.; *Deutsch/Spickhoff*, Medizinrecht, Rn. 849.

[20] *Kloesel/Cyran*, AMG, § 4, Rn. 57.

[21] RL 2001/83/EG zur Schaffung eines Gemeinschaftskodex für Humanarzneimittel, ABl.EG 2001 Nr. L 311, S. 67; in Erwägungsgrund 1 dieser Richtlinie sind die 10 nunmehr zusammengefassten Richtlinien im Einzelnen aufgeführt; der Kodex ersetzt insbesondere die RL 65/65/EWG zur Angleichung der Rechts- und Verwaltungsvorschriften über Arzneimittel, die RL 92/25/EWG über den Großhandelsvertrieb von Humanarzneimitteln, die RL 92/27/EWG über die Etikettierung und die Packungsbeilage von Humanarzneimitteln sowie die RL 92/28/EWG über die Werbung für Humanarzneimittel.

1. Arzneimittelzulassung

Arzneimittel dürfen gem. § 21 Abs. 1 AMG in Deutschland nur in den Verkehr gebracht werden, wenn sie arzneimittelrechtlich zugelassen sind. Die Zulassung kann entweder national erfolgen oder gemeinschaftsweit im Wege des sog. zentralen oder dezentralen Verfahrens erteilt werden.

Das in §§ 22 ff. AMG geregelte nationale Zulassungsverfahren stellt die Umsetzung verschiedener Richtlinien, wie insbesondere der Richtlinie 65/65/EWG[22] und der Richtlinie 75/319/EWG[23], dar. Voraussetzung der Zulassungserteilung ist der Nachweis der Qualität, Wirksamkeit und Unbedenklichkeit des Arzneimittels.[24] Wird dieser Nachweis anhand bestimmter Unterlagen erbracht und greift keiner der in § 25 Abs. 2 AMG abschließend aufgezählten Versagungsgründe ein, besteht ein Anspruch auf Erteilung der Zulassung. Zuständig ist grundsätzlich das Bundesinstitut für Arzneimittel und Medizinprodukte (BfArM).[25]

In Ergänzung dieses nationalen Verfahrens wurden zum 1. Januar 1995 zwei gemeinschaftliche Zulassungssysteme eingeführt: das sog. zentrale Zulassungsverfahren[26] sowie das Verfahren der gegenseitigen Anerkennung, auch als dezentrales Zulassungsverfahren bezeichnet.[27] Bestimmte biotechnologisch hergestellte Arzneimittel werden seitdem – teils zwingend, teils fakultativ – gemeinschaftsweit in Form einer Entscheidung der europäischen Kommission zum Inverkehrbringen in allen Mitgliedstaaten zugelassen.[28] Für den Fall, dass ein

---

[22] RL 65/65/EWG des Rates vom 26. Januar 1965 zur Angleichung der Rechts- und Verwaltungsvorschriften über Arzneimittel, ABl.EG 1965 Nr. 22, S. 369, zuletzt geändert durch die RL 93/39/EWG, ABl.EG 1993 Nr. L 214, S. 22, seit dem 6. November 2001 Teil des Gemeinschaftskodex für Humanarzneimittel, ABl.EG 2001 Nr. L 311, S. 67.

[23] RL 75/319/EWG des Rates vom 20. Mai 1975 zur Angleichung der Rechts- und Verwaltungsvorschriften über Arzneispezialitäten, ABl.EG 1975 Nr. L 147, S. 13, zuletzt geändert durch die RL 2000/38/EG der Kommission, ABl.EG 2000 Nr. L 139, S. 28, nunmehr Teil des Gemeinschaftskodex für Humanarzneimittel, ABl.EG 2001 Nr. L 311, S. 67.

[24] Zu den Voraussetzungen des gemeinschaftsweit harmonisierten nationalen Zulassungsverfahrens siehe im Einzelnen *Blasius/Müller-Römer/Fischer,* Arzneimittel und Recht in Deutschland, S. 105 ff.; *Rehmann*, AMG, Kommentierung zu §§ 21 ff.

[25] Ausnahmen von diesem in § 77 Abs. 1 AMG geregelten Grundsatz sehen § 77 Abs. 2 und 3 AMG vor. Für die Zulassung bestimmter einzeln aufgezählter Arzneimittel ist danach das Paul-Ehrlich-Institut (Abs. 2), für die Zulassung von Tierarzneimitteln das Bundesamt für Verbraucherschutz und Lebensmittelsicherheit (Abs. 3) zuständig.

[26] Eingeführt durch die VO 2309/93/EWG des Rates vom 22. Juli 1993 zur Festlegung von Gemeinschaftsverfahren für die Genehmigung und Überwachung von Human- und Tierarzneimitteln und zur Schaffung einer Europäischen Agentur für die Beurteilung von Arzneimitteln, ABl.EG Nr. L 214, S. 1.

[27] Eingeführt durch die RL 93/39/EWG vom 14. Juni 1993, ABl.EG 1993 Nr. L 214, S. 22.

[28] Für welche Arzneimittel zwingend bzw. fakultativ eine zentrale Zulassung zu beantragen ist, ergibt sich aus der Auflistung in den Anhängen A und B der VO 2309/93/EWG; der

Arzneimittel nicht diesem zentralen Verfahren unterfällt, aber in mehr als einem Mitgliedstaat in Verkehr gebracht werden soll, sieht das sog. dezentrale Zulassungsverfahren den Prozess der Anerkennung einer national erteilten Zulassung durch die Behörden der übrigen Mitgliedstaaten vor. Zur Koordination der Arzneimittelbewertung im Zulassungsprozess sowie zur Entlastung der nationalen Behörden wurde in diesem Zusammenhang die Europäische Agentur für die Beurteilung von Arzneimitteln („European Agency for the Evaluation of Medicinal Products" – kurz: EMEA) in London gegründet.[29]

2. Weitere Anforderungen an die Verkehrsfähigkeit von Arzneimitteln

Der zweite Abschnitt des Arzneimittelgesetzes stellt zahlreiche Anforderungen auf, denen Arzneimittel neben den Zulassungsanforderungen der §§ 21 ff. AMG genügen müssen, um in Deutschland in den Verkehr gebracht werden zu können. So ist das Inverkehrbringen bedenklicher Arzneimittel (§ 5 AMG) ebenso verboten wie das Inverkehrbringen von Arzneimitteln zu Dopingzwecken (§ 6 AMG). Nach § 9 AMG müssen Arzneimittel den Namen oder die Firma und die Anschrift des pharmazeutischen Unternehmers tragen. Von besonderer Bedeutung sind des Weiteren die Kennzeichnungspflicht des § 10 AMG sowie die in § 11 AMG geregelten Vorgaben für die beizufügenden Packungsbeilagen.[30] Die äußere Verpackung von Fertigarzneimitteln muss bestimmten Anforderungen an die Kennzeichnung genügen, wie z. B. die Bezeichnung des Arzneimittels, die Zulassungsnummer oder das Verfallsdatum. Die Packungsbeilage muss allgemeinverständlich und in gut lesbarer Schrift verschiedene Informationen, wie etwa zu Darreichungsform und Anwendungsgebieten, enthalten. Für alle Angaben ist die deutsche Sprache verbindlich vorgeschrieben. Sofern die vorgeschriebenen Angaben zusätzlich in einer anderen Sprache wiedergegeben werden, müssen in dieser Sprache die gleichen Angaben gemacht werden. Der Inhalt beider Regeln geht weitestgehend auf die Richtlinie 92/27/EWG über die Etikettierung und die Packungsbeilage von Humanarzneimitteln zurück.[31]

Anwendungsbereich des zentralen Zulassungsverfahrens soll allerdings wesentlich ausgedehnt werden. Siehe zu den Änderungsvorschlägen *Koenig/Engelmann/Wunsch*, PharmR 2001, Europäisches Arzneimittelrecht 3, S. 1 ff.; der aktuelle Stand der Reformdiskussion ist abrufbar unter http.://pharmacos. eudra.org/F2/review/index.htm.

[29] Eine Zusammenfassung der gemeinschaftlichen Zulassungsverfahren geben *Koenig/Müller*, PharmR 2000, 148; zu den Einzelheiten siehe *Collatz*, Handbuch der EU-Zulassung.

[30] Zu Kennzeichnung, Packungsbeilage und Fachinformation siehe ausführlich *Blasius/Müller-Römer/Fischer*, Arzneimittel und Recht in Deutschland, S. 172.

[31] RL 92/27/EWG des Rates vom 31. März 1992 über die Etikettierung und die Packungsbeilage von Humanarzneimitteln, ABl.EG 1992 Nr. L 113, S. 8, nunmehr Teil des Gemeinschaftskodex für Humanarzneimittel (Fn. 21).

II. Das deutsche System der Arzneimittelversorgung durch Apotheken

Die Abgabe von Arzneimitteln an Endverbraucher ist in Deutschland gem. § 43 Abs. 1 AMG den Apotheken vorbehalten. Begründet wurde und wird diese Apothekenpflicht in erster Linie mit der öffentlichen Aufgabe der Sicherstellung einer bedarfsgerechten Arzneimittelversorgung. Den Apotheken wird das – vom BVerfG als „natürliches Monopol“[32] – bezeichnete Privileg der Arzneimittelabgabe aufgrund der Annahme eingeräumt, dass nur *„bei ihnen die persönlichen und sachlichen Voraussetzungen erfüllt sind, die im Interesse des Gesundheitsschutzes gefordert werden müssen.“*[33] Die Beschränkung der Abgabe von Arzneimitteln auf Apotheken soll eine sachverständige Beratung und sichere Arzneimittelabgabe gewährleisten.[34] Zudem ist das Apothekenmonopol auch Ausdruck der Fürsorgepflicht des Staates und soll den Apotheken die Erfüllung ihrer öffentlichen Aufgabe ermöglichen.[35] Apotheken werden zahlreichen staatlichen Bindungen unterworfen.[36] Im Gegenzug dafür sichert der Staat nicht zuletzt durch das Apothekenmonopol des § 43 Abs. 1 AMG die Institution Apotheke[37] und stellt sie dadurch in den Mittelpunkt des sog. Systems der Arzneimittelversorgung. Dieses System beruht auf einer langen historischen Tradition und besteht aus vielfältigen Einzelregelungen, die oftmals miteinander verwoben und aufeinander abgestimmt sind.

---

[32] BVerfGE 7, 377, 431; vgl. zu der insofern gesetzlich legitimierten Monopolstellung der Apotheken *Neumann*, Arzneimittelversorgung, S. 77; *Kloesel/Cyran*, AMG, § 43, Rn. 2 ff.; *Rehmann*, AMG, § 43, Rn. 1; zur Sonderstellung des Apothekers siehe auch *Wigge/Kleinke*, MedR 2002, 391.

[33] BT-Drucks. 3/654, S. 22.

[34] *Kloesel/Cyran*, AMG, § 43, Rn. 3; *Hoffmann*, ApoG, § 1, Rn. 93; BVerfGE 9, 73.

[35] *Deutsch/Spickhoff*, Medizinrecht, Rn. 1019; *Hoffmann*, ApoG, § 1, Rn. 93; *Blasius/Müller-Römer/Fischer*, Arzneimittel und Recht in Deutschland, S. 192; *Kloesel/Cyran*, AMG, § 43, Rn. 3; BVerfGE 9, 73, 80 f.; BVerfGE 17, 232, 245.

[36] So etwa dem Zwang zur Vorratshaltung auch wirtschaftlich völlig uninteressanter Arzneimittel; siehe zu den Pflichten der Apotheken noch ausführlich unten Erstes Kapitel, II, 2, d-f.

[37] Diese Sicherungsfunktion wird neben der Einräumung des Monopols auch dadurch unterstützt, dass den Apotheken zusätzlich zum Arzneimittelvertrieb der Verkauf sog. apothekenüblicher Waren (§ 25 ApBetrO) gestattet wird. Allerdings ist dieses Zusatzwarenangebot sehr beschränkt und darf gem. § 2 Abs. 4 ApBetrO *„den Vorrang des Arzneimittelversorgungsauftrages“* nicht beeinträchtigen. Des Weiteren wird das Apothekenmonopol auch zivil- und strafrechtlich abgesichert. § 43 AMG ist Schutzgesetz i. S. d. § 823 Abs. 1 BGB, so dass seine Missachtung zu Schadensersatzansprüchen führen kann. Daneben ist die Abgabe von verschreibungspflichtigen Arzneimitteln im Einzelhandel ausserhalb der Apotheke nach § 97 Abs. 1 Nr. 4 AMG strafbar.

1. Historischer Hintergrund

Die Geschichte des Apothekenrechts beginnt im späten Mittelalter mit der rechtlichen Trennung der Arzneimittelversorgung von der ärztlichen Behandlung. Arzneimittel wurden zuvor meist von Kaufleuten hergestellt und vertrieben, die mit Gewürzen und Süßwaren handelten. Dementsprechend wird die ursprüngliche Bedeutung des Wortes „Apotheke“ auch meist mit „Lager“ bzw. „Warenlager“ wiedergegeben.[38] Erst nach und nach bürgerte sich der Begriff als Bezeichnung für Kammern ein, in denen Arzneien vorrätig gehalten wurden. Die zunehmende Bedeutung von Arzneimitteln und deren steigender Handelswert hatten jedoch immer öfter zur Folge, dass Arzneimittelhändler mit Ärzten zusammen arbeiteten und auf Kosten der Gesundheit der Patienten unlautere Geschäfte machten.

Richtungsweisend unterwarf daher insbesondere der Hohenstaufenkaiser Friedrich II. die Apotheken in seiner Medizinalordnung einer umfassenden staatlichen Bindung.[39] Diese – um die erste Hälfte des 13. Jahrhunderts entstandene – Gesetzgebung enthält bereits alle Grundzüge, die das Apothekenrecht auch heute noch kennzeichnen: Trennung zwischen Arzt und Apothekerberuf, behördliche Zulassung der Berufsausübung, Sicherung der wirtschaftlichen Existenz der Apotheker durch eine zahlenmäßige Beschränkung und durch Schaffung von Monopolen, hoheitliche Apothekenaufsicht, Zubereitung der Arzneien nach Arzneibüchern, hoheitliche Festsetzung der Arzneimittelpreise durch Arzneitaxen, hoheitliche Ordnung des Apothekenbetriebs.[40]

Diese rechtlichen Vorgaben fanden Eingang in die folgenden Apothekengesetzgebungen, die in Deutschland zunächst von den Städten und später von den Landesfürsten getragen wurden. Trotz der staatlichen Bindung behielt der Beruf des Apothekers aber weiterhin seinen freiberuflichen und gewerblichen Charakter. Eine Verstaatlichung erfuhren die Apotheken in Deutschland zu keiner Zeit.[41] Hierdurch entstand das noch heute bestehende Spannungsfeld zwischen staatlicher Bindung als Heilberuf einerseits und privatem gewerblichen Charakter andererseits.

Erste und wichtigste Aufgabe des Apothekers war zunächst die *Herstellung* der Arzneimittel. Die Arzneimittel*abgabe* war eine selbstverständliche Folge- oder

---

[38] Von dem griechischen Wort πoθ κη, vgl. *Schiedermair/Pieck*, ApoG, Gr. I, S. 17.

[39] Titel 44-47 der „*Constitutiones Regni Siciliae*“, auch „*Liber Augustalis*“ genannt, vgl. *Schiedermair/Pieck*, ApoG, Gr. I., S. 19 f.

[40] Vgl. *Schiedermair/Pieck*, ApoG, Gr. I., S. 19; *Hoffmann*, ApoG, Einleitung, Rn. 4; BVerfGE 7, 377, 388.

[41] Von einer vorübergehenden Ausnahme in Braunschweig abgesehen, *Hoffmann*, ApoG, Einleitung, Rn. 3.

Nebentätigkeit.[42] Dementsprechend war auch das den Apothekern gewährte Arzneimonopol nicht nur ein Abgabemonopol, sondern in erster Linie ein Herstellungsmonopol.[43] Erst mit Aufkommen der pharmazeutischen Industrie wandelte sich die Apotheke mehr und mehr von einem Herstellungs- in einen Abgabebetrieb. Dies änderte jedoch nichts an der umfangreichen staatlichen Bindung des Apothekerberufs.

2. Die gegenwärtige Rechtslage

Der staatliche Arzneimittelversorgungsauftrag der Apotheken wird heute in § 1 ApoG ausdrücklich normiert.[44] Zum Jahresende 2002 nahmen diesen Auftrag in Deutschland 560 Krankenhausapotheken und 21.465 öffentliche Apotheken wahr.[45] Eine öffentliche Apotheke versorgt damit im Durchschnitt etwa 3840 Einwohner.[46]

Die rechtlichen Rahmenbedingungen der Arzneimittelversorgung durch Apotheken finden sich in erster Linie im *Gesetz über das Apothekenwesen* in der Fassung der Bekanntmachung vom 15. Oktober 1980 (ApoG)[47] sowie im *Arzneimittelgesetz* vom 24. August 1976 (AMG)[48]. Während das Apothekengesetz die Ziele und Anforderungen an die Apotheken regelt, finden sich im Arzneimittelgesetz Vorschriften über die Herstellung, Zulassung, Überwachung und Abgabe der Arzneimittel. Die von Apotheken zu beachtenden Vorgaben für die Arzneimittelabgabe sind in §§ 43-53 AMG normiert. Aufgrund der Ermächtigung des § 78 AMG erging am 14. November 1980 die *Arzneimittelpreisverordnung* (AMPreisVO)[49], die einheitliche Apothekenabgabepreise vorsieht. Die genauen Anforderungen an die Betriebsräume der Apotheke sowie an die Lagerung und Abgabe der Arzneimittel regelt die auf der Grundlage des § 21 ApoG erlassene

---

42 Vgl. BVerfGE 7, 377, 388; *Hoffmann*, ApoG, Einleitung, Rn. 6.

43 *Schiedermair/Pieck*, ApoG, Gr. I, S. 30.

44 Daneben findet der Arzneimittelversorgungsauftrag in weiteren Vorschriften ausdrücklich Erwähnung, siehe z. B. § 1 BApO, §§ 1 Abs. 1 Satz 2, 2 Abs. 4 ApBetrO.

45 *ABDA*, Jahresbericht 2002/2003, S. 32.

46 Damit liegt die Apothekendichte in Deutschland im Vergleich zu anderen Mitgliedstaaten der EG relativ hoch. So kommen etwa in Dänemark 18.000 Einwohner auf eine Apotheke, vgl. *Schulte*, A&S 7-8/2001, 36, 41; einen Überblick über die Apothekendichte in den verschiedenen Mitgliedstaaten geben *Prinz/Vogel*, E-Commerce im Arzneimittelhandel, S. 107 ff.

47 BGBl. I, S. 1993, zuletzt geändert durch das GKV-Modernisierungsgesetz v. 14. November 2003 (BGBl. I, S. 2190).

48 BGBl. I, S. 2445, 2448, in der Fassung der Bekanntmachung v. 11. Dezember 1989 (BGBl. I, S. 3586); zuletzt geändert durch das GKV-Modernisierungsgesetz v. 14. November 2003 (BGBl. I, S. 2190).

49 BGBl. I, S. 2147; zuletzt geändert durch das GKV-Modernisierungsgesetz v. 14. November 2003 (BGBl. I, S. 2190).

Apothekenbetriebsordnung (ApBetrO) in der Neufassung vom 26. September 1995.[50] Die Anforderungen an den Apotheker und die Voraussetzungen seiner Approbation sind schließlich in der *Bundes-Apothekerordnung* (BApO) vom 5. Juni 1968[51] und in der *Approbationsordnung für Apotheker* vom 19. Juli 1989[52] festgelegt.

Das System der Arzneimittelversorgung hat durch das am 1. Januar 2004 in Kraft getretene Gesetz zur Modernisierung der Gesetzlichen Krankenversicherung (GMG) weitreichende Neuregelungen erfahren.[53] Geändert wurden Vorschriften des Apothekengesetzes, des Arzneimittelgesetzes, der Arzneimittelpreisverordnung und der Apothekenbetriebsordnung.

a) Die Apothekenpflicht des § 43 Abs. 1 AMG

§ 43 Abs. 1 AMG normiert die sog. Apothekenpflicht und stellt damit die zentrale Vorschrift des Systems der Arzneimittelversorgung dar. Alle Arzneimittel, die der gesetzlichen Definition des § 2 AMG unterfallen, dürfen – soweit sie nicht ausdrücklich von der Apothekenpflicht befreit sind – nur von Apotheken für den Endverbrauch in den Verkehr gebracht werden.

aa) Der Versand von Arzneimitteln

Bis zum 31. Dezember 2003 normierte § 43 Abs. 1 AMG nicht nur die Apothekenpflicht, sondern verbot darüber hinaus ausdrücklich, Arzneimittel *„im Wege des Versandes"* an Endkunden abzugeben.[54] Dieses sog. Arzneimittelversand-

---

[50] BGBl. I, S. 1195; zuletzt geändert durch das GKV-Modernisierungsgesetz v. 14. November 2003 (BGBl. I, S. 2190).

[51] BGBl. I, S. 1489 in der Fassung vom 19. Juli 1989 (BGBl. I, S. 1478).

[52] BGBl. I, S. 1489 in der Fassung vom 19. Juni 1991 (BGBl. I, S. 1343).

[53] GKV-Modernisierungsgesetz v. 14. November 2003 (BGBl. I, S. 2190); die Neuregelungen mit Begründung und Materialien sind gesammelt abgedruckt bei *Dettling*, Arzneimittel in der Gesundheitsreform 2003, S. 5 ff.; einen Überblick über die Änderungen im Rahmen des GMG gibt *Ehlers*, PharmInd 2003, 835.

[54] Bis zum Inkrafttreten des GMG hatte § 43 Abs. 1 AMG folgenden Wortlaut: *„Arzneimittel im Sinne des § 2 Abs. 1 oder Abs. 2 Nr. 1, die nicht durch die Vorschriften des § 44 oder der nach § 45 Abs. 1 erlassenen Rechtsverordnung für den Verkehr außerhalb der Apotheken freigegeben sind, dürfen außer in den Fällen des § 47 berufs- oder gewerbsmäßig für den Endverbrauch nur in Apotheken und nicht im Wege des Versandes in den Verkehr gebracht werden."* Das ausdrückliche Verbot des Arzneimittelversandes war erst durch das achte Änderungsgesetz des AMG aus dem Jahr 1998 eingefügt worden (BGBl. I, S. 3586). Zur Begründung verwiesen die Gesetzesmaterialien darauf, dass der Versand von Arzneimitteln *„im Hinblick auf die Beratung durch den Apotheker keine adäquate Abgabeform"* darstelle (BT-Drucks. 13/9996, S. 16; BR-Drucks. 1029/97, S. 32). Schon vor der ausdrücklichen Einfügung des Verbots sah § 43 Abs. 1 Satz 1 AMG allerdings vor, dass Arzneimittel nur *in* Apotheken abgegeben werden dürfen. Bereits diese Formulierung der Apothekenpflicht implizierte, dass eine Abgabe von Arzneimitteln ausserhalb der Apothe-

verbot, welches rechtlich und politisch sehr umstritten war und im Mittelpunkt des EuGH-Verfahrens in Sachen *DocMorris* stand, wurde zum 1. Januar 2004 durch das GMG aufgehoben. An die Stelle des bisherigen kategorischen Verbots trat ein Verbot mit Erlaubnisvorbehalt. Der Versand von Arzneimitteln ist Apotheken nunmehr dann erlaubt, wenn sie über eine spezielle Erlaubnis verfügen, die nach den Vorschriften des Apothekengesetzes erteilt wird.[55]

bb) Die Voraussetzungen der Apothekenpflicht

Die Apothekenpflicht gilt grundsätzlich für alle Arzneimittel, die berufs- oder gewerbsmäßig für den Endverbrauch in den Verkehr gebracht werden.

(1) Arzneimittel, die nicht von der Apothekenpflicht befreit sind

Der Begriff Arzneimittel wird in § 2 AMG legal definiert. Entscheidend kommt es danach darauf an, dass der Stoff objektiv dazu bestimmt ist, durch Anwendung am oder im menschlichen oder tierischen Körper Krankheiten zu heilen.[56] Erfasst werden sowohl Fertigarzneimittel[57] als auch in der Apotheke hergestellte Medikamente, und zwar unabhängig davon, ob sie verschreibungspflichtig[58] oder rezeptfrei erhältlich sind. Die damit sehr weitreichende Apothekenpflicht wird nur eingeschränkt, soweit Arzneimittel im Gesetz selbst (§ 44 AMG) oder

---

kenräume und damit auch im Wege des Versandes nicht zulässig sein sollte. Die ausdrückliche Erwähnung des Versandverbots enthielt daher nur eine Klarstellung (*Rehmann*, AMG, § 43, Rn. 3). Fraglich war allerdings das Verhältnis des Versandverbots nach § 43 Abs. 1 AMG zur Vorschrift des (nunmehr ebenfalls geänderten) § 17 Abs. 2 ApBetrO, welcher vorsah, dass „*die Versendung aus der Apotheke oder die Zustellung durch Boten im begründeten Einzelfall*" zulässig sein sollte. Während einerseit argumentiert wurde, dass gem. dem Rechtsgrundsatz vom Vorrang des Gesetzes allein das Verbot des Arzneimittelgesetzes zu beachten sei, wurde andererseits vertreten, dass § 43 Abs. 1 AMG nur den professionellen Versandhandel untersagen wolle, während der im Einzelfall von einer Präsenzapotheke durchgeführte Versand auch weiterhin gestattet werden könne (vgl. *Haage*, MedR 2001, 562, 563; *Ziller*, PharmR 1999, 186, 188).

55 Zu den Voraussetzungen, unter denen ein Anspruch auf Erteilung dieser Erlaubnis besteht, siehe unten Erstes Kapitel, II, 2, c, bb.

56 Von Bedeutung ist insbesondere die Abgrenzung zum Begriff des Lebensmittels, *Rehmann*, AMG, § 2, Rn. 2; *Blasius/Müller-Römer/Fischer*, Arzneimittel und Recht in Deutschland, S. 57 ff.

57 Nach der Legaldefinition des § 4 Abs. 1 AMG sind das „*Arzneimittel, die im voraus hergestellt sind und in einer zur Abgabe an den Verbraucher bestimmten Packung in den Verkehr gebracht werden*".

58 Verschreibungspflicht besteht entweder gem. § 49 AMG kraft Gesetzes automatisch oder kann unter den in § 48 AMG festgelegten Voraussetzungen durch Rechtsverordnung angeordnet werden. Zurzeit gilt die Verordnung über verschreibungspflichtige Arzneimittel in der Neufassung der Verordnung vom 30. August 1990 (BGBl. I, S. 1866), zuletzt geändert durch die Änderungsverordnung vom 8. Dezember 2000 (BGBl. I, S. 1685).

in einer auf Grund dieses Gesetzes erlassenen Rechtsverordnung (§ 45 AMG)[59] ausdrücklich auch dem Verkehr außerhalb der Apotheken überlassen werden.[60]

(2) Inverkehrbringen für den Endverbrauch

Die Apothekenpflicht des § 43 Abs. 1 Satz 1 AMG gilt für das Inverkehrbringen für den Endverbrauch. Es bezieht sich damit nicht nur auf den einzelnen Patienten als tatsächlichen Verbraucher, sondern gleichermaßen auf Personen, die Arzneimittel an einer anderen Person anwenden.[61] Aus diesem Grund müssen insbesondere auch Ärzte und Krankenhäuser Arzneimittel direkt in der Apotheke erwerben.[62]

(3) Ausnahme: Die Fälle des § 47 AMG

Zur Absicherung der Apothekenpflicht sind pharmazeutische Hersteller und Großhändler grundsätzlich verpflichtet, ausschließlich Apotheken mit Arzneimitteln zu beliefern.[63] Eng begrenzte Ausnahmen von dieser Pflicht finden sich in § 47 AMG. Für die dort abschließend aufgezählten Arzneimittel, wie z.B. bestimmte Impfstoffe, Blutzubereitungen oder Infusionslösungen, besteht keine Apothekenpflicht. Krankenhäuser, Ärzte und andere in der Norm genannte Endverbraucher können diese Arzneimittel also entweder von der Apotheke oder direkt vom Großhändler oder Hersteller beziehen.[64]

b) Erscheinungsformen der Apotheke

Weder das Apothekengesetz noch die Apothekenbetriebsordnung enthalten eine gesetzliche Bestimmung des Begriffs Apotheke.[65] Allerdings sind verschiedene Erscheinungsformen der Apotheke vorgesehen, die von der Apothekenbetrieb-

---

59 Auf dieser Ermächtigung beruht die Verordnung über apothekenpflichtige und freiverkäufliche Arzneimittel in der Fassung der Bekanntmachung vom 24. November 1988 (BGBl. I, S. 2150) zuletzt geändert durch Art. 1 der Verordnung vom 19. Dezember 2003 (BGBl. I, S. 2826).

60 *Kloesel/Cyran,* AMG, § 43, Rn. 4; *Deutsch/Lippert,* AMG, Vorbem. §§ 43 ff., Rn. 2.

61 *Kloesel/Cyran,* AMG, § 43, Rn. 7.

62 Vor Einführung des Arzneimittelversandes war rechtlich umstritten, ob auch der Versand von Impfstoffen an Ärzte vom Verbot des § 43 Abs. 1 AMG erfasst war. Nachdem sowohl der BGH (NJW 2001, 896) als auch das BVerwG (NJW 2001, 1808) dies bejaht hatten, entschied schließlich das Bundesverfassungsgericht, dass das Verbot gegen die Berufsfreiheit gem. Art. 12 GG verstoße und daher insoweit nichtig sei, als es den Versand an Ärzte verbiete, BVerfG, NJW 2003, 1027.

63 *Koenig/Müller/Trafkowski,* EWS 2000, 97, 100; *Deutsch/Spickhoff,* Medizinrecht, Rn. 1021.

64 Entsprechend galt für diese Arzneimittel zu keiner Zeit ein Versandverbot.

65 Siehe zum Begriff Apotheke *Hügel/Fischer/Kohm,* Pharmazeutische Gesetzeskunde, S. 136; vgl. auch oben Fn. 38.

sordnung ausdrücklich aufgeführt werden[66] und teils unterschiedlichen Regelungen unterfallen. Danach unterscheidet man zwischen öffentlichen Vollapotheken[67], Krankenhausapotheken, krankenhausversorgenden Apotheken[68], Zweigapotheken[69] und Notapotheken[70].

Mit Inkrafttreten des GMG zum 1. Januar 2004 differenziert das Apothekengesetz des Weiteren zwischen Haupt- und Filialapotheken. Unter bestimmten Voraussetzungen ist es dem Betreiber einer öffentlichen Vollapotheke (Hauptapotheke) nunmehr gestattet, bis zu drei weitere Apotheken (Filialapotheken) zu betreiben.[71]

---

[66] Siehe insbesondere die Aufzählung in § 1 Abs. 1 Satz 1 ApBetrO.

[67] Die *öffentliche Vollapotheke* stellt den Normaltypus der Apotheke dar. Sie ist für die Öffentlichkeit allgemein zugänglich und hat hinsichtlich der Betriebsräume und Einrichtung alle Anforderungen der Apothekenbetriebsordnung zu erfüllen. Soweit im Einzelfall nicht ausdrücklich etwas anderes bestimmt ist, beziehen sich apothekenrechtliche Vorschriften auf öffentliche Vollapotheken; *Schiedermair/Pieck*, ApoG, § 1, Rn. 15; *Cyran/Rotta*, ApBetrO, § 1, Rn. 2.

[68] *Krankenhaus-* und *krankenhausversorgende Apotheken* übernehmen entsprechend ihrer Bezeichnung die Arzneimittelversorgung von Krankenhäusern. Während es sich bei der krankenhausversorgenden Apotheke um eine öffentliche Vollapotheke handelt, die die Versorgung des Krankenhauses zusätzlich übernimmt, wird die Krankenhausapotheke vom Krankenhaus selbst betrieben. Letztere ist der Öffentlichkeit nicht zugänglich. Krankenhausversorgende Apotheken müssen zusätzlich zu den für öffentliche Apotheken allgemein geltenden Vorschriften weiteren Anforderungen gerecht werden; siehe z. B. §§ 2 Abs. 6 Satz 4, 3 Abs. 2 Satz 2, 15 Abs. 3, 17 Abs. 7, 20 Abs. 2 ApBetrO; vgl. zu den krankenhausversorgenden Apotheken *Cyran/Rotta*, ApBetrO, § 1, Rn. 3 ff. Vorschriften über die Krankenhausapotheke finden sich in § 14 ApoG und §§ 26 – 33 ApBetrO; ausführlich zu den Aufgaben der Krankenhausapotheken *Neumann,* Arzneimittelversorgung, S. 84 ff.; *Cyran/Rotta,* ApBetrO, § 1, Rn. 10.

[69] Eine Zweigapotheke ist eine unselbständige Apotheke, die betrieblich von einer anderen öffentlichen Vollapotheke (der sog. Stammapotheke) abhängig ist. Nach § 16 Abs. 1 ApoG kann im Fall des Fehlens einer Apotheke dem Inhaber einer nahe gelegenen Apotheke die auf 5 Jahre befristete Erlaubnis zum Betrieb einer solchen Zweigapotheke erteilt werden ; vgl. *Schiedermair/Pieck,* ApoG, § 1, Rn. 17; durch die Einführung der Möglichkeit des Betreibens von bis zu drei Filialapotheken dürfte diese Apothekenform vollständig an Bedeutung verlieren, siehe hierzu unten Erstes Kapitel, II, 2, c, cc.

[70] Einer Gemeinde (deshalb auch die Bezeichnung als *Gemeindeapotheke)* wird die Erlaubnis zum Betrieb einer Apotheke unter Leitung eines von ihr anzustellenden Apothekers erteilt, wenn trotz Vorliegens eines Notstands auch nach 6 Monaten weder ein Antrag auf Betrieb einer Apotheke noch einer Zweigapotheke gestellt worden ist. Zurzeit gibt es in der Bundesrepublik Deutschland keine nach § 17 ApoG betriebenen Notapotheken; Vgl. *Cyran/Rotta,* ApBetrO, § 1, Rn. 7 f.; zu der Möglichkeit, das Konzept der Notapotheke für ein Universaldienstleistungsmodell zur Sicherstellung der Arzneimittelversorgung nutzbar zu machen Drittes Kapitel, II, 2, c, ee, (2), (c).

[71] Zu den Voraussetzungen für den Betrieb von Filialapotheken siehe unten Erstes Kapitel, II, 2, c, cc.

Trotz der in § 1 Abs. 1 ApoG erfolgten Beauftragung der Apotheken mit der ordnungsgemäßen Arzneimittelversorgung lässt das Apothekengesetz in eng begrenztem Umfang andere, landesrechtlich entstandene Einrichtungen zur Vervollständigung der Arzneimittelversorgung zu. Hervorzuheben sind insbesondere die *Ärztlichen Abgabestellen, Tierärztliche Hausapotheken, Betriebs- und Werksapotheken, Schiffs- und Bundeswehrapotheken.*[72] Auf diese Einrichtungen findet die Apothekenbetriebsordnung keine Anwendung.

c) Die Betriebserlaubnis

aa) Die allgemeine Betriebserlaubnis

Gem. § 1 Abs. 2 ApoG bedarf es für den Betrieb einer Apotheke der Erlaubnis der zuständigen Behörde.[73] Seit die Konzessionierung von Apotheken vom Bundesverfassungsgericht im Jahr 1958 wegen Verstoßes gegen Art. 12 GG für verfassungswidrig erklärt wurde[74], besteht nunmehr gem. § 2 ApoG unter bestimmten Voraussetzungen ein Rechtsanspruch auf Erteilung dieser Erlaubnis. Der Antragsteller muss unter anderem Deutscher oder Angehöriger einer der übrigen Mitgliedstaaten der EG sein und die deutsche Approbation als Apotheker besitzen.[75] Eine Bedürfnisprüfung oder zahlenmäßige Begrenzung, die sich als objektive Beschränkung der nach Art. 12 GG geschützten Berufswahl darstellt, findet nicht mehr statt. Damit kann grundsätzlich jeder Apotheker die Initiative zur Errichtung einer neuen Apotheke ergreifen.[76] Die Wahl des Standorts bleibt ihm dabei selbst überlassen; gegen Konkurrenz durch die Errichtung weiterer Apotheken in der Nachbarschaft ist er allerdings nicht geschützt.[77] Eingeschränkt wird die Niederlassungsfreiheit für Angehörige der übrigen Mitgliedstaaten der EG, die zwar über ein durch die Richtlinie 85/433/EWG[78] anerkanntes Diplom, nicht aber über die deutsche Approbation verfügen. Nach § 2 Abs. 2

---

[72] Näheres hierzu bei *Schiedermair/Pieck*, ApoG, § 1, Rn. 21 ff.; *Cyran/Rotta*, ApBetrO, § 1, Rn. 11 ff.

[73] Zuständig für die Erteilung der Erlaubnis sind im allgemeinen die mittleren Verwaltungsbehörden, d. h. zumeist die Bezirksregierung bzw. der Regierungspräsident; vgl. *Deutsch/Spickhoff*, Medizinrecht, Rn. 1032.

[74] Sog. „Apothekenurteil", BVerfGE 7, 377.

[75] Siehe § 2 Abs. 1 Nr. 1 und 2 ApoG; die Voraussetzungen für die Erteilung der Approbation sind in § 4 Abs. 1 der BApO sowie in der Approbationsordnung geregelt.

[76] *Ress/Ukrow*, Niederlassungrecht von Apotheken, S. 72.

[77] *Gornig*, DAZ 1989, 1252, 1256.

[78] „Richtlinie über die gegenseitige Anerkennung der Diplome, Prüfungszeugnisse und sonstigen Befähigungsnachweise des Apothekers und über Maßnahmen zur Erleichterung der tatsächlichen Ausübung des Niederlassungsrechts für bestimmte pharmazeutische Tätigkeiten", ABl.EG 1985 Nr. L 253, S. 37.

ApoG ist ihnen die Betriebserlaubnis nur dann zu erteilen, wenn sie für eine Apotheke beantragt wird, die seit mindestens drei Jahren betrieben wird.[79]

bb) Die Versanderlaubnis

Seit dem 1. Januar 2004 können die Inhaber einer allgemeinen Betriebserlaubnis zusätzlich eine Erlaubnis zum Versand apothekenpflichtiger Arzneimittel beantragen. Auf die Erteilung einer solchen Erlaubnis besteht gemäß dem neu eingefügten § 11 a ApoG ein Rechtsanspruch, wenn der Antragsteller schriftlich versichert, dass er bestimmte Anforderungen erfüllen wird. Diese in § 11 a Nr. 1 bis 3 aufgelisteten Anforderungen sehen z. B. vor, dass der Versand aus einer öffentlichen Apotheke zusätzlich zu dem üblichen Apothekenbetrieb erfolgt sowie dass der Erlaubnisinhaber mit einem Qualitätssicherungssystem unter anderem den sicheren Transport, die sichere Auslieferung und eine qualitativ hochwertige Beratung gewährleistet.

cc) Die Erlaubnis zum Betreiben von Filialapotheken

Ebenfalls seit Inkrafttreten der GMG-Änderungen zum 1. Januar 2004 können Inhaber einer allgemeinen Betriebserlaubnis die Erlaubnis zum Betrieb von bis zu drei weiteren Filialapotheken beantragen. Nach dem neu eingefügten § 2 Abs. 4 ApoG ist hierfür erforderlich, dass der Antragsteller für jede der beantragten Apotheken die Voraussetzungen zur Erteilung einer Betriebserlaubnis erfüllt (§ 2 Abs. 4 Nr. 1 ApoG) sowie, dass die von ihm zu betreibenden Filialapotheken und seine Hauptapotheke innerhalb desselben Kreises oder derselben kreisfreien Stadt oder in einander benachbarten Kreisen oder kreisfreien Städten liegen (§ 2 Abs. 4 Nr. 2 ApoG). Darüber hinaus sieht der ebenfalls neu eingefügte § 2 Abs. 5 ApoG vor, dass der Betreiber seine Hauptapotheke persönlich zu führen (§ 2 Abs. 5 Nr. 1 ApoG) und für jede Filialapotheke einen Verantwortlichen zu benennen hat, der die Verpflichtungen eines Apothekenleiters erfüllen muss (§ 2 Abs. 5 Nr. 2 ApoG).

d) Anforderungen an den Betrieb einer Apotheke

Für den Betrieb einer Apotheke sind besondere Anforderungen zu beachten, die von den allgemeinen Bestimmungen des Handels- und Gewerberechts abweichen. Diese Anforderungen finden ihren Niederschlag insbesondere in der Apothekenbetriebsordnung (ApBetrO), die sich auf die Ermächtigung des § 21 ApoG stützt. Nach § 1 Abs. 1 Satz 1 ApBetrO legen die Vorschriften dieser Verordnung fest, wie die ordnungsgemäße Arzneimittelversorgung der Bevölkerung

---

[79] Problematisch ist, ob diese Vorschrift mit den Vorgaben des EG-Vertrags vereinbar ist; dazu ausführlich *Ress/Ukrow*, Niederlassungsrecht von Apotheken, S. 71; *Grams,* MedR 1997, 406, 409 sowie unten Viertes Kapitel, II, 6.

sicherzustellen ist. Die Anforderungen an den Apothekenbetrieb konkretisieren damit in ihrer Gesamtheit den in § 1 Abs. 1 ApoG enthaltenen Arzneimittelversorgungsauftrag der Apotheken.[80] Nach § 6 ApoG darf eine Apotheke erst dann eröffnet werden, wenn die zuständige Behörde bescheinigt hat, dass die Apotheke diesen gesetzlichen Anforderungen entspricht.[81]

aa) Anforderungen an die Betriebsräume

Die zentralen Bestimmungen über die notwendige Ausstattung der Apothekenbetriebsräume finden sich in § 4 ApBetrO. Dort werden Beschaffenheit, Größe und Einrichtung der Betriebsräume umschrieben. Eine Apotheke muss danach mindestens aus einer Offizin, einem Laboratorium, ausreichendem Lagerraum und einem Nachtdienstzimmer bestehen. Die Offizin, d. h. der Teil der Apotheke, welcher den Kunden zugänglich ist, muss einen Zugang zu öffentlichen Verkehrsflächen haben und so eingerichtet sein, dass die Vertraulichkeit der Beratung gewahrt werden kann. Der durch das GMG eingefügte § 4 Abs. 1 Satz 2 ApBetrO stellt ausdrücklich klar, dass diese Anforderungen auch zu erfüllen sind, *„soweit die Apotheke Arzneimittel versendet oder elektronischen Handel betreibt."*

bb) Vorratshaltung

Die Versorgung der Bevölkerung mit Arzneimitteln muss kurzfristig und auch bei unvorhergesehenen Ereignissen, z. B. Naturkatastrophen, gewährleistet werden können.[82] Aus diesem Grund verpflichtet § 15 ApBetrO die Apotheken zu einer umfangreichen Vorratshaltung von Fertigarzneimitteln sowie Nicht-Fertigarzneimitteln und Hilfsmitteln (Behältnisse etc.) zur Arzneimittelherstellung und –abgabe. Die in verschiedenen Anlagen der Verordnung aufgelisteten Arzneimittel sind teilweise in einer Menge vorrätig zu halten, die dem durchschnittlichen Bedarf für eine Woche entspricht (§ 15 Abs. 1 ApBetrO, Anlage 2), teilweise ist jedenfalls sicherzustellen, dass sie kurzfristig beschafft werden können (§ 15 Abs. 2 ApBetrO, Anlage 4).[83] Im Regelfall hat eine deutsche Apotheke etwa 8.000 bis 12.000 Arzneimittel am Lager.[84] Für die zweckmäßige, die Qualität nicht beeinträchtigende Lagerung der vorrätig zu haltenden

---

[80] *Cyran/Rotta*, ApBetrO, § 1, Rn. 16.

[81] Ein Überblick über die Anforderungen der Apothekenbetriebsordnung findet sich unter anderem in *Feiden/Pabel*, Wörterbuch der Pharmazie, Stichwort: Apothekenbetriebsordnung.

[82] *Cyran/Rotta*, ApBetrO, § 15, Rn. 4.

[83] Zum Zweck der kurzfristigen Beschaffung der in Anlage 4 aufgezählten sog. Notfallarzneimitteln wurden in allen Bundesländern Notfalldepots eingerichtet, über deren Standorte die Krankenhäuser, Apotheken und Ärzte, Gesundheitsbehörden, Polizei, Feuerwehr, das Rote Kreuz u. a. informiert sind; siehe *Cyran/Rotta*, ApBetrO, § 15, Rn. 16.

[84] *Schulte*, A&S 7-8/2001, 36, 43.

Arzneimittel enthält § 16 ApBetrO allgemeine Grundsätze und Sicherheitsvorkehrungen.

cc) Dienstbereitschaft

Um die sofortige Versorgung mit Arzneimitteln sicherzustellen, ist neben der Vorratshaltung auch die ständige Erhältlichkeit der Arzneimittel zu gewährleisten. Dies setzt voraus, dass Arzneimittel auch außerhalb der allgemeinen Ladenöffnungszeiten erworben werden können.[85] Aus diesem Grund sind nach § 23 Abs. 1 ApBetrO grundsätzlich alle Apotheken dazu verpflichtet, ständig dienstbereit zu sein. Entsprechend nimmt das Ladenschlussgesetz in § 4 die Apotheken ausdrücklich von den allgemeinen Ladenschlusszeiten aus. Allerdings sieht Absatz 2 dieser Vorschrift aus Gründen des Arbeitnehmerschutzes eine weitreichende Ausnahme von dem Grundsatz der ständigen Dienstbereitschaft *aller* Apotheken vor. In Gemeinden mit mehreren Apotheken sind die zuständigen Behörden verpflichtet, eine sog. Turnusregel zu treffen. Danach müssen die in einer bestimmten Entfernung[86] voneinander liegenden Apotheken während der Ladenschlusszeiten nur wechselseitig dienstbereit sein, während die übrigen Apotheken geschlossen zu halten sind.[87] Aus der grundrechtseinschränkenden Wirkung der Pflicht zur Dienstbereitschaft folgt, dass eine Apotheke nur in begründeten Fällen *nicht* in einen solchen geregelten Wechsel mit anderen Apotheken eingegliedert werden darf. Die in § 23 Abs. 1 ApBetrO als Grundsatz normierte Pflicht der ständigen Dienstbereitschaft stellt sich damit praktisch als Ausnahme dar.[88]

---

[85] *Deutsch/Spickhoff,* Medizinrecht, Rn. 1183; *Cyran/Rotta*, ApBetrO, § 23, Rn. 1 f.; *Stober*, LSchlG, § 4, Rn. 4 ff.

[86] Zu der Frage, welche Apotheken innerhalb welcher Entfernung einer gemeinsamen Turnusregelung unterliegen, liegt eine umfangreiche Kasuistik vor. Als Richtwert kann eine Entfernung von 5 bis 7 km angenommen werden. Eine weitere Faustregel sieht vor, dass die Besorgung eines Arzneimittels innerhalb etwa einer Stunde möglich sein muss; siehe z. B. BayVGH, NJW 1986, 1564; OVG Rheinland Pfalz, DAZ 1984, 1760; *Cyran/Rotta,* ApBetrO, § 23, Rn. 33 ff. m. w. N.

[87] Allerdings ist eine Apotheke auch dann, wenn sie nicht zum Notdienst eingeteilt ist, berechtigt, an verkaufsoffenen Sonntagen teilzunehmen. Die Vorschrift des § 14 Abs. 4 LSchlG, die den Apotheken eine solche Teilnahme ursprünglich untersagte, wurde vom BVerfG wegen Verstoßes gegen Art. 12 GG für nichtig erklärt; BVerfG, Urt. v. 16. Januar 2002, NJW 2002, 666.

[88] Für den Fall, dass eine Apotheke ausnahmsweise nicht in eine Turnusregel eingebunden werden kann, sieht § 23 ApBetrO verschiedene Möglichkeiten der Befreiung von der ständigen Dienstbereitschaft vor, *Cyran/Rotta,* ApBetrO, § 23, Rn. 54 ff.; *Deutsch/Spickhoff,* Medizinrecht, Rn. 1183; *Rotta,* NJW 1995, 755, 758.

e) Aufgaben des Apothekers

Die Apothekenbetriebsordnung enthält in § 3 Abs. 4 eine abschließende Aufzählung der Aufgaben des Apothekers. Pharmazeutische Tätigkeiten sind danach die Entwicklung, Herstellung, Prüfung und Abgabe von Arzneimitteln, die Information und Beratung über Arzneimittel sowie die Überprüfung der Arzneimittelvorräte in Krankenhäusern. Diese Tätigkeiten dürfen nach § 3 Abs. 5 ApBetrO nur von pharmazeutischem Personal ausgeführt werden.

aa) Entwicklung, Herstellung und Prüfung von Arzneimitteln

Zu den historischen Aufgaben des Apothekers gehörte in erster Linie auch die Entwicklung und Herstellung von Arzneimitteln.[89] Obwohl diese Aufgabe nunmehr fast ausschließlich von der pharmazeutischen Industrie übernommen wird, finden sich in der Apothekenbetriebsordnung noch zahlreiche Vorschriften über die Herstellung, Entwicklung und Prüfung von Arzneimitteln.[90] Angesichts der geringen Bedeutung der Selbstherstellung in der Apotheke hat praktische Relevanz allein § 12 ApBetrO, wonach der Apotheker Fertigarzneimittel, die nicht in der Apotheke hergestellt worden sind, stichprobenweise überprüfen muss.

bb) Abgabe von Arzneimitteln

Als „Abgabe" gilt die Einräumung der tatsächlichen Verfügungsgewalt an einen anderen durch körperliche Überlassung der Ware.[91] Die Abgabe von Arzneimitteln ist die wichtigste Aufgabe des Apothekers. Seit der Neufassung des § 43 Abs. 1 AMG zum 1. Januar 2004 kann die Arzneimittelabgabe entweder in den Apothekenräumen oder im Wege des Versandes erfolgen. Darüber hinaus gestattet § 17 Abs. 2 ApBetrO im Einzelfall die Zustellung durch Boten, auch wenn keine Versanderlaubnis nach § 11 a ApoG erteilt wurde. Für den Fall der Abgabe im Wege des Versandes hat der Apothekenleiter zusätzlich zu den allgemeinen Voraussetzungen die in § 17 Abs. 2 a ApBetrO aufgeführten Anforderungen sicherzustellen. Diese Anforderungen entsprechen inhaltlich den in § 11 a ApoG aufgeführten Voraussetzungen, deren Sicherstellung der Apotheker bei der Beantragung einer Versanderlaubnis versichern muss.[92]

cc) Informationen und Beratung

Die Pflichten des Apothekers zu Information und Beratung wurden erst 1987 durch § 20 ApBetrO normiert. Zuvor fehlte eine gesetzliche Regelung; entsprechende Pflichten waren aber von der Rechtsprechung als vertragliche – zum

---

89 Siehe dazu oben Erstes Kapitel, II, 1.
90 §§ 6-11, 13, 14 ApBetrO.
91 *Cyran/Rotta*, ApBetrO, § 3, Rn. 51; *Rehmann*, AMG, § 4, Rn. 19.
92 Siehe oben Erstes Kapitel, II, 2, c, bb.

„allgemeinen Berufsbild des Apothekers gehörende" – Nebenpflichten allgemein anerkannt.[93] Die Informations- und Beratungspflicht besteht sowohl für rezeptpflichtige als auch für rezeptfreie apothekenpflichtige Arzneimittel.[94] Im Fall der Abgabe im Wege des Versandes normiert § 17 Abs. 2 a ApBetrO zusätzliche Informationspflichten.[95]

f) Das sog. „Verbot des Fremd- und Mehrbesitzes"

Das Apothekengesetz geht von dem systemprägenden Grundsatz aus, dass der Apotheker für die von ihm betriebene Apotheke sowohl in pharmazeutischer als auch in wirtschaftlicher Hinsicht persönlich verantwortlich ist.[96] Nach der Vorstellung des Gesetzgebers kann der Apotheker seiner öffentlich-rechtlichen Aufgabe nur dann in eigener Verantwortung nachkommen, wenn ihm auch das Eigentum an der Apotheke alleine zusteht und er dadurch wirtschaftlich unabhängig ist.[97] Dieses gesetzliche Leitbild, das vom Bundesverfassungsgericht mit dem Schlagwort vom *„Apotheker in seiner Apotheke"* gekennzeichnet wurde[98], findet sich in der Grundregel des § 7 Satz 1 ApoG wieder. Die Betriebserlaubnis verpflichtet danach *„zur persönlichen Leitung der Apotheke in eigener Verantwortung"*. Diese Grundregel wird durch verschiedene Vorschriften des Apothekengesetzes ergänzt und abgesichert, aus deren Zusammenspiel die sog. Verbote des Fremd- und des Mehrbesitzes abgeleitet werden. Nach der ursprünglichen Fassung dieser Verbote durfte ein Apotheker nicht zugleich mehrere Apotheken betreiben (Mehrbesitzverbot).[99] Nichtapothekern war sowohl der Betrieb als auch die rein finanzielle Beteiligung an einer Apotheke verboten (Fremdbesitz-

---

93 *Pieck*, PZ 1989, 740, 741; *Cyran/Rotta*, ApBetrO, § 20, Rn. 2.

94 Zur Unterscheidung der Begriffe „Information" und „Beratung" siehe *Cyran/Rotta*, ApBetrO, § 20, Rn. 8.

95 So ist der Besteller davon zu unterrichten, wenn erkennbar wird, dass die Versendung nicht innerhalb von zwei Arbeitstagen erfolgen wird (§ 17 Abs. 2 a Nr. 3 ApBetrO). Nach § 17 Abs. 2 a Nr. 6 ApBetrO ist die behandelte Person darauf aufmerksam zu machen, dass sie Kontakt zu einem Arzt aufnehmen soll, sofern Probleme bei der Arzneimittelanwendung auftreten. Schließlich ist der Besteller nach § 17 Abs. 2 a Nr. 7 ApBetrO darauf hinzuweisen, dass ihr die Beratung durch pharmazeutisches Personal auch mittels Einrichtungen der Telekommunikation zur Verfügung steht.

96 *Friauf*, Fremd- und Mehrbesitzverbot, S. 5 ff.; *Starck*, Fremd- und Mehrbesitzverbot, S. 7 ff.; *Geldmacher*, DWW 1999, 109.

97 *Zuck/Lenz*, Der Apotheker in seiner Apotheke, Rn. 19; *Starck*, Fremd- und Mehrbesitzverbot, S. 9; *Friauf*, Fremd- und Mehrbesitzverbot, S. 7; *Wigge/Kleinke*, MedR 2002, 391, 392 f.; BVerfGE 17, 232, 240.

98 BVerfGE 17, 232, 240.

99 Das Verbot, mehrere Apotheken zugleich zu betreiben, ergab sich in erster Linie aus der (nunmehr durch das GMG aufgehobenen) Vorschrift des § 3 Nr. 5 ApoG, wonach eine Betriebserlaubnis unmittelbar kraft Gesetzes erlosch, sobald dem Apotheker die Erlaubnis zum Betrieb einer anderen Apotheke erteilt wurde.

verbot). Während das Fremdbesitzverbot unverändert fortbesteht[100], hat das Verbot des Mehrbesitzes durch das GMG eine nicht unerhebliche Auflockerung erfahren. Seit dem 1. Januar 2004 ist es nunmehr möglich, dass ein Apotheker neben seiner Hauptapotheke bis zu drei Filialapotheken betreibt.[101]

g) Arzneimittelpreise

Nach § 78 Abs. 2 AMG ist für Arzneimittel, die der Apothekenpflicht unterliegen, grundsätzlich ein einheitlicher Apothekenabgabepreis zu gewährleisten.[102] Entsprechend dieser Gesetzesvorgabe erging am 14. November 1980 die Arzneimittelpreisverordnung (AMPreisVO)[103], die sich auf die Ermächtigungsgrundlage des § 78 Abs. 1 AMG stützt. Diese Verordnung ersetzte die bis dahin geltende Deutsche Arzneitaxe von 1936 und führte statt der dort vorgesehenen Höchstpreisvorschrift eine Festpreisregelung ein.[104] Diese Festpreisregelung gilt seit der Neuregelung der AMPreisVO durch das GMG zum 1. Januar 2004 allerdings nur noch für verschreibungspflichtige Arzneimittel. Nach § 3 Abs. 2

---

[100] Dieses Verbot ergibt sich aus verschiedenen Vorschriften des Apothekengesetzes, wonach ausgeschlossen wird, dass öffentlich-rechtliche Verantwortung und privatrechtliches Eigentum auseinanderfallen. Die für den Betrieb einer Apotheke erforderliche Erlaubnis (§ 1 Abs. 2 ApoG) darf grundsätzlich nur einem approbierten Apotheker erteilt werden (§ 3 Abs. 1 Nr. 3 ApoG). Der Betrieb einer Apotheke durch einen Nichtapotheker ist damit grundsätzlich ausgeschlossen. So soll sichergestellt werden, dass der für die Arzneimittelversorgung verantwortliche Apotheker mit dem Betreiber der Apotheke identisch ist. Als Ausnahmen von diesem Grundsatz sieht das Apothekengesetz die Krankenhausapotheke nach § 14 ApoG und die Notapotheke nach § 17 ApoG vor (siehe oben Fn. 68 und Fn. 70). Neben diesem Verbot des Betriebs einer Apotheke durch einen Nichtapotheker ist auch die bloß finanzielle Beteiligung an einer Apotheke untersagt. Dies folgt aus § 8 Satz 2 ApoG, wonach die Beteiligung an einer Apotheke in Form einer Stillen Gesellschaft ausgeschlossen ist und Vereinbarungen, die am Umsatz oder Gewinn der Apotheke ausgerichtet sind, unzulässig sind. Des Weiteren ist auch die Verpachtung einer Apotheke gem. § 9 ApoG nur in Ausnahmefällen möglich. Sowohl § 8 ApoG als auch § 9 ApoG gelten ausdrücklich auch für Filialapotheken i. S. d. § 2 Abs. 4 ApoG. Siehe hierzu Erstes Kapitel, II, 2, c, cc.

[101] Voraussetzung für die Eröffnung von Filialapotheken ist nach der neu eingefügten Regelung des § 2 Abs. 4 ApoG allerdings, dass Haupt- und Filialapotheken innerhalb desselben Kreises oder derselben kreisfreien Stadt oder in einander benachbarten Kreisen oder kreisfreien Städten liegen. Durch diese Einschränkung und die Begrenzung auf drei Filialapotheken wird die Bildung von Apothekenketten auch in Zukunft weitgehend ausgeschlossen; zu den Voraussetzungen des Betreibens von Filialapotheken siehe bereits oben Erstes Kapitel, II, 2, c, cc sowie *Becker*, ApoR 2004, 8, 9..

[102] Während diese Vorgabe ursprünglich für sämtliche apothekenpflichtigen Arzneimittel galt, nimmt der durch das GMG hinzugefügte Satz 3 nicht verschreibungspflichtige Arzneimittel aus, die nicht zu Lasten der gesetzlichen Krankenversicherung abgegeben werden.

[103] BGBl. I, S. 2147 in der Fassung vom 15. April 1998 (BGBl. I, S. 721).

[104] *Kloesel/Cyran*, AMG, § 78, Rn. 2; *Deutsch/Spickhoff*, Medizinrecht, Rn. 1184.

AMPreisVO setzt sich der Apothekenabgabepreis eines Arzneimittels aus dem Herstellerabgabepreis[105], dem Großhandelshöchstzuschlag[106] sowie einem nach § 3 Abs. 1 AMPreisVO zu berechnenden Festzuschlag von 3 % zuzüglich 8,10 €[107] sowie der Umsatzsteuer zusammen. Bei einer Inanspruchnahme während des Notdienstes können die Apotheken gem. § 6 AMPreisVO einen zusätzlichen Betrag von 2,50 € einschließlich Umsatzsteuer berechnen.

h) Heilmittelwerberecht

Die Werbung für Arzneimittel i. S. d. § 2 AMG wird durch das Heilmittelwerbegesetz (HWG) zahlreichen Beschränkungen unterworfen.[108] Diesen Beschränkungen unterliegen auch Apotheker beim Verkauf ihrer Waren. So hat jede Werbung gem. § 4 HWG bestimmte Pflichtangaben zu enthalten. Nach § 11 HWG sind zahlreiche Formen der Publikumswerbung[109], wie etwa Preisausschreiben, Werbevorträge, Wiedergabe von Krankengeschichten u. s. w., untersagt. Bis zum 31. Dezember 2003 sah § 8 Abs. 1 HWG ein Verbot der Werbung für den Arzneimittelbezug im Wege des Versandes vor. Dieses Verbot wurde infolge der Zulassung des Arzneimittelversandes durch das GMG aufgehoben. Der neu eingefügte § 1 Abs. 6 HWG stellt zudem klar, dass das HWG auf das

---

[105] Die Festlegung des Herstellerabgabepreises erfolgt ohne unmittelbare staatliche Einflussnahme allein aufgrund ökonomischer Entscheidungen nach den Marktbedingungen. Allerdings ist zu beachten, dass für den Arzneimittelmarkt besondere Bedingungen gelten, weil der Apothekenumsatz überwiegend mit der gesetzlichen Krankenversicherung abgewickelt wird. Daher hat der Gesetzgeber verschiedene Maßnahmen zur Aktivierung des Marktes ergriffen. Hierzu zählt z. B. die Wirtschaftlichkeitsprüfung der kassenärztlichen Versorgung oder die Festbetragsregelung; *Kloesel/Cyran,* AMG, § 78, Rn. 1; zur Vereinbarkeit solcher Maßnahmen mit dem EG-Wettbewerbsrecht siehe *Engelmann,* Kostendämpfung im Gesundheitswesen und EG-Wettbewerbsrecht; zur Stellung der Apotheke im System der gesetzlichen Krankenversicherung *Wigge,* NZS 1999, 584 ff.; vgl. auch die Änderungen des SGB V durch das GMG.

[106] Zu dem vom Hersteller bestimmten Preis rechnet der zwischengeschaltete Großhändler einen Großhandelszuschlag, der allerdings nicht absolut festgesetzt ist, sondern gem. § 2 AMPreisVO nur eine gesetzliche Höchstbegrenzung erfährt. Grundlage der Berechnung des endgültigen Apothekenabgabepreises ist allerdings der in § 2 Abs. 2 und Abs. 3 AMPreisVO festgelegte Höchstzuschlag; dies gilt unabhängig davon, in welcher Höhe der Zuschlag tatsächlich erhoben wurde.

[107] Vor der Einführung dieser Regelung durch das GMG wurde ein in acht Stufen festgelegter Festzuschlag hinzugerechnet.

[108] Gesetz über die Werbung auf dem Gebiete des Heilwesens in der Fassung der Bekanntmachung vom 19. Oktober 1994 (BGBl. I, 3068); das HWG stellt in weiten Teilen die Umsetzung der sog. Heilmittelwerberichtlinie dar (RL 92/28/EWG, ABl.EG 1992 Nr. L 113, S. 13), nunmehr Teil des Gemeinschaftskodex für Humanarzneimittel (Fn. 21).

[109] Unter Publikumswerbung versteht man die Werbung, die sich direkt an den Verbraucher richtet. Sie steht im Gegensatz zur Werbung für Fachkreise (siehe § 2 HWG), welche weniger stark eingeschränkt ist.

Bestellformular beim elektronischen Handel mit Arzneimitteln nur eingeschränkt Anwendung findet.

III. Gesetzliche Vorgaben für die Einfuhr von Arzneimitteln nach Deutschland

Regelungen zur Ein- und Ausfuhr von Arzneimitteln finden sich im 13. Abschnitt des Arzneimittelgesetzes. Gem. § 72 AMG ist die Einfuhr von Arzneimitteln aus Ländern, die nicht Mitgliedstaaten der EG sind, von der Erteilung einer Einfuhrerlaubnis abhängig. Hieraus ergibt sich im Gegenschluss, dass die Einfuhr von Arzneimitteln aus Mitgliedstaaten der EG ohne Erlaubnis zulässig ist. Für zulassungspflichtige Arzneimittel ist allerdings die Vorschrift des § 73 Abs. 1 AMG zu beachten. Fertigarzneimittel, die der Pflicht zur Zulassung oder Registrierung unterliegen, dürfen danach nur dann nach Deutschland verbracht werden, wenn sie zum Verkehr in Deutschland zugelassen oder registriert sind. Daneben müssen bestimmte Anforderungen erfüllt sein. Handelt es sich um einen Import auf der Großhandelsebene, ist erforderlich, dass der Empfänger pharmazeutischer Unternehmer, Großhändler oder Tierarzt ist oder eine Apotheke betreibt (§ 73 Abs. 1 Nr. 1 AMG). Der Import auf der Einzelhandelsebene, d. h. der grenzüberschreitende Direktverkauf an den Endkunden, war bis zum 31. Dezember 2003 nur in Ausnahmefällen zulässig. Infolge der Aufhebung des Arzneimittelversandverbots durch das GMG wurde auch die Vorschrift des § 73 Abs. 1 AMG entsprechend angepasst. Nach § 73 Abs. 1 Nr. 1 a ist nunmehr der grenzüberschreitende Versand von in Deutschland zugelassenen Arzneimitteln aus anderen EG-Mitgliedstaaten an Endkunden in Deutschland ausdrücklich zulässig. Voraussetzung hierfür ist zum einen, dass das Arzneimittel aus einer Apotheke eines Mitgliedstaates der EG oder eines anderen Vertragsstaates des Abkommens über den Europäischen Wirtschaftsraum versandt wird. Zum anderen sind die deutschen Sicherheitsanforderungen zu gewährleisten. Dies ist entweder dann der Fall, wenn die Apotheke eine Erlaubnis entsprechend den deutschen Vorschriften beantragt und erhalten hat oder aber, wenn das Recht des Herkunftsstaates den deutschen Sicherheitsvorkehrungen entsprechende Anforderungen vorsieht. Das Bundesgesundheitsministerium soll nach dem ebenfalls neu eingefügten § 73 Abs. 1 Satz 2 AMG in regelmäßigen Abständen eine aktualisierte Übersicht über die Mitgliedstaaten der EG veröffentlichen, in denen für den Versandhandel und den elektronischen Handel mit Arzneimitteln dem deutschen Recht vergleichbare Sicherheitsstandards bestehen.[110]

---

[110] Diese Übersicht soll nach der Gesetzesbegründung allein der Orientierung für den Verbraucher dienen, nicht aber den Charakter einer „Positivliste" haben. Der Wortlaut kann allerdings auch dahingehend verstanden werden, dass der Versand nur aus den Mitgliedstaaten zulässig sein soll, die auf der Liste aufgeführt werden. Ein solches Verständnis be-

1. Der Reimport von in Deutschland zugelassenen Arzneimitteln

Die Neuregelung des § 73 Abs. 1 Nr. 1 a AMG hat zur Folge, dass der Arzneimittelimport von in Deutschland *zugelassenen* Arzneimitteln nunmehr auf allen Handelsstufen grundsätzlich möglich ist. Eine Einschränkung erfährt die Einfuhr, die in der Praxis zumeist im Wege des Reimports erfolgt[111], nur durch die besonderen, an Empfänger (Nr. 1) bzw. Absender (Nr. 1 a) gestellten, Anforderungen. Für in Deutschland zugelassene Arzneimittel kommt dem Verbringungsverbot des § 73 Abs. 1 AMG also nur noch dann Bedeutung zu, wenn diese Anforderungen – wie etwa im Fall des grenzüberschreitenden Direktverkaufs vom Hersteller an den Endverbraucher – nicht erfüllt werden. Von diesen Ausnahmen abgesehen, wirkt sich das Verbot in Zukunft nur noch auf den Import solcher Arzneimittel aus, die nicht gem. § 21 AMG in Deutschland zugelassen sind.

2. Der Import von in Deutschland nicht zugelassenen Arzneimitteln

Für den Import von in Deutschland *nicht zugelassenen* Arzneimitteln bleibt es bei dem grundsätzlichen Verbot der Einfuhr gem. § 73 Abs. 1 AMG. Dies gilt auf der Großhandelsebene ebenso wie für den Direktvertrieb an den Endkunden. Ausnahmen von dem Verbot sehen allerdings die Absätze 2 und 3 des § 73 AMG vor. Liegen die Voraussetzungen einer der in Absatz 2 aufgelisteten 12 Ausnahmen vor, so können Arzneimittel auch dann eingeführt werden, wenn sie nicht in Deutschland zugelassen sind. Dies gilt etwa für den Eigenbedarf von Forschung und Wissenschaft (§ 73 Abs. 2 Nr. 2 AMG) oder für das Oberhaupt eines auswärtigen Staates oder seiner Begleitung (§ 73 Abs. 2 Nr. 4 AMG). Einzelpersonen war die Verbringung von nicht zugelassenen Arzneimitteln in der ursprünglichen Fassung des § 73 AMG nur dann erlaubt, wenn bei der Einreise nach Deutschland Medikamente für den persönlichen Bedarf mitgeführt wurden (§ 73 Abs. 2 Nr. 6 AMG). Daneben bestand die Möglichkeit des sog. Apothekenbezugs nach § 73 Abs. 3 AMG. Danach konnten und können Patienten im Ausland zugelassene Arzneimittel bei einer deutschen Apotheke bestellen, welche dann wiederum den Bezug durchführt. Seit 1990 sieht § 73 Abs. 2 Nr. 6 a AMG eine weitere Einzelbezugsmöglichkeit vor. Die Bedeutung und Reichweite dieser Norm wurde insbesondere im Zusammenhang mit der Frage nach der Zulässigkeit des Arzneimittelversandhandels kontrovers diskutiert. Während sich diese Frage im Hinblick auf in Deutschland zugelassene Arzneimittel auf-

---

gegnet jedoch weitreichenden gemeinschaftsrechtlichen Bedenken; siehe hierzu ausführlich unten Viertes Kapitel, II, 3.

[111] Unter Reimport versteht man den Import von Arzneimitteln, die im Einfuhrstaat produziert und sodann zunächst von dort exportiert wurden; vgl. zu dieser Definition *Koenig/Engelmann*, EWS 2001, 405; *Hanika*, MedR 2000, 63, 69.

grund der Gesetzesänderungen nunmehr nicht mehr stellt, besteht sie bezüglich nicht in Deutschland zugelassener Arzneimittel unverändert fort.

a) Die Bezugsmöglichkeit des § 73 Abs. 2 Nr. 6 a AMG

Nach § 73 Abs. 2 Nr. 6 a AMG gilt das Verbringungsverbot des § 73 Abs. 1 AMG für solche Arzneimittel nicht, die *„im Herkunftsland in Verkehr gebracht werden dürfen und ohne gewerbs- oder berufsmäßige Vermittlung in einer dem üblichen persönlichen Bedarf entsprechenden Menge aus einem Mitgliedstaat der Europäischen Gemeinschaften oder einem anderen Vertragsstaat des Abkommens über den Europäischen Wirtschaftsraum bezogen werden."* Diese Vorschrift wurde als Reaktion auf das sog. „Schumacher-Urteil" des EuGH eingeführt.[112] Ein gewisser Heinz Schumacher hatte im Dezember 1983 in einer Apotheke in Straßburg ein rezeptfreies Medikament gekauft und sich dieses nach Deutschland mit der Post nachsenden lassen. Die Abfertigung des Päckchens war vom Hauptzollamt Frankfurt am Main-Ost unter Berufung auf § 73 Abs. 1 AMG abgelehnt worden. Der EuGH urteilte daraufhin, dass eine Regelung, die diese Art der Arzneimitteleinfuhr untersage, mit der Freiheit des Warenverkehrs gem. Art. 30 und 36 EGV (jetzt Art. 28 und 30 EG) unvereinbar sei. Die 1990 als Reaktion auf das Urteil eingeführte und 1992 auf verschreibungspflichtige Arzneimittel ausgedehnte[113] Vorschrift des § 73 Abs. 2 Nr. 6 a AMG bietet daher die Möglichkeit, als Einzelperson ohne Mithilfe einer deutschen Apotheke Arzneimittel, die nicht in Deutschland zugelassen sind, aus dem europäischen Ausland zu beziehen.

Der Rechtssache *Schumacher* lag ein Einzelfall zugrunde, in welchem eine einzelne Person sich ein bestimmtes Arzneimittel aus Frankreich zusenden ließ. Heinz Schumacher selbst suchte die Apotheke auf und organisierte die sich anschließende Versendung. Anders sieht die Sachlage möglicherweise dann aus, wenn eine in einem anderen Mitgliedstaat ansässige Apotheke sich nunmehr darauf spezialisiert, gezielt an deutsche Kunden (per Internet) Arzneimittel anzubieten und zu verkaufen. Insoweit stellt sich die Frage, ob der grenzüberschreitende Arzneimittelversandhandel von in Deutschland nicht zugelassenen Arzneimitteln nach dieser Norm zulässig ist. Dies hängt entscheidend von der Reichweite der Vorschrift ab.

---

[112] EuGH, Urt. v. 7. März 1989, Rs. 215/87, Schumacher, Slg. 1989, S. 617, 634; *Kloesel/Cyran*, AMG, § 73, Rn. 11a.

[113] Wiederum als Reaktion auf ein EuGH-Urteil: EuGH, Urt. v. 8. April 1992, Rs. C-62/90, Kommission/Deutschland, Slg. 1992, S. I-2575, 2601.

b) Die Reichweite der Ausnahmevorschrift des § 73 Abs. 2 Nr. 6 a AMG

Die Reichweite der Ausnahmevorschrift des § 73 Abs. 2 Nr. 6 a AMG ist bisher nicht abschließend geklärt und in Rechtsprechung und Literatur umstritten. Für die Frage nach der Anwendbarkeit der Vorschrift auf den Arzneimittelversandhandel kommt es maßgeblich darauf an, ob diese Form der Vermarktung als *„gewerbs- oder berufsmäßige Vermittlung"* anzusehen ist, welche nach dem Wortlaut der Norm ausdrücklich nicht gestattet ist. Wäre dies der Fall, dann wäre der Bezug und damit auch der Versand von in Deutschland nicht zugelassenen Arzneimitteln über eine EG-ausländische (Internet-) Apotheke rechtlich unzulässig. Während die Befürworter[114] einer solchen engen Auslegung der Ausnahmenorm damit argumentieren, dass ansonsten der Zweck des Verbringungsverbots des § 73 Abs. 1 AMG unterlaufen würde, stellen deren Gegner[115] vor allem darauf ab, dass eine „Vermittlung" immer das Vorhandensein eines dritten „Mittelsmannes" voraussetze, welcher im Fall eines direkten Bezugs aus einer Apotheke aber gerade fehle.

aa) Wortsinn des § 73 Abs. 2 Nr. 6 a AMG

Bei isolierter Betrachtung impliziert das Wort „Vermittlung" tatsächlich das Vorhandensein eines Dritten als „Mittler" oder „Mittelsmann" zwischen zwei Parteien. Dies entspricht auch dem juristischen Sprachgebrauch insbesondere in zivilrechtlichen Gesetzestexten. So wird z. B. die Vermittlungstätigkeit eines Maklers (§ 652 BGB) sowie eines Heiratsvermittlers (§ 656 BGB) als Vermittlung von Verträgen zwischen zwei von dem Vermittler verschiedenen Parteien verstanden.[116] Im Zusammenhang mit den Worten „berufs- oder gewerbsmäßig" ist die Verwendung des Begriffs aber bereits nicht mehr so eindeutig. Im allgemeinen Sprachgebrauch, der für die Auslegung eines juristischen Textes maßgeblich ist[117], kann dieser Ausdruck auch so verstanden werden, dass jeder mit gewerbsmäßigen „Mitteln", wie etwa Werbung, Internet o. ä., zustande gekommene Arzneimittelbezug ausgeschlossen werden soll. Das den Arzneimittelbezug vermittelnde Element wäre danach keine dritte Person, sondern die von der Apotheke eingesetzten Marketing-Instrumente, die dazu führen, dass der Versandhandel gewerbsmäßig betrieben wird. Diese Argumentation wird auch

---

[114] OLG Frankfurt/M., WRP 2001, 951; LG Frankfurt/M., MMR 2001, 243; *Ernst,* WRP 2001, 893, 895; *Meyer*, E-Commerce mit Arzneimitteln, S. 35 ff.; *Sander*, Der Vertrieb von Arzneimitteln über das Internet, S. 20 ff.; *Mankowski*, MMR 2001, 251, 253; *Mand*, WRP 2003, 37.

[115] LG Berlin, MMR 2001, 249; *Koenig,* Internet-Auftritt, S. 22 ff.; *Koenig/Engelmann,* PharmR 2000, Europäisches Arzneimittelrecht 1, S. 1, 3; *Koenig/Engelmann*, ZUM 2001, 19 f.; *Eichler,* K&R 2001, 144, 145 f.

[116] Vgl. *Palandt/Sprau*, BGB, § 652, Rn. 27; *Palandt/Sprau,* BGB, § 656, Rn. 6; ebenso wird z. B. auch der Begriff des Kreditvermittlers in § 3 Abs. 1 VerbrKrG verstanden.

[117] *Larenz,* Methodenlehre, S. 320 ff.

dadurch gestützt, dass die Vorschrift den Begriff „Vermittlung", nicht aber das personifizierende Wort „Vermittler" verwendet. Da der Wortsinn also beide Auslegungsvarianten zulässt, ist maßgeblich auf Bedeutungszusammenhang, Regelungsabsicht des Gesetzgebers sowie objektiv-teleologische Kriterien abzustellen.[118]

bb) Bedeutungszusammenhang des Gesetzes

Die Vorschrift des § 73 AMG ist gesetzestechnisch als Regel-Ausnahme Verhältnis konzipiert. Grundsätzlich gilt das Verbringungsverbot des Absatzes 1. Nur in wenigen, in Absatz 2 und 3 abschließend aufgezählten Fällen, kann hiervon eine Ausnahme gemacht werden. Die Möglichkeit des Einzelbezugs von in Deutschland nicht zugelassenen Arzneimitteln wurde als Nr. 6 a in die Aufzählung des Absatzes 2 eingefügt. Dies macht deutlich, dass der Gesetzgeber hier eine weitere Ausnahme eingeführt hat. Danach dürfen Arzneimittel, die nicht in Deutschland zugelassen sind, nur in Einzelfällen über die Grenze verbracht werden. Entsprechendes ergibt sich, wenn man die Vorschrift im Zusammenhang mit dem Heilmittelwerberecht betrachtet. Nach § 8 HWG ist die Werbung für den Einzelbezug nach § 73 Abs. 2 Nr. 6 a AMG untersagt. Dadurch, dass der Apotheke die Möglichkeit der Werbung und damit eines ihrer wichtigsten gewerblichen Kommunikationsmittel genommen wird, bestätigt sich die Annahme, dass die Direktbezugsmöglichkeit des § 73 Abs. 2 Nr. 6 a AMG auf Ausnahmefälle beschränkt und damit der gewerbliche Versandhandel ausgeschlossen werden soll.

cc) Regelungsabsicht des Gesetzgebers

Den Gesetzesmaterialien zu den im Jahr 1994 eingeführten Werbeverboten des § 8 HWG lässt sich ausdrücklich entnehmen, dass *„die Einzeleinfuhr von Arzneimitteln, die keine arzneimittelrechtliche Zulassung besitzen, eine Ausnahmeregelung"* darstellt. *„Die Einzeleinfuhren"*, so die Begründung weiter, *„sollen nicht durch Werbemaßnahmen in einem Umfang ausgeweitet werden, der als Umgehung der Zulassungsvorschriften anzusehen ist."*[119]

Weniger eindeutig sind allerdings die Gesetzesmaterialien zu § 73 Abs. 2 Nr. 6 a AMG. Die 1990 als Reaktion auf das bereits erwähnte *Schumacher*-Urteil des EuGH eingeführte und 1992 ausgeweitete Vorschrift[120] wurde 1998 um das hier entscheidende Merkmal *„ohne gewerbs- oder berufsmäßige Vermittlung"* erweitert.[121] Zur Begründung für die Erweiterung wurde angeführt, dass hierdurch

---

[118] Zu diesen Auslegungskriterien siehe *Larenz*, Methodenlehre, S. 324 ff.; *Bydlinski*, Methodenlehre, S. 442 ff.

[119] Begründung des Regierungsentwurfs, BT-Drucks. 11/5373, S. 20.

[120] Siehe oben Erstes Kapitel, II, 2, a.

[121] BGBl. I, S. 3586.

„klargestellt wird, dass die Möglichkeit des Bezugs durch Patienten oder Verbraucher nicht für gewerbs- oder berufsmäßige Vermittler gilt.“[122] Unter Hinweis auf die Verwendung des Wortes „klarstellen“ wird diese Formulierung teilweise als Indiz dafür herangezogen, dass mit der Gesetzesänderung nicht der gewerbliche Versandhandel ausgeschlossen werden sollte.[123] Vielmehr habe nur betont werden sollen, dass die Einfuhr solchen Personen nicht gestattet ist, die die Arzneimittel nicht für den eigenen Bedarf benötigen, sondern sie im Anschluss weiter vermitteln wollen. Eine solche Interpretation würde tatsächlich die Verwendung des Wortes „klarstellen“ erklären, denn die Möglichkeit, Arzneimittel in großen Mengen zu beziehen und sie im Anschluss weiter zu vertreiben, war dem Einzelnen bereits durch die ausdrückliche Beschränkung auf *„die dem üblichen persönlichen Bedarf entsprechende Menge“* genommen. Zudem verhindert die in § 43 Abs. 1 AMG normierte Apothekenpflicht, dass Arzneimittel von „Vermittlern“ direkt an Einzelpersonen abgegeben werden.

Vor diesem rechtlichen Hintergrund erscheint eine zusätzliche Klarstellung allerdings nicht erforderlich. Zudem ist kein Grund ersichtlich, der den Gesetzgeber zu einer solchen, wenig deutlichen Ergänzung bewegt haben könnte. Die Existenz von gewerbsmäßigen „Arzneimittelvermittlern“, gleichsam „Maklern“ für den Arzneimittelbezug, die ihr Geld damit verdienen, dass sie Patienten in Deutschland an Apotheken in anderen Mitgliedstaaten vermitteln oder aber selbst Arzneimittel aus einem anderen Mitgliedstaat aufkaufen und sodann weiterverkaufen, fand – soweit ersichtlich – weder in den Gesetzesmaterialien noch in der öffentlichen Debatte um die Änderungen des AMG Erwähnung. Es bestand damit kein Anlass, dieser Art von (ohnehin rechtswidrigen) Geschäften vorbeugen zu wollen. Die Problematik des gewerblichen Versandhandels lag indes bereits 1998 in der Luft. Hinzuweisen ist insbesondere darauf, dass die Einführung des ausdrücklichen Versandverbots in § 43 Abs. 1 AMG ebenfalls 1998 im Rahmen des gleichen Änderungsgesetzes erfolgte. Der Gesetzgeber sah hier offensichtlich Handlungsbedarf. Dementsprechend findet sich in der Beschlussempfehlung und dem Bericht des Ausschusses für Gesundheit des Deutschen Bundestages, von dem die Gesetzesinitiative maßgeblich ausgegangen sein dürfte, zu der Ergänzung des § 73 Abs. 2 Nr. 6 a AMG auch die Bemerkung, dass mit der Gesetzesänderung *„der Versandhandel aus dem Ausland weitgehend eingeschränkt“* werde.[124]

---

[122] Begründung des Regierungsentwurfs, BT-Drucks. 13/9996, S. 17.

[123] So *Koenig*, Internet-Auftritt, S. 24.

[124] BT-Drucks. 13/11020, S. 24; eine andere Einschätzung der Regelungsabsicht des Gesetzgebers ergibt sich insbesondere nicht dadurch, dass das Arzneimittelversandverbot für in Deutschland zugelassene Arzneimittel unterdessen durch die Änderung des § 43 Abs. 1 AMG sowie die Einführung des § 73 Abs. 1 Nr. 1 a AMG aufgehoben wurde.

dd) Objektiv-teleologische Kriterien

Es bleibt die Frage nach dem objektiven Zweck, dem Telos, der Regelung. Die Beschränkung des grenzüberschreitenden Arzneimittelbezugs durch Einzelpersonen auf Ausnahmefälle soll den Grundsatz des Verbringungsverbots gem. § 73 Abs. 1 AMG sicherstellen. Grund für dieses grundsätzliche Verbot der Verbringung von in Deutschland nicht zugelassenen Arzneimitteln ist in erster Linie der Schutz des deutschen Zulassungssystems vor Umgehung.[125] Dieses Gesetzesziel kann am besten erreicht werden, wenn Ausnahmen in nur geringem Maße zugelassen werden. Durch eine Zulassung des gewerblichen Versandhandels im Rahmen des § 73 Abs. 2 Nr. 6 a AMG würde diese Vorschrift aber ihren Ausnahmecharakter verlieren. Der Bezug von nicht zugelassenen Arzneimitteln wäre Einzelpersonen in Deutschland ohne große Eigeninitiative und somit nicht nur im Einzelfall möglich. Nach dem objektiven Zweck ist die Vorschrift des § 73 Abs. 2 Nr. 6 a AMG daher auf Einzelfälle zu begrenzen.

dd) EG-Rechtskonformität

Bedeutungszusammenhang, Regelungsabsicht des Gesetzgebers und Telos der Änderung weisen also eindeutig darauf hin, dass die Einfügung *„ohne berufs- oder gewerbsmäßige Vermittlung"* als Ausschluss des gewerbsmäßigen Arzneimittelvertriebs und damit auch als Ausschluss des gewerbsmäßigen Arzneimittelversandhandels zu verstehen ist. Etwas anderes gilt auch dann nicht, wenn sich – was zu überprüfen sein wird – herausstellt, dass der Ausschluss des gewerblichen Versandhandels von in Deutschland nicht zugelassenen Arzneimitteln gegen das Gemeinschaftsrecht, insbesondere die Warenverkehrsfreiheit gem. Art. 28 EG verstößt. Eine EG-rechtskonforme Auslegung kann nämlich nur in den Grenzen der nationalen Auslegungsregeln vorgenommen werden. Nur wenn danach mehrere Auslegungsmöglichkeiten bestehen, ist diejenige vorzuziehen, die den Anforderungen des EG-Rechts entspricht.[126] Dies ist hier aber nicht der Fall. Regelungsabsicht, Bedeutungszusammenhang des Gesetzes und objektiv-teleologische Kriterien weisen darauf hin, dass eine Einschränkung auf den ausnahmsweisen Einzelbezug gewollt ist. Allein die Tatsache, dass nach dem Wortsinn mehrere Bedeutungen möglich sind, ändert nichts an diesem insoweit eindeutigen Ergebnis. Funktion der Bestimmung des Wortsinns ist es, Ausgangspunkt und Grenze der Auslegung festzulegen. Solange verschiedene Bedeutungsvarianten möglich sind, geben die anderen Kriterien aber den Aus-

---

Maßgeblich für die Beurteilung ist allein die Ansicht des historischen Gesetzgebers; *Larenz*, Methodenlehre, S. 328 ff.; *Bydlinski*, Methodenlehre, S. 449 f.

[125] Zu diesem Gesetzesziel siehe noch ausführlich weiter unten Drittes Kapitel, I, III.

[126] Ausführlich zur EG-rechtskonformen Auslegung nationalen Rechts *Jarass*, Grundfragen der innerstaatlichen Bedeutung des EG-Rechts, S. 89 ff.; *Jarass*, EuR 1991, 211 ff.

schlag.[127] Bei Anwendung dieser nationalen Kriterien kommt nur die oben erläuterte Auslegung in Betracht, wonach der gewerbsmäßige Versandhandel nicht unter § 73 Abs. 2 Nr. 6 a AMG subsumiert werden kann. Sollte das Verbot des grenzüberschreitenden Versandes nicht zugelassener Arzneimittel gegen das Gemeinschaftsrecht verstoßen, wäre die Folge also nicht, dass die Vorschrift des § 73 Abs. 2 Nr. 6 a AMG im Sinne einer – den gewerbsmäßigen Versandhandel umfassenden – Ausnahme auszulegen wäre. Vielmehr würde dann der Grundsatz vom „Anwendungsvorrang des Gemeinschaftsrechts" eingreifen, mit der Folge, dass das Verbringungsverbot des § 73 Abs. 1 AMG auf den grenzüberschreitenden gewerbsmäßigen Versandhandel mit nicht zugelassenen Arzneimitteln keine Anwendung fände.[128]

---

[127] *Larenz*, Methodenlehre, S. 343.

[128] Zur Abgrenzung zwischen Anwendungsvorrang des Gemeinschaftsrechts und EG-rechtskonformer Auslegung *Jarass/Beljin*, JZ 2003, 768; allgemein zum Anwendungsvorrang des Gemeinschaftsrechts; *Wegener* in: Calliess/Ruffert (Hrsg.), Kommentar zu EU- und EG-Vertrag, Art. 220 EG, Rn. 23 f.; *Koenig/Haratsch*, Europarecht, Rn. 122 ff.; *Herdegen*, Europarecht, Rn. 167 f.

Zweites Kapitel

Beschränkung der Freiheit des Warenverkehrs (Art. 28 EG)

I. Vertriebsbindungen und Warenverkehrsfreiheit

Das deutsche System der Arzneimittelversorgung durch Apotheken bietet – auch nach den Änderungen durch das GMG – zahlreiche Reibeflächen mit dem europäischen Gemeinschaftsrecht. So wurde z. B. das Verbot des Fremd- und Mehrbesitzes bereits mehrfach auf seine Vereinbarkeit mit der Niederlassungsfreiheit hin untersucht.[129] Nach der Auflockerung des Mehrbesitzverbots durch das GMG stellt sich die Frage nach der Gemeinschaftsrechtskonformität in neuer Aktualität. In Konflikt mit der Niederlassungsfreiheit scheint auch die Vorschrift des § 2 Abs. 2 ApoG zu stehen, wonach Apotheker aus anderen Mitgliedstaaten in Deutschland nur eine Apotheke übernehmen dürfen, die bereits seit drei Jahren betrieben wird.

Neben der Niederlassungsfreiheit kommt vor allem aber die Freiheit des Warenverkehrs gem. Art. 28 EG als gemeinschaftsrechtlicher Prüfungsmaßstab in Betracht. Offensichtlich ist dies dann, wenn eine Vorschrift ausdrücklich den grenzüberschreitenden Arzneimittelvertrieb regelt. Dementsprechend war etwa das Verbringungsverbot des § 73 Abs. 1 AMG bereits mehrfach Anlass für gemeinschaftsrechtliche Auseinandersetzungen. In den Urteilen *Schumacher*[130] und *Kommission/Deutschland*[131] entschied der EuGH, dass ein ausnahmsloses Arzneimittelverbringungsverbot für bestimmte Personen oder Produkte die Warenverkehrsfreiheit verletzt. Trotz der daraufhin eingeführten Ausnahmemöglichkeit des § 73 Abs. 2 Nr. 6 a AMG sowie der Zulassung des gewerbsmäßigen grenzüberschreitenden Versandes von in Deutschland zugelassenen Arzneimitteln durch das GMG in § 73 Abs. 1 Nr. 1 a AMG enthält die Vorschrift weiterhin gemeinschaftsrechtliches Konfliktpotential. Insbesondere stellt sich die Frage nach der Zulässigkeit des gewerbsmäßigen grenzüberschreitenden Einzelhandelsvertriebs von nicht in Deutschland zugelassenen Arzneimitteln.

Aber auch dann, wenn sich eine Regelung nur auf die innerstaatliche Vermarktung bezieht, kann der grenzüberschreitende Warenverkehr hiervon beein-

---

[129] Siehe etwa *Starck*, Fremd- und Mehrbesitzverbot; *Friauf*, Fremd- und Mehrbesitzverbot; *Zuck/Lenz*, Der Apotheker in seiner Apotheke sowie *Taupitz*, Fremd- und Mehrbesitzverbot.

[130] EuGH, Urt. v. 7. März 1989, Rs. 215/87, Schumacher/Hauptzollamt Frankfurt am Main-Ost, Slg. 1989, S. 617; dazu bereits oben Erstes Kapitel, III, 2.

[131] EuGH, Urt. v. 8. März 1992, Rs. C-62/90, Kommission/Deutschland, Slg. 1992, S. I-2575.

trächtigt werden. Dies gilt umso mehr, wenn die grenzüberschreitend vertriebenen Waren aus einem Mitgliedstaat stammen, in welchem keine entsprechenden oder aber andere, möglicherweise weniger strenge Vertriebsbindungen bestehen. Denn ebenso wie in Deutschland erfolgt auch in den anderen Mitgliedstaaten der EG die Arzneimittelversorgung nach staatlichen Vorgaben. Diese Vorgaben wiechen allerdings teilweise erheblich voneinander ab. Besonders deutlich wird dies bei der sehr unterschiedlichen Preisregulierung in den einzelnen Mitgliedstaaten[132], welche auf der Großhandelsebene zu einer zunehmenden Parallelhandelstätigkeit geführt hat.[133] Daneben ist etwa die Apothekenpflicht in den verschiedenen Mitgliedstaaten unterschiedlich streng ausgestaltet. Insbesondere in den Niederlanden und Großbritannien werden zahlreiche Arzneimittel, die z. B. in Deutschland der Apothekenpflicht unterliegen, in Drogerien oder sogar Supermärkten vertrieben.[134] Insofern ist auch das deutsche Apothekenmonopol nicht vor einer Überprüfung anhand der Warenverkehrsfreiheit gefeit. Der EuGH entschied zwar in der Rechtssache *Kommission/Griechenland*[135], dass das griechische Apothekenmonopol für Säuglingsnahrung mit der Warenverkehrsfreiheit vereinbar sei. Dies hindert aber nicht die gemeinschaftsrechtliche Überprüfung einer ähnlichen Regelung, die möglicherweise im Detail anders ausgestaltet ist. Dementsprechend liegt dem Gerichtshof zurzeit ein Vorabentscheidungsersuchen aus Schweden vor, welches nach der Vereinbarkeit des dortigen Apothekenmonopols mit der Warenverkehrsfreiheit fragt.[136]

Besonders offensichtlich trat der Konflikt mit der Warenverkehrsfreiheit bei dem – nunmehr aufgehobenen – kategorischen Arzneimittelversandverbot des § 43 Abs. 1 AMG a. F. zutage. Im Zusammenspiel mit dem Verbringungsverbot des § 73 Abs. 1 AMG verhinderte diese Vorschrift, dass Arzneimittel gewerbsmäßig aus anderen Mitgliedstaaten an Endkunden in Deutschland versandt wer-

---

[132] Vgl. *Freytag*, Parallelimporte, S. 72, Fn. 73; *Schneider/Hofmann/Späth/Grzeschik/Köse*, Regulierung von Arzneimittelmärkten, S. 85 ff.; *Snell*, EBLR 2003, 507, 508 f.; siehe auch die Übersichten bei *Prinz/Vogel*, E-Commerce im Arzneimittelhandel, S. 59 sowie bei *Schäfers/Kaesbach*, BKK 2000, 203, 204 f.

[133] Siehe zum Parallelhandel ausführlich unten Drittes Kapitel, III, 2, b, bb.

[134] Einen Überblick über die Regulierung des Apothekenwesens in den einzelnen Mitgliedstaaten geben *Prinz/Vogel*, E-Commerce im Arzneimittelhandel, S. 57 ff. sowie *Schöffski*, Regulierung des Apothekenwesens, S. 256 ff.

[135] EuGH, Urt. v. 4. April 1995, Rs. C-391/92, Kommission/Griechenland, Slg. 1995, S. I-1621.

[136] Die schwedische Regelung behält die Arzneimittelabgabe dem Staat selbst oder einer juristischen Person vor, in der der Staat eine beherrschende Stellung hat; EuGH, Rs. C-438/02, Vorabentscheidungsersuchen des Stockholms Tingsrätt v. 29. November 2002, EWS 2003, 144; aus diesem Grund konzentrierte sich Generalanwalt *Léger* in seinen Schlussanträgen vom 25. Mai 2005 auf eine Untersuchung von Art. 31 EG.

den konnten. Es war daher nicht verwunderlich, dass der EuGH in der Rechtssache *DocMorris* angerufen wurde, um eine gemeinschaftsrechtliche Bewertung eines solchen Versandverbots vorzunehmen.[137] Das Verfahren *DocMorris* zum Anlass nehmend wird deshalb auch hier maßgeblich auf das Beispiel Arzneimittelversandverbot abgestellt, um die Vereinbarkeit von Vertriebsbindungen in der Arzneimittelversorgung mit der Warenverkehrsfreiheit gem. Art. 28 EG zu untersuchen. Die gefundenen Ergebnisse sollen im Anschluss daran mit der Beurteilung des Gerichtshofs in seinem Urteil vom 11. Dezember 2003[138] verglichen werden, um so die hier herausgearbeitete Dogmatik auf ihre Praktikabilität und Stimmigkeit hin zu überprüfen.

1. Grundlagen des Art. 28 EG

Die zentrale Vorschrift zur Garantie des freien Warenverkehrs bildet Art. 28 EG (früher Art. 30 EGV). Danach sind *„mengenmäßige Einfuhrbeschränkungen sowie alle Maßnahmen gleicher Wirkung zwischen den Mitgliedstaaten verboten"*. Der Schwerpunkt von Anwendung und Wirkung des Art. 28 EG liegt auf dem Verbot der *„Maßnahmen gleicher Wirkung"*. Allerdings enthält der Vertrag keine Begriffsbestimmung dieser Kategorie von Maßnahmen, so dass hier der Entwicklung der Rechtsprechung des EuGH eine besonders wichtige Rolle zukommt.

Eine Definition des Begriffs der *„Maßnahme gleicher Wirkung"* gab der Gerichtshof erstmals in der Entscheidung *Dassonville.*[139] Nach der dort aufgestellten Grundregel handelt es sich dabei um *„jede Handelsregelung der Mitgliedstaaten, die geeignet ist, den innergemeinschaftlichen Handel unmittelbar oder mittelbar, tatsächlich oder potentiell zu behindern."*[140] Diese sog. „Dassonville-Formel" hat der EuGH bis heute in seinen Urteilen regelmäßig wiederholt[141] und von ihr ausgehend weitere Kriterien für die Prüfung der Vereinbarkeit einer staatlichen Maßnahme mit Art. 28 EG entwickelt. Während er in *Dassonville* und der nachfolgenden Rechtsprechung zunächst allerdings allein über die Vereinbarkeit solcher Maßnahmen zu entscheiden hatte, die ausdrücklich nur auf Waren aus anderen Mitgliedstaaten abstellten, befasste er sich in der sog. *Cassis-Entscheidung* erstmals mit einer mitgliedstaatlichen Regelung, die formal

---

[137] Siehe LG Frankfurt/M., Beschluss v. 10. August 2001, NJW 2001, 2824.
[138] EuGH, Urt. v. 11. Dezember 2003, Rs. C-322/01, DocMorris, NJW 2004, 131.
[139] EuGH, Urt. v. 11. Juli 1974, Rs. 8/74, Dassonville, Slg. 1974, S. 837.
[140] EuGH, Urt. v. 11. Juli 1974, Rs. 8/74, Dassonville, Slg. 1974, S. 837, Rn. 5.
[141] Vgl. nur EuGH, Urt. v. 24. November 1993, Rs. C-267/91 u. C-268/91, Keck und Mithouard, Slg. 1993, S. I-6097, Rn. 11; EuGH, Urt. v. 13. Januar 2000, Rs. C-254/98, TK-Heimdienst, Slg. 2000, S. I-151, Rn. 22.

Inlands- und Importware gleichermaßen betraf.[142] Die Behinderung des Handels i. S. d. „Dassonville-Formel“ ergab sich hier allein aus den Unterschieden zwischen den autonomen Regelungen der Mitgliedstaaten. Der EuGH urteilte, dass solche Handelshemmnisse grundsätzlich *nicht* hingenommen werden müssen. Etwas anderes gelte nur, *„soweit diese Bestimmungen notwendig sind, um zwingenden Erfordernissen gerecht zu werden“*.[143] Mit diesem Urteil, welches nachfolgend in ständiger Rechtsprechung bestätigt wurde, führte der EuGH das sog. beschränkte Herkunftslandprinzip[144] ein und weitete damit den Anwendungsbereich des Art. 28 EG wesentlich aus. Folge dieses Prinzips ist, dass jedes in einem Mitgliedstaat hergestellte und in den Verkehr gebrachte Erzeugnis grundsätzlich auf dem Markt der anderen Mitgliedstaaten zuzulassen ist. Art. 28 EG statuiert also nicht nur ein Diskriminierungsverbot, sondern erfasst grundsätzlich auch sonstige, nicht diskriminierende Beschränkungen. Die genaue Reichweite des Beschränkungsverbots bietet allerdings ebenso wie die Bestimmung des Begriffs „Diskriminierung“ sowie die damit einhergehende Frage nach der Abgrenzung zwischen Diskriminierung und Beschränkung[145] bis heute Anlass für Auseinandersetzungen. Insbesondere wurde und wird versucht, die nicht immer eindeutige Rechtsprechung des EuGH dogmatisch einzuordnen und konsequent zu erklären.[146]

Die Auseinandersetzung in Rechtsprechung und Literatur beschränkte sich zunächst auf solche Regeln, die sich auf die Produkte selbst bezogen. Erst in den 1980er Jahren begann der Gerichtshof, sich mit Problemen auseinander zu setzen, die durch nationale Maßnahmen zur Regelung des Vertriebs aufgeworfen

---

[142] EuGH, Urt. v. 20. Februar 1979, Rs. 120/78, Rewe/Bundesmonopolverwaltung für Branntwein, Slg. 1978, S. 649.

[143] EuGH, Urt. v. 20. Februar 1979, Rs. 120/78, Rewe/Bundesmonopolverwaltung für Branntwein, Slg. 1978, S. 649, Rn. 8.

[144] Auch als „Prinzip der gegenseitigen Anerkennung“ bezeichnet; siehe hierzu *Geiger*, EG-Vertrag, Art. 28, Rn. 16; *Leible* in: Grabitz/Hilf (Hrsg.), EG-Vertrag, Art. 28, Rn. 26; *Oppermann*, Europarecht, Rn. 1299 ff.; *Koenig/Haratsch*, Europarecht, Rn. 555; *Schmitz*, Die kommerzielle Kommunikation im Binnenmarkt, S. 138 ff.

[145] Diese Abgrenzung ist insbesondere deshalb von Bedeutung, weil nach der Cassis-Rechtsprechung für nicht-diskriminierende Maßnahmen neben den geschriebenen Rechtfertigungsgründen weitere Ausnahmemöglichkeiten bestehen; siehe dazu unten Drittes Kapitel, I, 2.

[146] Siehe z. B. *Classen*, EWS 1995, 97; *Ehlers*, JURA 2001, 266 u. 482. *Eilmansberger*, JBl. 1999, 345 u. 434 hält eine Kategorisierung in Diskriminierungs- und Beschränkungsverbote für untauglich und schlägt eine feinere Einteilung nach verschiedenen Eingriffsintensitäten vor. *Jarass*, EuR 2000, 705 sieht in den Grundfreiheiten in erster Linie Diskriminierungsverbote; nicht-diskriminierende Beschränkungen sollen nur erfasst werden, wenn sie einen Kernbereichseingriff darstellen. *Kingreen*, Struktur der Grundfreiheiten, reduziert die Grundfreiheiten auf Diskriminierungsverbote, setzt aber einen sehr weiten Diskriminierungsmaßstab an.

wurden. In einer Reihe von Entscheidungen nahm er dazu Stellung, unter welchen Voraussetzungen solche Vertriebsbindungen als Maßnahmen gleicher Wirkung anzusehen sind. Innerhalb der Urteile, die eine Subsumtion unter den auslegungsbedürftigen Begriff des Art. 28 EG (damals Art. 30 EGV) vornahmen[147], bildeten sich nach und nach zwei entgegengesetzte Tendenzen heraus.[148] Der EuGH legte den Anwendungsbereich des Art. 28 EG (damals Art. 30 EGV) entweder eng[149] oder aber – ohne diese unterschiedliche Entscheidungspraxis genauer zu begründen – sehr weit aus.[150]

Diese uneinheitliche Rechtsprechung war – mit den Worten des Generalanwalts *Tesauro – „sicher – warum es verschweigen? – in systematischer Hinsicht nicht einfach zu verstehen“*.[151] Eine dogmatische Einordnung in die zuvor entwickelte Systematik erschien nur schwer möglich. Dementsprechend regte sich zahlreiche Kritik, die Unstimmigkeiten und Widersprüche zwischen den einzelnen Entscheidungen aufzeigte.[152] So bemerkten verschiedene Autoren z. B., dass das Verbot des Verkaufs von Arzneimitteln außerhalb von Apotheken ebenso wie das Verbot des Verkaufs von Sexartikeln außerhalb von Sexshops dazu führte, die Verkäufe in eine bestimmte Richtung zu lenken. Die genau gegensätzliche Bewertung dieser beiden Vertriebsregelungen durch den EuGH ließ sich aus der

---

[147] In einigen Entscheidungen beschränkte sich der Gerichtshof auf eine Prüfung der Verhältnismäßigkeit der entsprechenden Vertriebsbindung, ohne zuvor überhaupt dazu Stellung genommen zu haben, warum es sich jeweils um eine Maßnahme gleicher Wirkung handele; siehe etwa EuGH, Urt. v. 23. November 1989, Rs. C-145/88, Torfaen, Slg. 1989, S. I-3851 oder EuGH, Urt. v. 16. Dezember 1992, Rs. C-169/91, City of Stoke-on-Trent, Slg. 1992, S. I-6635.

[148] Einen Überblick über die Rechtsprechung des EuGH zu nationalen Regelungen über Verkaufsmodalitäten vor der Entscheidung *Keck und Mithouard* geben *Weyer*, Freier Warenverkehr und nationale Regelungsgewalt in der EU, S. 352 ff.; *Hödl*, Verkaufsbehindernde Maßnahmen im Europäischen Binnenmarkt, S. 98 ff.; *Schmitz*, Die kommerzielle Kommunikation im Binnenmarkt, S. 91 ff. sowie *Classen*, EWS 1995, 97, 99 m. w. N. in Fn. 27.

[149] Vgl. EuGH, Urt. v. 14. Juli 1981, Rs. 155/80, Oebel, Slg. 1981, S. 1993; EuGH, Urt. v. 31. März 1982, Rs. 75/81, Blesgen, Slg. 1982, S. 1211; EuGH, Urt. v. 11. Juli 1990, Rs. C-23/89, Quietlynn und Richards, Slg. 1990, S. I-3059; EuGH, Urt. v. 7. Mai 1991, Rs. C-350/89, Sheptonhurst, Slg. 1991, S. I-2387.

[150] EuGH, Urt. v. 15. Dezember 1982, Rs. 286/81, Oosthoek`s Uitgeversmaatschappij, Slg. 1982, S. 4575; EuGH, Urt. v. 16. Mai 1989, Rs. 382/87, Buet, Slg. 1989, S. 1235; EuGH, Urt. v. 30. April 1991, Rs. C-239/90, Boscher, Slg. 1991, S. I-2023; EuGH, Urt. v. 21. März 1991, Rs. C-369/88, Delattre, Slg. 1991, S. I-1487.

[151] GA *Tesauro* zu: EuGH, Urt. v. 15. Dezember 1993, Rs. C-292/92, Hünermund, Slg. 1993, S. I-6787, Tz. 11.

[152] Vgl. *Sack*, EWS 1994, 37, 40; *Matthies* in: FS Everling, S. 803, 806 ff.; *Steiner*, CMLRev. 1992, 749; *Schmitz*, Die kommerzielle Kommunikation im Binnenmarkt, S. 117 ff.; GA *van Gerven* zu: EuGH, Urt. v. 23. November 1989, Rs. C-145/88, Torfaen, Slg. 1989, S. I-3851, Tz. 14 ff.; GA *Tesauro* zu: EuGH, Urt. v. 15. Dezember 1993, Rs. C-292/92, Hünermund, Slg. 1993, S. I-6787, Tz. 20 ff.

Rechtsprechung aber nicht überzeugend erklären.[153] Solche Ungereimtheiten führten zu Unsicherheit und Verwirrung, so dass zunehmend eindeutige Abgrenzungskriterien und eine grundsätzliche Klärung gefordert wurden.[154] Diesen Forderungen hat der EuGH offensichtlich mit dem *Keck*-Urteil Rechnung tragen wollen.

2. Das Urteil „Keck und Mithouard"

a) Sachverhalt und Entscheidungsgründe

In der am 24. November 1993 ergangenen Entscheidung *Keck und Mithouard* ging es um das französische Verbot, Waren zum Verlustpreis weiterzuverkaufen („vente à perte").[155] Die Kaufleute Bernard Keck und Daniel Mithouard, die diese Vorschrift missachtet hatten und deshalb strafrechtlich belangt wurden, beriefen sich darauf, dass Billigangebote den Umsatz förderten. Das Verbot, unter dem Einstandspreis zu verkaufen, beeinträchtige den Absatz von Produkten aus anderen Mitgliedstaaten und damit den freien Warenverkehr. Der Gerichtshof folgte dieser Argumentation nicht und urteilte, dass ein solches Verbot nicht gegen Art. 28 EG verstoße, weil es keine Maßnahme gleicher Wirkung darstelle. Für die Begründung entscheidend ist Randnummer 16 der Urteilsgründe, die als sog. „Keck-Formel" Einlass in die juristische Literatur gefunden hat: *„Demgegenüber ist entgegen der bisherigen Rechtsprechung die Anwendung nationaler Bestimmungen, die bestimmte Verkaufsmodalitäten beschränken oder verbieten, auf Erzeugnisse aus anderen Mitgliedstaaten nicht geeignet, den Handel zwischen den Mitgliedstaaten im Sinne des Urteils Dassonville unmittelbar oder mittelbar, tatsächlich oder potentiell zu behindern, sofern diese Bestimmungen für alle betroffenen Wirtschaftsteilnehmer gelten, die ihre Tätigkeit im Inland ausüben, und sofern sie den Absatz der inländischen Erzeugnisse und der Erzeugnisse aus anderen Mitgliedstaaten rechtlich wie tatsächlich in der gleichen Weise berühren."*

Der EuGH nahm damit eine ausdrückliche Einschränkung der tatbestandlichen Reichweite des Art. 28 EG vor. Entsprechen nationale Maßnahmen den vom Gerichtshof aufgestellten Voraussetzungen, ist schon der Tatbestand des

---

[153] EuGH, Urt. v. 11. Juli 1990, Rs. C-23/89, Quietlynn und Richards, Slg. 1990, S. I-3059 und EuGH, Urt. v. 21. März 1991, Rs. C-369/88, Delattre, Slg. 1991, S. I-1487.

[154] Besonders deutlich GA *Tesauro* zu: EuGH, Urt. v. 15. Dezember 1993, Rs. C-292/92, Hünermund, Slg. 1993, S. I-6787, Tz. 26: *„Zu diesem Überdenken fordere ich heute den Gerichtshof auf: zu einem klaren und deutlichen Überdenken, in einer zweckdienlichen Weise."*

[155] EuGH, Urt. v. 24. November 1993, verb. Rs. C-267/91 u. C-268/91, Keck und Mithouard, Slg. 1993, S. I-6097.

Art. 28 EG nicht gegeben, so dass eine gemeinschaftsrechtliche Überprüfung ausscheidet.

b) Die „Keck-Formel"

Das Keck-Urteil löste ein gewaltiges Echo aus und sorgte für eine Flut von unterschiedlichen Stellungnahmen.[156] Der EuGH war offensichtlich selbst davon ausgegangen, dass sein Urteil einen Einschnitt in der Rechtsprechung zur Warenverkehrsfreiheit darstellen würde. Dies wird insbesondere durch die in den Entscheidungsgründen gemachte ausdrückliche Ankündigung deutlich, die *„Rechtsprechung auf diesem Gebiet zu überprüfen und klarzustellen"*.[157] Die sich aus dem Urteil ergebenden Konsequenzen werden allerdings bis heute unterschiedlich bewertet. Während die einen von einer Kehrtwende oder sogar „Novemberrevolution" sprechen[158], halten andere das Urteil nur für eine behutsame Kursbegradigung oder sehen es gar in einer längeren Tradition von Entscheidungen.[159] Die Unterschiedlichkeit der Reaktionen ist in erster Linie auf die knappen Urteilsgründe zurückzuführen, die zahlreiche Fragen aufwerfen und verschiedene Interpretationsmöglichkeiten zulassen.

aa) Voraussetzungen der „Keck-Formel"

Im Zentrum der Diskussion um die „Keck-Formel" steht der vom EuGH verwendete, aber nicht näher definierte Begriff der *„bestimmten Verkaufsmodalitäten"*. Seiner Verwendung liegt offensichtlich die schon in der früheren Rechtsprechung angedeutete Unterscheidung zwischen produktbezogenen und vermarktungsbezogenen Regelungen zugrunde.[160] Erstere umfassen alle Vorschriften über die Verpackung, die Bezeichnung, die Kennzeichnung oder die Zulassung der Produkte selbst und sind in jedem Fall an Art. 28, 30 EG zu messen.[161]

---

[156] Siehe etwa *Hödl*, Verkaufsbehindernde Maßnahmen im Europäischen Binnenmarkt, S. 137 ff.; *Lenz*, NJW 1994, 1633; *Joliet*, GRUR Int. 1994, 979; *Möschel*, NJW 1994, 429; *Schroeder/Federle*, ZIP 1994, 1428; *Sack*, EWS 1994, 37; vgl. auch die Darstellung der Reaktionen bei *Schmitz*, Die kommerzielle Kommunikation im Binnenmarkt, S. 163 ff.; *Schwintowski*, RabelsZ 2000, 38 mit zahlreichen weiteren Hinweisen in Fn. 2.

[157] EuGH, Urt. v. 24. November 1993, verb. Rs. C-267/91 u. C-268/91, Keck und Mithouard, Slg. 1993, S. I-6097, Rn. 14.

[158] So *Reich* als Titel seiner Rezension, CMLRev. 1994, 459.

[159] *Heermann*, GRUR Int. 1999, 579; *Adrian*, EWS 1998, 288; *Zuleeg* in: FS Everling, S. 1717, 1726; *Weyer*, DZWiR 1994, 89, 90; *Arndt*, ZIP 1994, 188.

[160] *Becker*, EuR 1994, 162, 168; *Heermann*, GRUR Int. 1999, 579, 581.

[161] Die Abgrenzung zwischen produktbezogenen Regeln und Regelungen über Verkaufsmodalitäten kann sich insbesondere bei mitgliedstaatlichen Werbevorschriften als schwierig herausstellen. Sie ist danach zu treffen, ob sich die Regelung unmittelbar auf das Produkt und seine Erscheinung auswirkt oder nur allgemein die Bedingungen der Vermarktung festlegt; siehe dazu *Koenig/Haratsch*, Europarecht, Rn. 559; *Schroeder* in:

Unklar bleibt hingegen, welche Vermarktungsregelungen unter Art. 28 EG zu subsumieren sind und welche von vorne herein aus dem Anwendungsbereich herausfallen. Denn die Verwendung des Begriffs *„bestimmte Verkaufsmodalitäten"* legt die Annahme nahe, dass es andere oder *„sonstige Verkaufsmodalitäten"* geben muss, die nach wie vor an Art. 28 EG zu messen sind.[162] Zentrale Frage jeder Auseinandersetzung mit der „Keck-Formel" ist daher, nach welchen Kriterien diese Abgrenzung zwischen Regelungen *„bestimmter"* und Regelungen *„sonstiger"* Verkaufsmodalitäten vorzunehmen ist.

Nach dem Wortlaut der „Keck-Formel" ist Voraussetzung für den Ausschluss von Art. 28 EG zunächst, dass die Bestimmungen *„für alle Wirtschaftsteilnehmer gelten, die ihre Tätigkeit im Inland ausüben."* Es darf also keine formale Differenzierung zwischen ausländischen und inländischen Produkten vorgenommen werden. Diese Formulierung stellt damit klar, dass offene Diskriminierungen, d. h. solche staatlichen Maßnahmen, die für in- und ausländische Erzeugnisse unterschiedliche Regelungen aufstellen, in jedem Fall, d. h. auch, wenn sie Verkaufsmodalitäten regeln, an Art. 28 EG zu messen sind. Aus diesem Grund ist etwa die Überprüfung eines Verbringungsverbots von Arzneimitteln wie § 73 Abs. 1 AMG anhand der Art. 28, 30 EG ohne weiteres möglich und geboten. Die Vorschrift regelt die Einfuhr von Arzneimitteln nach Deutschland und enthält insofern eine offene Diskriminierung. Es handelt sich um eine Maßnahme gleicher Wirkung, die nicht von der „Keck-Fomel" erfasst wird.[163] Anders stellt sich die Situation aber bei einem innerstaatlichen Arzneimittelversandverbot dar, wie es in § 43 Abs. 1 AMG a. F. vorgesehen war. Geregelt wird eine Modalität des Vertriebs von Arzneimitteln, ohne dass hierbei ausdrücklich zwischen in- und ausländischen Arzneimitteln differenziert wird.

Neben dem Fehlen einer offenen Diskriminierung setzt der Wortlaut der „Keck-Formel" weiter voraus, dass die betroffene Bestimmung *„den Absatz der inländischen Erzeugnisse und der Erzeugnisse aus anderen Mitgliedstaaten rechtlich*

Streinz (Hrsg.), EUV/EGV, Art. 28 EGV, Rn. 51 ff.; *Koenig/Engelmann*, ZUM 2001, 19, 21; EuGH, Urt. v. 6. Juli 1995, Rs. C-470/93, Mars, Slg. 1995, S. I-1923, Rn. 12 f.; jüngst auch EuGH, Urt. v. 18. September 2003, Rs. C-416/00, Morellato, noch nicht in amtlicher Sammlung.

[162] *Leible* in: Grabitz/Hilf (Hrsg.), EG-Vertrag, Art. 28, Rn. 28; zur Verwendung des Begriffs „sonstige Verkaufsmodalitäten" vgl. *Heermann*, GRUR Int. 1999, 579.

[163] Dies gilt auch dann, wenn man – wie der EuGH in der Entscheidung *DocMorris* – davon ausgeht, dass es sich bei dieser Vorschrift um die Umsetzung von Art. 3 der RL 65/65/EWG handelt. Bei einem solchen Verständnis steht im Zentrum der Überprüfung nicht die mitgliedstaatliche Norm, sondern die entsprechende sekundärrechtliche Vorschrift. Dies ändert aber nichts an dem Ergebnis, dass es sich um eine nach Art. 28 EG grundsätzlich verbotene Maßnahme gleicher Wirkung handelt; vgl. EuGH, Urt. v. 11. Dezember 2003, Rs. C-322/01, DocMorris, NJW 2004, 131; siehe dazu ausführlich unten Zweites Kapitel, II, 2.

wie tatsächlich in der gleichen Weise berührt."[164] Der Gerichtshof wendet sich in diesem zweiten Teil der „Keck-Formel" offensichtlich den überwiegend als „versteckt" oder „faktisch" bezeichneten Diskriminierungen zu.[165] Regelungen, die zwar formal keine Unterscheidung zwischen In- und Ausländern treffen, deren Auswirkungen aber ausländische Erzeugnisse stärker treffen als die entsprechenden inländischen Produkte, können demnach ebenfalls nicht von einer Überprüfung anhand des Art. 28 EG ausgenommen werden. Diskriminierungen jeglicher Art, seien sie offen oder versteckt, sollen also weiterhin in den Anwendungsbereich der Warenverkehrsfreiheit fallen.

bb) Offene Fragen

Der Wortlaut der „Keck-Formel" lässt den eindeutigen Schluss zu, dass Voraussetzung für den Ausschluss von Art. 28 EG das Vorliegen einer nicht-diskriminierenden Vertriebsbindung ist. So deutlich die Formel diesbezüglich ist, so wenig Klarheit bringt sie für die Frage, unter welchen Umständen eine Regelung als in diesem Sinne nicht-diskriminierend eingeordnet werden kann. Berührt etwa ein Arzneimittelversandverbot den Absatz inländischer Erzeugnisse und Erzeugnisse aus anderen Mitgliedstaaten *„rechtlich wie tatsächlich in der gleichen Weise"*? Im Hinblick darauf, dass EG-ausländische Apotheken aufgrund der tatsächlichen Entfernung zu ihren deutschen Endkunden in weitaus größerem Maße auf die Vertriebsform Versand angewiesen sind als ihre deutschen Kollegen, kann dies nicht ohne weiteres bejaht werden.

Die Formulierung der „Keck-Formel" stellt auf einen Vergleich der Auswirkungen auf den Absatz ab. Dies könnte so zu verstehen sein, dass es entscheidend auf die tatsächlichen Absatzzahlen EG-ausländischer Produkte im Vergleich zu der Anzahl verkaufter inländischer Erzeugnisse ankommt. Andererseits wurde aber gerade das Argument der Kaufleute Keck und Mithouard, wonach das Verbot des Verkaufs zu Dumpingpreisen tatsächlich größere Auswirkungen auf den Absatz ausländischer Produkte habe, als unzureichend abgelehnt. Der EuGH hob diesbezüglich hervor, dass eine Beschränkung des Absatzvolumens von Erzeugnissen aus anderen Mitgliedstaaten, die daraus resultiert, dass den Wirtschaftsteilnehmern eine Methode der Absatzförderung genommen wird, nicht ausreicht, um die Maßnahme als diskriminierend i. S. d. „Keck-Formel" einzustufen.[166] Die Einordnung einer Regelung als diskriminierend kann also *nicht* allein von den tatsächlichen Auswirkungen auf den Absatz der

---

[164] EuGH, Urt. v. 24. November 1993, verb. Rs. C-267/91 u. C-268/91, Keck und Mithouard, Slg. 1993, S. I-6097, Rn. 16.

[165] Zu den unterschiedlichen Bezeichnungen für diese Art von Diskriminierungen *Kingreen*, Struktur der Grundfreiheiten, S. 39; *Ehlers*, JURA 2001, 266, 270.

[166] EuGH, Urt. v. 24. November 1993, verb. Rs. C-267/91 u. C-268/91, Keck und Mithouard, Slg. 1993, S. I-6097, Rn. 13.

jeweiligen Erzeugnisse abhängen. Dies legt es nahe, nach einem anderen Kriterium zu suchen, welches unabhängig von den konkreten Absatzzahlen im jeweiligen Fall zur Abgrenzung herangezogen werden kann.

Neben dieser Frage nach der Bestimmung des Diskriminierungsbegriffs lässt die „Keck-Formel" auch offen, ob aus ihr der Gegenschluss gezogen werden kann, dass alle nicht-diskriminierenden Regelungen über Verkaufsmodalitäten einer Überprüfung durch Art. 28 EG entzogen sind. So fragt sich etwa, ob die Einordnung eines Versandverbots als nicht-diskriminierend in jedem Fall zur Folge hätte, dass eine weitere Überprüfung anhand der Warenverkehrsfreiheit ausscheidet. Eine solche, von zahlreichen Autoren vorgenommene[167], Interpretation der „Keck-Formel" würde die Warenverkehrsfreiheit im Bereich der Vertriebsbindungen auf ein reines Diskriminierungsverbot reduzieren. Die Entwicklung der Rechtsprechung seit *Dassonville* und *Cassis*, wonach Art. 28 EG auch als Beschränkungsverbot zu verstehen ist, würde hierdurch im Bereich der Vertriebsbindungen rückgängig gemacht.

Ein Ansatz zur Beantwortung dieser beiden Fragen – der Frage nach der Bestimmung des Diskriminierungsbegriffs und der Frage nach der Behandlung nicht-diskriminierender Beschränkungen – findet sich in der vom EuGH in seiner Keck-Entscheidung selbst gegebenen Begründung. Die Anwendung solcher – den Anforderungen der „Keck-Formel" genügenden – Regelungen über Verkaufsmodalitäten auf EG-ausländische Erzeugnisse ist nach Ansicht des Gerichtshofs nämlich *„nicht geeignet, den Marktzugang für diese Erzeugnisse zu versperren oder stärker zu behindern, als sie dies für inländische Erzeugnisse tut. Diese Regelungen fallen daher nicht in den Anwendungsbereich von Art. 30."*[168]

Entscheidend für die Nichtanwendung des Art. 28 EG auf Regelungen über Verkaufsmodalitäten ist danach also der mangelnde Einfluss dieser Regelungen auf den Marktzugang. Im Gegenschluss muss dies bedeuten, dass eine Regelung immer dann an Art. 28 EG zu messen ist, wenn sie den Marktzugang entweder versperrt oder für ausländische Produkte stärker behindert als für inländische Erzeugnisse.

Während sich den Urteilsgründen das grundsätzliche Kriterium „Marktzugang" deutlich entnehmen lässt, bleibt dessen genaue Bedeutung offen. So fragt sich etwa, welche Bedeutung dem Begriff „Markt" in diesem Zusammenhang zukommt. Ist mit „Marktzugang" allein die Ermöglichung des grenzüber-

---

[167] *Meyer*, GRUR Int. 1996, 697, 700; *Joliet*, GRUR Int. 1994, 979, 984; *Ehlers*, JURA 2001, 482, 485; *Kingreen*, Struktur der Grundfreiheiten, S. 56 f.; *Sander/Sigloch*, PharmR 2003, 371, 374.

[168] EuGH, Urt. v. 24. November 1993, verb. Rs. C-267/91 u. C-268/91, Keck und Mithouard, Slg. 1993, S. I-6097, Rn. 17.

schreitenden Warenverkehrs gemeint oder handelt es sich um einen spezielleren Marktbegriff, der – wie insbesondere im Wettbewerbsrecht – eine genaue Marktabgrenzung erforderlich macht? Unklar bleibt zudem, in welchem Zusammenhang „Marktzugang" und eigentliche „Keck-Formel" stehen. Denkbar ist einerseits, dass die Frage nach dem Einfluss der Regelung auf den Marktzugang der Ausfüllung des Begriffs der faktischen Diskriminierung i. S. d. „Keck-Formel" dienen soll. Die Regelung einer Verkaufmodalität würde danach immer dann EG-ausländische und inländische Produkte *„rechtlich wie tatsächlich in der gleichen Weise berühren"*, wenn sie keinen Einfluss auf den Marktzugang hätte. Zum anderen könnte die Frage nach dem Einfluss einer Regelung auf den Marktzugang aber auch ein eigenes, zusätzliches Kriterium darstellen. Ein solches Verständnis würde es erlauben, auch nicht-diskriminierende Vertriebsbindungen an Art. 28, 30 EG zu messen, wenn sie den Marktzugang versperren. Zur Beantwortung dieser offenen Fragen ist die dem Keck-Urteil nachfolgende Rechtsprechung zu untersuchen. Diese Untersuchung erfolgt zunächst ohne Berücksichtigung des EuGH-Urteils in der Rechtssache *DocMorris* vom 11. Dezember 2003. Auf diese Weise kann die Entscheidung des Gerichtshofs deutlicher den hier gefundenen Ergebnissen gegenübergestellt werden, um so die Bedeutung des Urteils für die Keck-Dogmatik zu analysieren und zu erfassen.

3. Die Keck-Folgerechtsprechung bis zum Urteil TK-Heimdienst

Die unter Anwendung der „Keck-Formel" ergangenen Entscheidungen können grob in drei Gruppen eingeteilt werden. Am eindeutigsten fallen die Urteile aus, die über die Vereinbarkeit von Ladenöffnungszeiten und Sonntagarbeitsverboten mit Art. 28 EG zu befinden hatten.[169] Solche nationalen Regelungen, so der EuGH, lassen sich eindeutig unter die „Keck-Formel" subsumieren. Es handele sich um bestimmte Verkaufsmodalitäten, die nicht in den Anwendungsbereich des Art. 28 EG fallen.

Während zumeist weitere Begründungen für dieses Ergebnis fehlen, findet sich in der Entscheidung *Semeraro Casa Uno* das Kriterium des Marktzugangs wieder.[170] In dieser Rechtssache hatten sich italienische Supermarktketten gegen das Verbot der Ladenöffnung an Sonn- und Feiertagen gewandt. Sie argumentierten, dass dieses Verbot zu einer Beschränkung des Absatzvolumens von Erzeugnissen aus anderen Mitgliedstaaten führe, da die großen, am Rande der Städte gele-

---

[169] EuGH, Urt. v. 2. Juni 1994, verb. Rs. C-69/93 u. C-258/93, Punto Casa, Slg. 1994, S. I-2355; EuGH, Urt. v. 2. Juni 1994, verb. Rs. C-401/92 u. C-402/92, Tankstation t'Heukske und Boermann, Slg. 1994, S. I-2199; EuGH, Urt. v. 20. Juni 1996, verb. Rs. C-418/93 bis C-421/93, Semeraro Casa Uno, Slg. 1996, S. I-2975.

[170] EuGH, Urt. v. 20. Juni 1996, verb. Rs. C-418/93 bis C-421/93, Semeraro Casa Uno, Slg. 1996, S. I-2975.

genen Einkaufszentren meist nur am Wochenende erreicht werden könnten. Dadurch würden die Verbraucher zu kleinen Betrieben gelenkt, welche überwiegend inländische Erzeugnisse anböten. Der EuGH sah hierin keine Beschränkung des freien Warenverkehrs und ordnete die Regelung als Regelung einer Verkaufsmodalität i. S. d. „Keck-Formel" ein. Zur Begründung führte er an, dass nicht zu erkennen sei, *„dass die streitigen Rechtsvorschriften eine Regelung des Warenverkehrs zwischen den Mitgliedstaaten bezwecken oder, insgesamt betrachtet, eine Ungleichbehandlung inländischer und eingeführter Erzeugnisse im Hinblick auf ihren Zugang zum Markt bewirken können."*[171] Für eine Einordnung als Maßnahme gleicher Wirkung reiche es nicht aus, *„dass nationale Rechtsvorschriften ganz allgemein das Absatzvolumen und damit das Volumen des Absatzes von Erzeugnissen aus anderen Mitgliedstaaten beschränken können, [...]."* Ausschlaggebend für das Eingreifen der „Keck-Formel" und damit für die Einordnung der Regelung als in diesem Sinne nichtdiskriminierend war also, dass die Regelung keine Ungleichbehandlung im Hinblick auf den Marktzugang bewirkte.

Eine ähnliche Argumentation findet sich auch in der zweiten Gruppe von Entscheidungen wieder, in welcher es um die Anwendbarkeit der „Keck-Formel" auf Werberegeln ging.[172] So wurde etwa in der Rechtssache *Hünermund* eine Standesregelung, die Apothekern die Werbung für apothekenübliche Waren außerhalb der Apotheke verbietet, unter die „Keck-Formel" subsumiert und vom Anwendungsbereich des Art. 28 EG ausgeschlossen.[173]

Werberegeln können allerdings nicht pauschal als Regeln über Verkaufsmodalitäten eingeordnet werden. Vielmehr stellte der EuGH bald klar, dass solche Vorschriften insbesondere dann als produktbezogene Maßnahmen einzustufen sind, wenn sie sich auf die Verpackung der Ware beziehen.[174] Ebenfalls anhand einer Werberegelung wurde in der Entscheidung *de Agostini und TV Shop* erstmals über eine Regelung entschieden, die zwar als Verkaufsmodalität eingeordnet wurde, jedoch nicht den von *Keck* aufgestellten Ausschlusskriterien entsprach.[175] Während in dieser Rechtssache aber undeutlich blieb, anhand welcher

---

[171] EuGH, Urt. v. 20. Juni 1996, verb. Rs. C-418/93 bis C-421/93, Semeraro Casa Uno, Slg. 1996, S. I-2975, Rn. 24.

[172] Siehe nur EuGH, Urt. v. 15. Dezember 1993, Rs. C-292/92, Hünermund, Slg. 1993, S. I-6787; EuGH, Urt. v. 24. November 1994, Rs. C-412/93, Leclerc-Siplec, Slg. 1995, S. I-179; EuGH, Urt. v. 2. Februar 1994, Rs. C-315/92, Verband sozialer Wettbewerb, Slg. 1994, S. I-317.

[173] EuGH, Urt. v. 15. Dezember 1993, Rs. C-292/92, Hünermund, Slg. 1993, S. I-6787, Rn. 19 ff.

[174] EuGH, Urt. v. 6. Juli 1995, Rs. C-470/93, Mars, Slg. 1995, S. I-1923.

[175] EuGH, Urt. v. 9. Juli 1997, verb. Rs. C-34/95 bis C-36/95, de Agostini und TV-Shop, Slg. 1997, S. I-3843, Rn. 41 ff.; in diesem Urteil ging es um das schwedische Verbot der Fernsehwerbung, soweit sie an Kinder unter 12 Jahren gerichtet war. Der EuGH führte in

Kriterien der EuGH über die (Nicht-) Anwendbarkeit der „Keck-Formel" entschied, fielen die Entscheidungsgründe in der neueren Rechtssache *Gourmet International Products* wesentlich klarer aus.[176] Einleitend wies der Gerichtshof hier ausdrücklich darauf hin, dass nationale Bestimmungen über Verkaufsmodalitäten nur dann nicht in den Anwendungsbereich des Art. 30 EGV (jetzt Art. 28 EG) fallen, *„wenn sie nicht geeignet sind, den Marktzugang für Erzeugnisse aus einem anderen Mitgliedstaat zu versperren oder stärker zu behindern als sie dies für inländische Erzeugnisse tun."*[177] Das auf dem Prüfstand stehende schwedische Verbot der Werbung für Alkohol sei aber *„geeignet, den Marktzugang für Erzeugnisse aus anderen Mitgliedstaaten stärker zu behindern als es dies für inländische Erzeugnisse tut, mit denen der Verbraucher unwillkürlich besser vertraut ist."*[178] Aus diesem Grund sei das Verbot nicht unter die „Keck-Formel" zu subsumieren und grundsätzlich an Art. 28 EG zu messen.[179] Die im Vergleich zu inländischen Produkten stärkere Behinderung des Marktzugangs von ausländischen Erzeugnissen war hier also ausschlaggebend für eine Einordnung der Regelung als diskriminierend. Die Voraussetzungen der „Keck-Formel" lagen aus diesem Grund nicht vor, so dass die Regelung in den Anwendungsbereich des Art. 28 EG fiel.

In der dritten Gruppe von Entscheidungen beschäftigte sich der EuGH mit nationalen Verkaufsmonopolen. Diese wurden durchgehend als Regelungen über Verkaufsmodalitäten eingeordnet, nicht immer allerdings aus dem Anwendungsbereich des Art. 28 EG ausgeschlossen. In der Rechtssache *Kommission/Griechenland* ging es um das griechische Apothekenmonopol für den Verkauf von Säuglingsnahrung.[180] Der EuGH nahm hier eine knappe Subsumtion unter die „Keck-Formel" vor und schloss die Regelung von einer weiteren Überprüfung anhand Art. 28, 30 EG aus. Begründet wurde dies damit, dass die Regelung die Vermarktung der Erzeugnisse regele, *„ohne dadurch den Marktzugang für Erzeugnisse aus anderen Mitgliedstaaten zu behindern oder diese*

Rn. 42 aus, dass nicht ausgeschlossen sei, *„dass das vollständige Verbot einer Form der Förderung des Absatzes eines Erzeugnisses in einem Mitgliedstaat, das dort rechtmäßig verkauft wird, stärkere Auswirkungen auf Erzeugnisse aus anderen Mitgliedstaaten hat."*

[176] EuGH, Urt. v. 8. März 2001, Rs. C-405/98, Gourmet International Products, Slg. 2001, S. I-1795.

[177] EuGH, Urt. v. 8. März 2001, Rs. C-405/98, Gourmet International Products, Slg. 2001, S. I-1795, Rn. 18.

[178] EuGH, Urt. v. 8. März 2001, Rs. C-405/98, Gourmet International Products, Slg. 2001, S. I-1795, Rn. 21.

[179] Allerdings sah der EuGH das Verbot aus Gründen des Gesundheitsschutzes als gerechtfertigt an, EuGH, Urt. v. 8. März 2001, Rs. C-405/98, Gourmet International Products, Slg. 2001, S. I-1795, Rn. 26 ff.

[180] EuGH, Urt. v. 4. April 1995, Rs. C-391/92, Kommission/Griechenland, Slg. 1995, S. I-1621.

Erzeugnisse spezifisch zu benachteiligen.“[181] Ebenso bewertete der Gerichtshof verschiedene italienische Regelungen, nach denen der Einzelhandelsvertrieb von Tabakwaren staatlich zugelassenen Läden vorbehalten war.[182] Diese Regelungen, so der EuGH in der Rechtssache *Banchero*, erfüllen die Voraussetzungen der „Keck-Formel“. Ausschlaggebend für das Eingreifen des Ausschlusses von Art. 28 EG sei, dass die Rechtsvorschriften *„den Zugang von Erzeugnissen aus anderen Mitgliedstaaten zum inländischen Markt nicht behindern oder nicht stärker erschweren als den Zugang einheimischer Erzeugnisse zum Vertriebsnetz, [...]“.*[183] Auch hier findet sich also der Einfluss auf den Marktzugang als ausschlaggebendes Kriterium für das Eingreifen der „Keck-Formel“ und damit für die Nichtanwendbarkeit der Warenverkehrsfreiheit wieder. Zu bemerken ist, dass der Gerichtshof erneut zwei verschiedene Möglichkeiten des Einflusses auf den Marktzugang aufzeigt. Neben dem diskriminierenden Erschweren (*„stärker als“*) soll theoretisch auch das einfache Behindern, welches keinen Vergleich mit inländischen Produkten voraussetzt, ausreichen, um ein Eingreifen der „Keck-Formel“ verneinen zu können.

In der Rechtssache *Franzén* setzte sich der Gerichtshof mit dem schwedischen Einzelhandelsmonopol für Alkohol auseinander.[184] Dieses Monopol – das sog. System Bolag – wählte das Getränkesortiment nach bestimmten Kriterien aus, wobei es die Getränke nur von den Inhabern einer Großhandelserlaubnis beziehen durfte. Für die Erteilung einer solchen Erlaubnis galten restriktive Bedingungen, und es wurden hohe Gebühren erhoben. Der EuGH urteilte, dass diese Vorschriften über die Großhandelserlaubnis eine Maßnahme gleicher Wirkung i. S. d. Art. 28 EG darstellten. Zur Begründung führte er an, dass die Erlaubnisregelung *„ein Hindernis für die Einfuhr alkoholischer Getränke aus anderen Mitgliedstaaten“* darstelle, *„da durch sie zusätzliche Kosten für diese Getränke anfallen.“*[185] Obwohl es sich zweifellos um die Regelung einer Verkaufsmodalität handelte, urteilte der EuGH, ohne eine ausdrückliche Subsumtion unter die „Keck-Formel“ vorzunehmen. Auch der Begriff des „Marktzugangs“ findet sich in den Entscheidungsgründen nicht. Stattdessen wird ausschlaggebend auf das Vorliegen eines „Hindernisses für die Einfuhr“ abgestellt.

Schließlich bestätigte der Gerichtshof in der Rechtssache *TK-Heimdienst* erneut, dass auch Regelungen über Verkaufsmodalitäten unter bestimmten Voraussetzungen Maßnahmen gleicher Wirkung sein können.[186] Entschieden wurde ü-

---

[181] EuGH, Urt. v. 4. April 1995, Rs. C-391/92, Kommission/Griechenland, Slg. 1995, S. I-1621, Rn. 20.

[182] EuGH, Urt. v. 14. Dezember 1995, Rs. C-387/93, Banchero, Slg. 1995, S. I-4663.

[183] EuGH, Urt. v. 14. Dezember 1995, Rs. C-387/93, Banchero, Slg. 1995, S. I-4663, Rn. 44.

[184] EuGH, Urt. v. 23. Oktober 1997, Rs. C-189/95, Franzén, Slg. 1997, S. I-5909.

[185] EuGH, Urt. v. 23 Oktober 1997, Rs. C-189/95, Franzén, Slg. 1997, S. I-5909, Rn. 71.

[186] EuGH, Urt. v. 13. Januar 2000, Rs. C-254/98, TK-Heimdienst, Slg. 2000, S. I-151.

ber die österreichische Regelung, nach der Bäcker, Fleischer und Lebensmittelhändler ihre Waren nur dann im Umherziehen feilbieten durften, wenn sie ihr Gewerbe auch in einer ortsfesten Betriebsstätte ausübten. Diese Betriebsstätte musste sich in dem entsprechenden Verwaltungsgebiet oder einer angrenzenden Gemeinde befinden. Ausgehend von den Grundsätzen des Urteils *Keck und Mithouard* stellte der EuGH zunächst fest, dass die österreichische Regelung die Verkaufsmodalitäten für bestimmte Waren betreffe. Allerdings berühre sie *„das Inverkehrbringen inländischer und aus anderen Mitgliedstaaten stammender Erzeugnisse nicht in gleicher Weise"*[187] und sei daher trotzdem als Maßnahme gleicher Wirkung einzuordnen. Begründet wurde dies damit, dass die Regelung *„den Zugang der Waren aus anderen Mitgliedstaaten zum Markt des Einfuhrstaates stärker"* behindere, *„als den von inländischen Waren."*[188] Während ortsansässige Händler ohne weiteres ihre Waren im Umherziehen anbieten könnten, müssten alle anderen Händler zunächst eine ortsfeste Betriebsstätte errichten. Da dies mit zusätzlichen Kosten verbunden sei, hätten Waren aus anderen Mitgliedstaaten nicht den gleichen Zugang zum Markt des Einfuhrmitgliedstaates wie inländische Waren.[189] Entscheidend für die Einstufung als diskriminierend war auch in dieser Rechtssache, dass der Marktzugang für EG-ausländische Erzeugnisse stärker behindert wurde als der von inländischer Ware. Diese unterschiedliche Wirkung war ausschlaggebend dafür, dass die Regelung den Voraussetzungen der „Keck-Formel" nicht genügte und damit in den Anwendungsbereich der Warenverkehrsfreiheit fiel.

Neben der Anwendung im Rahmen der Warenverkehrsfreiheit übertrug der EuGH die Grundsätze der Keck-Rechtsprechung bald auf andere Grundfreiheiten.[190] Insbesondere für den Bereich der Dienstleistungsfreiheit wurde deutlich, dass auch hier nicht alle Regelungen, die die Art und Weise betreffen, in

---

[187] EuGH, Urt. v. 13. Januar 2000, Rs. C-254/98, TK-Heimdienst, Slg. 2000, S. I-151, Rn. 25.

[188] EuGH, Urt. v. 13. Januar 2000, Rs. C-254/98, TK-Heimdienst, Slg. 2000, S. I-151, Rn. 29.

[189] Dem stehe insbesondere auch nicht entgegen, dass nicht nur ausländische, sondern auch solche inländischen Erzeugnisse benachteiligt werden, die aus anderen Landesteilen stammen; EuGH, Urt. v. 13. Januar 2000, Rs. C-254/98, TK-Heimdienst, Slg. 2000, S. I-151, Rn. 27. Zu dem darin zum Ausdruck kommenden weiten Diskriminierungsverständnis des EuGH siehe ausführlich noch Zweites Kapitel, I, 4, a, bb, (2), (b).

[190] Ausdrücklich für die Dienstleistungsfreiheit EuGH, Urt. v. 10. Mai 1995, Rs. C-384/93, Alpine Investments, Slg. 1995, S. I-1141; für den Bereich der Arbeitnehmerfreizügigkeit EuGH, Urt. v. 15. Dezember 1995, Rs. C-415/93, Bosman, Slg. 1995, S. I-4921, Rn. 103 sowie, wenn auch weniger deutlich, EuGH, Urt. v. 27. Januar 2000, Rs. C-190/98, Graf, Slg. 2000, S. I-493, Rn. 23; zur noch nicht endgültig geklärten Frage der Übertragbarkeit der „Keck-Formel" auf die anderen Grundfreiheiten vgl. *Epiney* in: Calliess/Ruffert (Hrsg.), Kommentar zu EU- und EG-Vertrag, Art. 28, Rn. 57; *Steinberg*, EuGRZ 2002, 13, 19 ff.; *Mojzesowicz*, Möglichkeiten und Grenzen einer einheitlichen Dogmatik der Grundfreiheiten, S. 159 ff.

der die Dienstleistungen angeboten werden, vom Anwendungsbereich der Art. 49 ff. EG ausgeschlossen werden sollen. So entschied der Gerichtshof in der Rechtssache *Alpine Investments*, dass Behinderungen der Dienstleistungsfreiheit dann verboten sind, wenn sie *„unmittelbar den Zugang zum Dienstleistungsmarkt"* eines anderen Mitgliedstaates beeinflussen.[191] Der Begriff des Marktzugangs hat somit als Abgrenzungskriterium Eingang in die Rechtsprechung zu den anderen Grundfreiheiten gefunden.

4. Der Einfluss auf den Marktzugang als entscheidendes Kriterium

Die Darstellung der Keck-Folgerechtsprechung hat die entscheidende Bedeutung des Einflusses der zu überprüfenden Regelung auf den Marktzugang bestätigt.[192] Während sich das Kriterium des Marktzugangs und seine Bedeutung für die „Keck-Formel" also deutlich aufzeigen lässt, nimmt der EuGH an keiner Stelle eine konkrete Bestimmung dieses Begriffs vor.[193] Insbesondere bleibt offen, welches Marktverständnis der Gerichtshof den Entscheidungen zugrunde legt. Zudem lässt sich auch die Frage nach dem Verhältnis zwischen „Marktzugang" und „Keck-Formel" nicht zweifelsfrei und abschließend beantworten. Deutlich geworden ist allerdings, dass immer dann, wenn eine Vertriebsbindung den Marktzugang für EG-ausländische Produkte stärker behindert als für inländische Erzeugnisse, das Vorliegen der „Keck-Formel" verneint wurde. In diesen Fällen lag also keine *„rechtliche wie tatsächliche"* Gleichbehandlung vor; die Untersuchung des Einflusses auf den Marktzugang diente insofern der Ausfüllung des Diskriminierungsbegriffs der „Keck-Formel".

Die Ausführungen des EuGH lassen indes stets zwei verschiedene Möglichkeiten des Einflusses auf den Marktzugang zu. Die Regelung muss danach geeignet sein, *„den Marktzugang für ausländische Erzeugnisse zu versperren oder stärker zu behindern als sie dies für inländische Erzeugnisse tut."*[194] Neben dem diskriminierenden Behindern kommt theoretisch also auch ein „Versperren des Marktzugangs" in Betracht, welches ohne einen Vergleich zwischen in- und EG-

---

[191] EuGH, Urt. v. 10. Mai 1995, Rs. C-384/93, Alpine Investments, Slg. 1995, S. I-1141, Rn. 38.

[192] Diese Sichtweise wird, mehr oder weniger deutlich, von zahlreichen Stimmen in der Literatur geteilt, vgl. etwa *Streinz*, EuZW 2003, 37, 42; *Koenig/Engelmann*, ZUM 2001, 19, 21 ff.; *Eilmansberger*, JBl. 1999, 434, 435 ff. *Eberhartinger*, EWS 1997, 43, 49 benutzt den Begriff der „Marktaufsplitterung". Siehe ferner *Kingreen*, Struktur der Grundfreiheiten, S. 123 ff. sowie *Mojzesowicz*, Möglichkeiten und Grenzen einer einheitlichen Dogmatik der Grundfreiheiten, S. 51 ff.

[193] Auch in der Literatur finden sich diesbezüglich keine Ausführungen.

[194] Vgl. nur EuGH, Urt. v. 24. November 1993, verb. Rs. C-267/91 u. C-268/91, Keck und Mithouard, Slg. 1993, S. I-6097, Rn. 17; EuGH, Urt. v. 8. März 2001, Rs. C-405/98, Gourmet International Products, Slg. 2001, S. I-1795, Rn. 18; EuGH, Urt. v. 10. Mai 1995, Rs. C-384/93, Alpine Investments, Slg. 1995, S. I-1141, Rn. 37.

ausländischen Produkten auskommt. Ein solches reines Versperren des Marktzugangs hat der EuGH allerdings bisher noch nie konkret festgestellt. Es fragt sich daher, was in diesem Zusammenhang unter Versperren im Gegensatz zum Behindern zu verstehen ist und welche Folgerungen sich aus dieser Unterscheidung für den Diskriminierungsbegriff im Rahmen der „Keck-Formel" ergeben. Möglicherweise ist unter bestimmten Voraussetzungen eine den Marktzugang versperrende, also nicht-diskriminierende Vertriebsbindung entgegen dem eigentlichen Wortlaut der „Keck-Formel" an Art. 28, 30 EG zu messen. Dem Kriterium Marktzugang würde dann neben der Ausfüllung des Diskriminierungsbegriffs der „Keck-Formel" noch eine weitere, hiervon unabhängige Funktion zukommen. Diese Frage lässt sich allerdings erst dann beantworten, wenn die genaue Bedeutung des Marktbegriffs in diesem Zusammenhang geklärt ist.

a) Der Begriff des Marktzugangs

In der soeben dargestellten Keck-Rechtsprechung des EuGH wird stets auf das Kriterium des „Marktzugangs" abgestellt, ohne dass ausdrücklich festgestellt wird, zu welchem Markt der Zugang zu gewährleisten ist. Gesprochen wird allgemein vom „Zugang zum Markt des Einfuhrmitgliedstaates", vom „Zugang zum Dienstleistungsmarkt des anderen Mitgliedstaates", vom „Zugang zum inländischen Markt" oder pauschal vom „Marktzugang". Eine genaue Bestimmung des „relevanten Marktes" findet sich an keiner Stelle. Dies verwundert, wenn man sich vor Augen führt, mit welcher Genauigkeit der EuGH im Rahmen seiner wettbewerbsrechtlichen Rechtsprechung den relevanten Markt abgrenzt und bestimmt. Die Notwendigkeit einer genauen Marktbestimmung ergibt sich dort aus der Überlegung, dass sich wirtschaftliche Macht grundsätzlich nur auf einem bestimmten Markt bilden kann (sog. Marktmachtkonzept).[195] Unter Markt versteht man dabei den idealen Ort, wo Angebot und Nachfrage zusammentreffen, wo sich also mehrere Anbieter um dieselben Kunden oder mehrere Nachfrager um dieselben Anbieter bemühen.[196] Dieser Ort hat üblicherweise eine sachliche, eine räumliche und (in Ausnahmefällen) eine zeitliche Dimension. Die Abgrenzung erfolgt im Einzelnen anhand verschiedener Kriterien, die von Kommission und Gerichtshof in der Praxis entwickelt wurden.[197]

---

[195] *Bunte*, Kartellrecht, S. 188; *Emmerich*, Kartellrecht, S. 168; EuGH, Urt. v. 14. Februar 1978, Rs. 27/76, United Brands, Slg. 1978, S. 207, Rn. 10 f.

[196] *Emmerich*, Kartellrecht, S. 168; siehe auch *Bartling/Luzius*, Volkswirtschaftslehre, S. 55; *Gabler*, Wirtschaftslexikon, Stichwort: Markt.

[197] Zur Marktabgrenzung siehe an dieser Stelle nur *Bunte*, Kartellrecht, S. 188 ff.; *Rösler*, NZG 2000, 761; *Traugott*, WuW 1998, 929; Bekanntmachung der Kommission über die Definition des relevanten Marktes v. 9. Dezember 1997, ABl.EG 1997 Nr. C 372, S. 5.

Überlegt werden könnte nunmehr, auch im Rahmen der Keck-Dogmatik eine ausdifferenziertere Bestimmung des relevanten Marktes vorzunehmen, die sich an der wettbewerbsrechtlichen Methode zur Marktabgrenzung orientiert. Eine solche einheitliche Verwendung des Marktbegriffs würde eine sicherere Abgrenzung des Anwendungsbereichs der Warenverkehrsfreiheit ermöglichen. Der Gerichtshof selbst hat oftmals den unauflöslichen Funktionszusammenhang zwischen den Marktfreiheiten und dem Wettbewerbsrecht betont, so dass eine konvergente Verwendung des Marktbegriffs nahe liegt.[198] Andererseits hat die Kommission in ihrer Bekanntmachung über die Definition des relevanten Marktes aber darauf hingewiesen, dass sich der im Wettbewerbsrecht verwendete Begriff des relevanten Marktes *„von Marktbegriffen unterscheidet, wie sie oft in anderen Zusammenhängen gebraucht werden."*[199] Zudem ist zu bedenken, dass die Wettbewerbsvorschriften der Art. 81 ff. EG eine andere Zielrichtung verfolgen als die auf staatliche Maßnahmen ausgerichteten Grundfreiheiten. Während die Marktbestimmung im Wettbewerbsrecht zur systematischen Ermittlung der Wettbewerbskräfte dient, denen sich die beteiligten Unternehmen zu stellen haben[200], soll das Kriterium des Marktzugangs im Rahmen der Warenverkehrsfreiheit als Maßstab herangezogen werden, um den Einfluss staatlicher Maßnahmen auf den zwischenstaatlichen Handelsverkehr zu überprüfen. Angesichts dieser unterschiedlichen Zielrichtungen fragt es sich, ob eine wettbewerbsrechtliche Marktabgrenzung im Rahmen der Warenverkehrsfreiheit überhaupt möglich und sinnvoll ist.

Wie sich anhand einer genauen Analyse der Verwendung des Marktzugangsbegriffs in der Keck-Rechtsprechung zeigen wird, ist eine vollständige Übertragung des wettbewerbsrechtlichen Marktbegriffs auf die Warenverkehrsfreiheit nur schwer möglich. Dessen ungeachtet lässt sich der relevante Markt aber auch dort in sachlicher und räumlicher Hinsicht eingrenzen. Der EuGH selbst nimmt eine solche Eingrenzung vor, ohne dies allerdings ausdrücklich als Marktabgrenzung zu bezeichnen.

---

[198] *Ukrow* in: Calliess/Ruffert (Hrsg.), Kommentar zu EU- und EG-Vertrag, Art. 2 EG, Rn. 26; EuGH, Urt. v. 7. Februar 1979, verb. Rs. 15/76 u. 16/76, Frankreich/Kommission, Slg. 1979, S. 321, Rn. 31.

[199] Bekanntmachung der Kommission über die Definition des relevanten Marktes v. 9. Dezember 1997, ABl.EG 1997 Nr. C 372, S. 5, Rn. 3.

[200] Bekanntmachung der Kommission über die Definition des relevanten Marktes v. 9. Dezember 1997, ABl.EG Nr. C 372, S. 5, Rn. 2.

aa) Der sachlich relevante Markt

(1) Die Bestimmung des sachlich relevanten Marktes im Rahmen des Wettbewerbsrechts

Die Kommission definiert in ihrer Bekanntmachung über die Definition des relevanten Marktes den sachlich relevanten Markt wie folgt: „*Der sachlich relevante Produktmarkt umfasst sämtliche Erzeugnisse und/oder Dienstleistungen, die von den Verbrauchern hinsichtlich ihrer Eigenschaften, Preise und ihres vorgesehenen Verwendungszwecks als austauschbar und substituierbar angesehen werden.*“[201] Diese Marktbestimmung anhand des sog. Bedarfsmarktkonzepts, welcher grundsätzlich auch der EuGH folgt[202], ordnet also solche Waren demselben Markt zu, die aus der Sicht der Marktgegenseite funktional austauschbar sind. Ob dies der Fall ist, hängt von zahlreichen Umständen, insbesondere der Gleichwertigkeit der Produkte, ab. Die wettbewerbsrechtliche Marktabgrenzung beginnt also stets mit einer Bestimmung der Produkte, die sich auf dem abzugrenzenden Markt befinden. Diese Bestimmung orientiert sich an tatsächlichen Faktoren, wie etwa Preislage, Verwendungszweck, Abnehmergruppen, Verbrauchergewohnheiten u. s. w.[203]

(2) Übertragbarkeit auf die Marktbestimmung im Rahmen der Warenverkehrsfreiheit

Eine Marktabgrenzung anhand des Bedarfsmarktkonzepts ist im Wettbewerbsrecht erforderlich, um zu klären, in Bezug auf welche Produkte ein Unternehmen mit anderen konkurriert. Nur so kann festgestellt werden, ob unternehmerische Maßnahmen den Wettbewerb spürbar behindern oder ob ein Unternehmen marktbeherrschend ist. Der sachlich relevante Produktmarkt muss also bestimmt werden, um zu wissen, auf welchen Markt sich eine unternehmerische Maßnahme auswirkt.

Im Gegensatz dazu wirken sich staatliche Maßnahmen, die am Maßstab der Warenverkehrsfreiheit überprüft werden sollen, auf alle diejenigen Produkte und/oder Personen aus, die vom Anwendungsbereich der Norm erfasst werden. Die Weite des Anwendungsbereichs ist im Zweifel im Wege einer Auslegung zu ermitteln, die sich an verschiedenen Kriterien wie Wortlaut, Sinn und Zweck,

---

[201] Bekanntmachung der Kommission über die Definition des relevanten Marktes v. 9. Dezember 1997, ABl.EG 1997 Nr. C 372, S. 5, Rn. 7.

[202] EuGH, Urt. v. 21. Februar 1973, Rs. 6/72, Continental Can, Slg. 1973, S. 215, Rn. 32; EuG, Urt. v. 8. Juni 1995, Rs. T-7/93, Langnese, Slg. 1995, S. II-1533, Rn. 61; EuGH, Urt. v. 13. Februar, Rs. 85/76, Hoffmann-LaRoche, Slg. 1979, S. 461, Rn. 21 ff.

[203] Vgl. *Emmerich*, Kartellrecht, S. 168 ff.; *Bunte*, Kartellrecht, S. 188 ff.; *Rösler*, NZG 2000, 761, 762 ff.; *Ruppelt* in: Langen/Bunte, Kartellrecht (Hrsg.), § 19 GWB, Rn. 9 ff.

Bedeutungszusammenhang u. s. w. orientiert.[204] Der Markt, dessen Erschließung durch die Norm nicht behindert werden darf, wird in sachlicher Hinsicht also durch den Anwendungsbereich der Vorschrift selbst bestimmt. Wird ein Produkt nämlich gar nicht vom Anwendungsbereich der Norm erfasst, kann es durch diese auch nicht am Marktzugang gehindert werden. An die Stelle des Bedarfsmarktkonzeptes tritt daher im Rahmen der Warenverkehrsfreiheit die Auslegung der auf dem Prüfstand stehenden Norm. Diese bestimmt, auf welche Produkte sich die Vorschrift auswirkt und damit den insofern sachlich relevanten Markt. So wirkt sich etwa ein Arzneimittelversandverbot auf alle Erzeugnisse aus, die unter die im Rahmen des Verbots geltende Definition Arzneimittel fallen. Der betroffene „Produktmarkt" wäre danach also der „Markt für Arzneimittel".

(a) Einfluss der geregelten Verkaufsmodalität auf die Marktbestimmung

Es fragt sich allerdings, ob in diesem Zusammenhang nur auf das von der Vorschrift erfasste Erzeugnis abzustellen ist. Wird – wie bei Vertriebsbindungen der Fall – zudem eine Methode der Vermarktung geregelt, könnte sich auch die betroffene Vertriebsmethode auf die Marktbestimmung auswirken. Eine solche, nach der Vertriebsart differenzierende Marktbestimmung ist im Rahmen des wettbewerbsrechtlichen Bedarfsmarktkonzepts durchaus üblich.[205] So ist es etwa denkbar, dass im Wettbewerbsrecht zwischen einem Produktmarkt für Arzneimittel, die direkt in der Apotheke gekauft werden und einem Produktmarkt für Arzneimittel, die im Wege des Versandes aus der Apotheke bezogen werden, unterschieden wird.[206] Argumentiert werden könnte, dass beide Produkte von unterschiedlichen Kunden erworben werden und somit nicht austauschbar sind. Im Wege des Versandes werden Arzneimittel wohl eher von Kunden bezogen, die sich etwa durch eine langjährige Therapie mit einem Medikament auskennen oder beispielsweise für Erkältungskrankheiten oder Urlaubsreisen vorsorgen möchten. Dagegen werden Patienten, die nur im Einzelfall oder in einem akuten Krankheitsfall ein bestimmtes Medikament benötigen, dieses in einer herkömmlichen Apotheke erwerben. Im Fall eines Arzneimittelversandverbots würde sich danach der sachlich relevante Markt, zu dem der Zugang zu gewähren ist, aus einer Kombination des Produkts Arzneimittel und der Vertriebsform Versand ergeben.

Im Rahmen des Wettbewerbsrechts bezweckt die Marktbestimmung eine Eingrenzung der Produkte, welche in Konkurrenz zueinander stehen. Werden zwei Vertriebsmethoden von den Verbrauchern nicht als gleichwertige und damit als nicht austauschbare Alternativen angesehen, so führt dies dazu, dass die über die

---

[204] Vgl. nur *Larenz*, Methodenlehre, S. 320 ff.; *Bydlinski*, Methodenlehre, S. 436 ff.
[205] Vgl. *Bunte*, Kartellrecht, S. 189; *Koenig/Haratsch*, Europarecht, Rn. 829.
[206] So *Koenig*, Internet-Auftritt, S. 31 f.

verschiedenen Vertriebswege verkauften Produkte nicht miteinander konkurrieren und damit einem anderen Markt angehören.

Die Untersuchung des Einflusses einer Regelung auf den Marktzugang im Rahmen der Warenverkehrsfreiheit hat im Gegensatz dazu zum Ziel, festzustellen, ob der zwischenstaatliche Verkehr von Waren durch die mitgliedstaatliche Maßnahme beeinträchtigt wird. Regelt die auf dem Prüfstand stehende Maßnahme Modalitäten des Verkaufs, so ist zu fragen, ob dies zu einer Beeinträchtigung des Vertriebs EG-ausländischer Produkte führt. Eine solche Beeinträchtigung ist insbesondere dann denkbar, wenn die Regelung die Vermarktung der EG-ausländischen Produkte völlig unmöglich macht. Voraussetzung hierfür ist aber, dass keine alternativen Vertriebsmethoden bestehen, um die Kunden in dem Mitgliedstaat zu erreichen. So hat der EuGH etwa in der Rechtssache *de Agostini und TV-Shop* darauf hingewiesen, dass die in dem Ausgangsverfahren verbotene Fernsehwerbung *„die einzige wirksame Form der Absatzförderung sei, um in den schwedischen Markt eindringen zu können."*[207] Zur Feststellung einer Marktzugangsbehinderung stellte der EuGH dort also entscheidend darauf ab, ob die verbotene Vertriebsmethode die einzige Absatzmöglichkeit darstellt oder ob auch andere Möglichkeiten der Vermarktung bestehen.[208] Hieraus folgt, dass auf einem Markt in diesem Sinne theoretisch immer verschiedene Vertriebsarten möglich sind. Zu untersuchen ist stets, welche von diesen Möglichkeiten den EG-ausländischen Händlern tatsächlich offen stehen. Eine solche Untersuchung wäre aber gar nicht möglich, würde die Vertriebsart bereits zur Bestimmung des Marktes herangezogen werden. Bei der Marktbestimmung im Rahmen der Warenverkehrsfreiheit ist also nur auf das betroffene Erzeugnis abzustellen. Die geregelte Verkaufsmodalität hat hierauf keinen Einfluss.

(b) Einfluss der betroffenen Handelsstufe auf die Marktbestimmung

Im Rahmen des wettbewerbsrechtlichen Bedarfsmarktkonzepts ist der sachlich relevante Markt oftmals nach der Handelsstufe abzugrenzen, auf welcher die verschiedenen Wettbewerber miteinander konkurrieren.[209] So wird im Bereich des Arzneimittelvertriebs regelmäßig zwischen einem Arzneimittelmarkt auf der Hersteller-, Groß- sowie Einzelhandelsebene zu differenzieren sein. Bezieht sich nun eine auf ihre Vereinbarkeit mit Art. 28, 30 EG zu untersuchende staatliche Maßnahme nur auf eine dieser Handelsstufen, während sie die anderen unberührt lässt, so liegt die Frage nahe, ob nicht auch im Rahmen der Warenver-

---

[207] EuGH, Urt. v. 9. Juli 1997, verb. Rs. C-34/95 bis C-36/95, de Agostini und TV-Shop, Slg. 1997, S. I-3843, Rn. 43.

[208] So im Ergebnis insbesondere auch EuGH, Urt. v. 8. März 2001, Rs. C-405/98, Gourmet International Products, Slg. 2001, S. I-1795, Rn. 20 ff.

[209] Vgl. *Emmerich*, Kartellrecht, S. 168 ff.; *Bunte*, Kartellrecht, S. 188 ff.; *Rösler*, NZG 2000, 761, 762 ff.

kehrsfreiheit eine Abgrenzung nach der betroffenen Handelsstufe erforderlich ist. So wirkt sich etwa ein Verbot des Arzneimittelversandes für Apotheken allein auf den Einzelhandelsvertrieb aus, während es für den Großhandel keine Wirkungen entfaltet. Würde man nun zur Marktabgrenzung allgemein auf die Ware Arzneimittel abstellen, ohne nach der Handelsstufe zu differenzieren, würde sich ein solches Verbot nicht marktzugangsversperrend auswirken, da die Ware Arzneimittel auf Großhandels- und Herstellerebene nicht am Zugang zum Markt gehindert wird. Betrachtet man hingegen nur den Einzelhandelsmarkt für Arzneimittel, so wird deutlich, dass ein Versandverbot die Möglichkeit des grenzüberschreitenden Direktvertriebs fast vollständig unmöglich macht und somit die Bejahung einer marktzugangsversperrenden Wirkung nahe liegt.

Der EuGH hat sich erstmals in der Rechtssache *TK-Heimdienst* mit einer den Einzelhandel betreffenden Vertriebsregelung befasst.[210] Nur der Verkauf von Lebensmitteln an den Endverbraucher, also die Einzelhandelsebene, wurde durch die auf dem Prüfstand stehende Regelung von der Errichtung einer festen Betriebsstätte abhängig gemacht. Auf den Großhandelsvertrieb hatte die Vorschrift keinen Einfluss. Dessen ungeachtet wurde die Regelung als Marktzugangshindernis gewertet. Dies entspricht dem Schutzzweck der Warenverkehrsfreiheit, wonach der Grenzübertritt nicht nur generell, sondern auf jeder einzelnen Marktstufe zu gewährleisten ist.[211] Grund hierfür ist, dass auf den verschiedenen Handelsstufen unterschiedliche Anreize für eine grenzüberschreitende Transaktion bestehen können. Aufgabe der Freiheit des Warenverkehrs ist es, den Händlern auf jeder Marktstufe zu ermöglichen, diesen Anreizen zu folgen. Art. 28 EG schützt also nicht nur die Ware als solche, sondern speziell auch die grenzüberschreitende Handelstätigkeit und damit die Handel treibenden Personen (sog. Schutzzweck ratione personae).[212] Auf die Warenverkehrsfreiheit kann sich daher sowohl der Großhändler beim Export oder Import von Waren berufen als auch der Einzelhändler, der grenzüberschreitend Waren von Großhändlern bezieht und sie wieder grenzüberschreitend an Endabnehmer veräußert. Auf der Einzelhandelsstufe ist zudem zu beachten, dass Art. 28 EG insbesondere auch den Endkunden schützt, dem der grenzüberschreitende Warenbezug effektiv zu ermöglichen ist.[213]

---

[210] EuGH, Urt. v. 13. Januar 2000, Rs. C-254/98, TK-Heimdienst, Slg. 2000, S. I-151; siehe zu dieser Entscheidung bereits oben Zweites Kapitel, I, 3.

[211] Siehe hierzu ausführlich *Koenig/Engelmann*, EWS 2001, 405, 407; vgl. auch EuGH, Urt. v. 10. Januar 1985, Rs. 229/83, Leclerc/Au blé vert, Slg. 1985, S. 1, Rn. 25.

[212] *Koenig/Engelmann*, EWS 2001, 405, 407; *Müller-Graff* in: Groeben/Thiesing/Ehlermann (Hrsg.), Kommentar zu EU- und EG-Vertrag, Art. 30 EG, Rn. 7; *Becker* in: Schwarze (Hrsg.), EU-Kommentar, Art. 28 EG, Rn. 5 ff.

[213] Vgl. EuGH, Urt. v. 7. März 1989, Rs. 215/87, Schumacher/Hauptzollamt Frankfurt am Main-Ost, Slg. 1989, S. 617, Rn. 16 ff.; *Koenig/Engelmann*, EWS 2001, 405, 407.

Der so ausdifferenzierte Schutzzweck der Warenverkehrsfreiheit macht es erforderlich, genau zu bestimmen, auf welcher Marktstufe die jeweilige Norm ihre Wirkungen entfaltet. Wie im Wettbewerbsrecht ist also auch im Rahmen der Warenverkehrsfreiheit eine Abgrenzung nach der betroffenen Handelsstufe vorzunehmen. Der sachlich relevante Markt war in der Rechtssache *TK-Heimdienst* somit der Endkundenmarkt für Lebensmittel. Entsprechend war bei dem ehemaligen deutschen Arzneimittelversandverbot auf den Einzelhandelsmarkt für in Deutschland apothekenpflichtige Arzneimittel abzustellen.

Es bleibt damit festzuhalten, dass auch im Rahmen der Keck-Dogmatik eine sachliche Marktbestimmung erforderlich ist. Allerdings verbieten die unterschiedlichen Zielrichtungen von Wettbewerbsrecht und Grundfreiheiten einen allgemeinen Rückgriff auf das sog. Bedarfsmarktkonzept. Der sachlich relevante Markt bestimmt sich vielmehr durch die Reichweite der zu überprüfenden Norm sowie die von ihr betroffene Handelsstufe.

bb) Der räumlich relevante Markt

Der Begriff des Marktzugangs in der Keck-Rechtsprechung scheint vom EuGH in erster Linie räumlich verstanden zu werden. Formulierungen wie „der Markt des Einfuhrstaates“ oder „Zugang zum inländischen Markt“ deuten darauf hin, dass räumlich auf das Staatsgebiet des gesamten Mitgliedstaates abgestellt wird. Der Marktzugang wäre dann gewährleistet, wenn der Grenzübertritt ausländischer Waren nicht behindert wird. Es fragt sich, ob diese räumliche Bestimmung als nationaler Markt in jedem Fall zutrifft oder ob unter bestimmten Umständen eine genauere Eingrenzung erforderlich ist. Auch insoweit soll untersucht werden, ob eine dahingehende Eingrenzung unter Zuhilfenahme der wettbewerbsrechtlichen Marktabgrenzungsmethoden möglich ist.

(1) Die Bestimmung des räumlich relevanten Marktes im Wettbewerbsrecht

Nach der Bekanntmachung der Kommission über die Definition des relevanten Marktes umfasst der geographisch relevante Markt das Gebiet, *„in dem die beteiligten Unternehmen die relevanten Produkte oder Dienstleistungen anbieten, in dem die Wettbewerbsbedingungen hinreichend homogen sind und das sich von benachbarten Gebieten durch spürbar unterschiedliche Wettbewerbsbedingungen unterscheidet.“*[214] Ausschlaggebend für die räumliche Marktabgrenzung ist das Hauptabsatzgebiet des betreffenden Produkts. Zur Bestimmung dieses Gebietes sind verschiedene Kriterien heranzuziehen wie etwa der Standort der betroffenen Unternehmen, Transportkosten, Produkteigenschaften (wie z. B. Haltbarkeit und Transportfähigkeit) oder auch staatliche Handelsschran-

[214] Bekanntmachung der Kommission über die Definition des relevanten Marktes v. 9. Dezember 1997, ABl.EG 1997 Nr. C 372, S. 5, Rn. 8.

ken.[215] Der so zu bestimmende Markt kann mit dem Territorium eines Mitgliedstaates übereinstimmen, es kommt aber auch die Einstufung als EG-weiter oder als lokaler Markt in Betracht.

(2) Übertragbarkeit auf die Marktbestimmung im Rahmen der Warenverkehrsfreiheit

Bei einer Übertragung der wettbewerbsrechtlichen Marktabgrenzungskriterien auf die Bestimmung des räumlich relevanten Marktes im Rahmen der Warenverkehrsfreiheit ist zu beachten, dass die zu überprüfende Norm selbst eine „Obergrenze“ festlegt: Eine Bestimmung des Marktes als EG-weit oder gar als Weltmarkt scheidet in jedem Fall aus, da es sich um eine mitgliedstaatliche Maßnahme handelt, deren Geltungsbereich auf das Territorium des nationalen Gesetzgebers beschränkt ist. Es bleiben also von vorne herein nur die Möglichkeiten der Bestimmung als nationaler oder als lokaler Markt.

(a) Lokaler oder nationaler Markt?

Das Vorliegen eines lokalen Marktes kommt insbesondere dann in Betracht, wenn die zu überprüfende Maßnahme von einem lokalen Gesetzgeber erlassen wurde und sich ihr Geltungsbereich bereits deshalb nur auf ein Teilgebiet des Mitgliedstaates erstreckt. Der EuGH hat mehrfach entschieden, dass auch solche gesetzlichen Regelungen, die nur in einem Teilgebiet, etwa in einer Kommune oder in einem Bundesland, gelten, den freien Warenverkehr beschränken können.[216] Entscheidend muss es in solchen Fällen also darauf ankommen, ob der Zugang zu dem betroffenen Gebiet und damit zu einem „lokalen Markt“ beschränkt wird. Hieran ändert insbesondere die Tatsache nichts, dass die Regelung im übrigen Gebiet des Mitgliedstaates nicht gilt, der Zugang der betroffenen Ware zu anderen mitgliedstaatlichen Lokalmärkten also ohne Beeinträchtigung durch die Norm möglich ist.

Die Notwendigkeit einer lokalen Marktbestimmung bei Vorschriften, deren Geltungsbereich sich nur auf ein Teilgebiet des Mitgliedstaates erstreckt, leuchtet ohne weiteres ein. Weniger eindeutig zu beantworten ist hingegen die Frage, ob eine lokale Bestimmung des räumlich relevanten Marktes auch dann denkbar ist, wenn die auf dem Prüfstand stehende Vorschrift für den gesamten Mitgliedstaat

---

[215] Siehe zur räumlichen Marktabgrenzung *Emmerich*, Kartellrecht, S. 172 ff.; *Bunte*, Kartellrecht, S. 188, 192 f.; *Ruppelt* in: Langen/Bunte (Hrsg.), Kartellrecht, § 19 GWB, Rn. 25 ff.; *Schütz*, WuW 1996, 286; *Rösler*, NZG 2000, 761, 766 ff.; EuGH, Urt. v. 14. Februar 1978, Rs. 27/76, United Brands, Slg. 1978, S. 207, Rn. 10/11; EuGH, Urt. v. 5. Oktober 1988, Rs. 247/86, Alsatel, Slg. 1988, S. 5987, Rn. 15.

[216] Siehe z. B. EuGH, Urt. v. 25. Juli 1991, Rs. C-1/90 u. C-176/90, Aragonesa de Publicidad, Slg. 1991, S. I-4151; EuGH, Urt. v. 15. Dezember 1993, verb. Rs. C-277/91, C-318/91 u. C-319/91, Ligur Carni, Slg. 1993, S. I-6621.

in gleicher Weise gilt. Dies kommt – greift man auf die Methoden des Wettbewerbsrechts zurück – insbesondere dann in Betracht, wenn tatsächliche Faktoren dazu führen, dass die von der Regelung erfassten Produkte nur in einem bestimmten Umkreis vertrieben werden.[217] Bei einer wettbewerbsrechtlichen Marktabgrenzung wird daher insbesondere im Einzelhandel regelmäßig angenommen, dass für die überwiegende Zahl der Verbraucher nur die Geschäfte einer Stadt oder einer Region als Alternative in Betracht kommen.[218]

Hieraus folgt, dass eine lokale Marktbestimmung im Rahmen der Warenverkehrsfreiheit vor allem bei solchen Vorschriften denkbar ist, die den Einzelhandelsvertrieb regeln. So führt etwa ein Arzneimittelversandverbot für Apotheken dazu, dass sich Endkunden zum Erwerb eines Arzneimittels in die Apotheke begeben müssen. Es kann davon ausgegangen werden, dass sie dies zumeist im unmittelbaren Umkreis ihres Wohnsitzes tun. Handelt es sich um einen akuten Arzneimittelbedarf, ergibt sich dies aus dem äußeren Zwang, das Produkt möglichst zeitnah zu erwerben. Hinzu kommt, dass Arzneimittel oft einer strengen Preisregulierung unterliegen und daher zumeist im gesamten Mitgliedstaat zu identischen Preisen an Endkunden abgegeben werden. Es ist daher kein Grund ersichtlich, warum ein Verbraucher seine Arzneimittel bei einer weit entfernten Apotheke erwerben sollte, wenn er dies zu dem gleichen Preis in seiner unmittelbaren Umgebung tun kann. Das Absatzgebiet einer Apotheke beschränkt sich daher auf den unmittelbaren räumlichen Umkreis der Betriebsräume.

Bei Vorschriften, die den Einzelhandelsvertrieb regeln, ist es also durchaus denkbar, den räumlich relevanten Markt auch dann lokal zu bestimmen, wenn sich der Geltungsbereich der Regelung auf das Gebiet des gesamten Mitgliedstaates erstreckt. Fraglich ist allerdings, ob dies für die Beurteilung einer Marktzugangsbehinderung i. S. d. Keck-Rechtsprechung von Bedeutung ist. Dies könnte vor folgendem Hintergrund zu bejahen sein: Der Zugang zu einem lokalen Markt wird für diejenigen inländischen Produkte, die sich zwar in dem Mitgliedstaat, aber außerhalb des lokalen Marktes befinden, zumeist ebenso beeinträchtigt sein wie für die entsprechenden Produkte aus einem anderen Mitgliedstaat. Konsequenterweise müsste eine diskriminierende Behinderung des Marktzugangs für EG-ausländische Produkte verneint werden. Versteht man demgegenüber unter Markt das Gebiet des gesamten Mitgliedstaates, wäre ein solcher Vergleich mit anderen inländischen Produkten nicht vorzunehmen, da es entscheidend nur auf den Grenzübertritt der Waren ankommt.

---

[217] So kann etwa die leichte Verderblichkeit von Waren dazu führen, dass ein Verkauf nur innerhalb eines bestimmten Gebietes möglich ist; *Bunte*, Kartellrecht, S. 193; *Rösler*, NZG 2000, 761, 766; *Emmerich*, Kartellrecht, S. 173; Kommission, Entscheidung v. 12. Januar 1990, Alcatel, ABl.EG 1990 Nr. L 32, S. 19, Tz. 9.

[218] Aus diesem Grund wird im Einzelhandel meist jeder größere Ort mit seinem Einzugsgebiet einen Markt bilden; vgl. *Emmerich*, Kartellrecht, S. 173.

Die unterschiedlichen Folgen der beiden möglichen Marktbestimmungen lassen sich wiederum am Beispiel des deutschen Arzneimittelversandverbots gem. § 43 Abs. 1 AMG a. F. verdeutlichen. Betrachtet man etwa die Zugangsmöglichkeiten zu einem lokalen Apothekenmarkt in Hamburg, so zeigt sich, dass ein Münchner Apotheker diesen Markt ohne die Möglichkeit des Versandes ebenso wenig erreichen kann wie ein Apotheker aus einem anderen Mitgliedstaat. Aufgrund des Mehrbesitzverbots, welches das Betreiben weiterer Apotheken in einem anderen Verwaltungsbezirk auch nach den Änderungen durch das GMG untersagt[219], ist es dem Münchner Apotheker zudem nicht möglich, eine weitere Apotheke in Hamburg zu errichten, um den Markt auf diese Weise zu erschließen. EG-ausländische Apotheker stünden sich diesbezüglich sogar besser, da ihnen das Errichten einer weiteren Apotheke in Hamburg aufgrund der Norm des § 2 Abs. 2 ApoG sowie der Anwesenheitspflicht des § 7 Satz 1 ApoG zwar erschwert, nicht aber vollständig untersagt wird.[220]

Stellt man hingegen bei der Betrachtung der Zugangsmöglichkeit zum Hamburger Apothekenmarkt allein auf den Vergleich mit einem Hamburger Apotheker ab, ohne die Lage des Münchner Wettbewerbers zu berücksichtigen, so geht dieser Vergleich zum Nachteil des EG-ausländischen Apothekers aus. Gleiches gilt, wenn man anstelle des Hamburger Marktes lokale Apothekenmärkte in München, Berlin oder einer anderen deutschen Stadt bzw. Region als Beispiel wählt. Vergleicht man die Zugangsmöglichkeit eines EG-ausländischen Apothekers zu dem beliebig ausgewählten Markt mit der Situation eines Apothekers, der sich bereits auf dem „Vergleichsmarkt" befindet und lässt bei diesem Vergleich die Zugangsmöglichkeit aller anderen deutschen Apotheker zu diesem Markt unbeachtet, so liegt eine Diskriminierung des EG-Ausländers vor: Um den „Vergleichsmarkt" zu erreichen, muss der EG-Ausländer auf diesem Markt nämlich zunächst eine Apotheke errichten, während der „Vergleichsapotheker" dort bereits eine Apotheke betreibt.

Dieses Beispiel zeigt, dass die Frage nach der Abgrenzung des räumlichen Marktes im Rahmen der Warenverkehrsfreiheit eng verbunden ist mit dem zugrunde zu legenden Diskriminierungsverständnis. Nur dann, wenn es für das Vorliegen einer Diskriminierung entscheidend auf den Vergleich EG-ausländischer Erzeugnisse mit solchen Produkten ankommt, die sich zwar in dem Mitgliedstaat, nicht aber auf dem lokalen Markt befinden, ist eine räumliche Marktabgrenzung i. S. d. Wettbewerbsrechts erforderlich.[221] Denn nur für diesen Fall

[219] Zum Mehrbesitzverbot siehe oben Erstes Kapitel, II, 2, f.

[220] Zu den beschränkenden Wirkungen dieser Vorschriften siehe unten Viertes Kapitel, II, 4.

[221] Die Bestimmung jedes Diskriminierungsbegriffs setzt die Bildung von Vergleichgruppen voraus, welche im Hinblick auf einen bestimmten Bezugspunkt („tertium comparationis") unterschiedlich behandelt werden; siehe nur *Kingreen*, Struktur der Grundfreiheiten, S. 118; *Osterloh* in: Sachs (Hrsg.), Grundgesetz, Art. 3, Rn. 1 ff.

macht es im Ergebnis einen Unterschied, ob der räumlich relevante Markt „lokal“ oder „national“ bestimmt wird. Ist bei der Frage nach dem Vorliegen einer Diskriminierung hingegen allein auf den Vergleich mit denjenigen Produkten abzustellen, die sich bereits auf dem Markt befinden, so erübrigt sich eine genaue räumliche Marktabgrenzung, da es nicht darauf ankommt, ob es neben den Vergleichsprodukten noch andere inländische Produkte gibt, die sich außerhalb dieses Marktes befinden.

(b) Lösung über das Diskriminierungsverständnis des EuGH

Der EuGH hat in der Rechtssache *TK-Heimdienst* ausdrücklich darauf hingewiesen, dass es der Einordnung einer Maßnahme als diskriminierend nicht entgegen stehe, dass auch inländische Produkte, soweit sie aus anderen Landesteilen des Mitgliedstaates kommen, zunächst eine feste Betriebsstätte in dem jeweiligen Verwaltungsbezirk errichten müssen und damit den gleichen Beschränkungen unterliegen wie ausländische Erzeugnisse. Eine staatliche Maßnahme könne nämlich auch dann als diskriminierend qualifiziert werden, *„wenn sie nicht sämtliche inländischen Erzeugnisse begünstigt und auch nicht nur eingeführte Erzeugnisse, sondern auch inländische Erzeugnisse benachteiligt.“*[222] Als Vergleichsgruppe werden also diejenigen inländischen Produkte herangezogen, die von Händlern vertrieben werden, welche bereits eine feste Betriebsstätte in dem jeweiligen Verwaltungsbezirk errichtet haben.

Dieses Diskriminierungsverständnis findet sich auch in anderen Entscheidungen wieder, in welchen sich der EuGH mit Regelungen zu befassen hatte, die nur in einem Teilgebiet des Mitgliedstaates galten. In der Entscheidung *Aragonesa de Publicidad* ging es um eine spanische Vorschrift, die für die Provinz Katalonien die Werbung für Getränke mit einem Alkoholgehalt von mehr als 23 % untersagte. Der EuGH betonte in den Entscheidungsgründen ausdrücklich, dass einer Maßnahme, die nur für ein Teilgebiet gelte, der diskriminierende Charakter im Sinne der Vorschriften über den freien Warenverkehr nicht mit dem Argument abgesprochen werden könne, *„sie beeinträchtige den Absatz der aus anderen Landesteilen stammenden Waren ebenso wie den Absatz der aus anderen Mitgliedstaaten eingeführten Waren.“*[223] Die Qualifizierung einer Maßnahme als diskriminierend setze, so der Gerichtshof weiter, nämlich *nicht* voraus, dass sämtliche inländische Erzeugnisse begünstigt oder nur eingeführte Erzeugnisse, nicht aber inländische Erzeugnisse benachteiligt werden.[224] Auf diese Ausführungen verweist der EuGH ausdrücklich auch in der Rechtssache *Ligur Carni*, in

---

[222] EuGH, Urt. v. 13. Januar 2000, Rs. C-254/98, TK-Heimdienst, Slg. 2000, S. I-151, Rn. 27.

[223] EuGH, Urt. v. 25. Juli 1991, Rs. C-1/90 u. C-176/90, Aragonesa de Publicidad, Slg. 1991, S. I-4151, Rn. 24.

[224] EuGH, Urt. v. 25. Juli 1991, Rs. C-1/90 u. C-176/90, Aragonesa de Publicidad, Slg. 1991, S. I-4151, Rn. 24.

der es um eine italienische Regelung ging, nach welcher der Import von Frischfleisch nur nach Zahlung eines bestimmten Betrags an den örtlichen Schlachthof gestattet war.[225] Einer Einordnung als diskriminierend stand nicht entgegen, dass die gleiche Gebühr auch bei einem Transport aus einer anderen Gemeinde bezahlt werden musste.

In Fallkonstellationen, in denen eine Maßnahme nur einen bestimmten Teil inländischer Produkte begünstigt, stellt der EuGH zur Bestimmung einer Diskriminierung also stets auf diesen Teilbereich ab. Die Tatsache, dass andere inländische Produkte möglicherweise ebenso diskriminiert werden wie die entsprechenden EG-ausländischen Erzeugnisse, ist in diesem Zusammenhang irrelevant. Für die hier entscheidende Frage nach dem Vorliegen einer diskriminierenden Behinderung des Marktzugangs bedeutet dies folglich, dass es nicht darauf ankommt, ob inländische Erzeugnisse durch die auf dem Prüfstand stehende Vorschrift ebenso am Marktzugang behindert werden wie die betroffenen EG-ausländischen Produkte. Entscheidend ist immer auf den Vergleich mit denjenigen Produkten abzustellen, die sich bereits auf dem – beliebig ausgewählten – Markt befinden. Welche Zugangsmöglichkeiten andere inländische Produkte zu diesem „Vergleichsmarkt" haben, ist in diesem Zusammenhang irrelevant. Beim Beispiel Arzneimittelversandverbot ist also die Situation einer EG-ausländischen Apotheke mit der Situation eines beliebigen deutschen Apothekers im Hinblick auf „seinen" lokalen Markt zu vergleichen. Es kommt nicht darauf an, dass der Zugang zu diesem „Vergleichsmarkt" für alle, sich nicht auf diesem Markt befindlichen deutschen Apotheker ebenso beschränkt wird wie für die EG-ausländische Apotheke.[226]

Dieses Diskriminierungsverständnis hat zur Folge, dass eine geographische Marktabgrenzung im Sinne des Wettbewerbsrechts in diesem Zusammenhang nicht erforderlich ist. Für die Beantwortung der Frage nach einer Marktzugangsbehinderung i. S. d. „Keck-Formel" kommt es nicht darauf an, ob der räumlich relevante Markt „lokal" oder „national" bestimmt wird. Abzustellen ist immer auf ein beliebiges Produkt, welches sich im Geltungsbereich der Vorschrift befindet. Dies gilt unabhängig davon, ob sich der tatsächliche Vertrieb dieses Produkts – wie regelmäßig im Einzelhandel – auf ein Teilgebiet des Geltungsbereichs der Vorschrift beschränkt oder – wie oft beim Großhandelsvertrieb – der wettbewerbsrechtlich relevante Markt mit dem Geltungsbereich der Norm übereinstimmt. Entscheidend kommt es im Rahmen der Warenverkehrsfreiheit also auf die grenzüberschreitende Zugangsmöglichkeit zu dem Gebiet an, auf

[225] EuGH, Urt. v. 15. Dezember 1993, verb. Rs. C-277/91, C-318/91 u. C-319/91, Ligur Carni, Slg. 1993, S. I-6621, insbes. Rn. 37.

[226] So aber *Kingreen*, allerdings ohne für dieses Diskriminierungsverständnis Rechtsprechungsnachweise anzugeben, ZESAR 2004, 102, 104 f.; ebenso auch *Dettling*, PharmR 2004, 66, 67.

welches sich der Geltungsbereich der Norm erstreckt, d. h. zumeist der gesamte Mitgliedstaat. Der räumlich relevante Markt entspricht insofern dem Geltungsbereich der staatlichen Maßnahme.

b) Der Einfluss auf den Marktzugang und seine Bedeutung für die „Keck-Formel"

Nach den Ausführungen des EuGH ist der Anwendungsbereich der Warenverkehrsfreiheit immer dann eröffnet, wenn die auf dem Prüfstand stehende Vorschrift geeignet ist, *„den Marktzugang für ausländische Erzeugnisse entweder zu versperren oder stärker zu behindern als sie dies für inländische Erzeugnisse tut"*.[227] Die Bestimmung des Marktbegriffs hat noch nicht geklärt, nach welchen Maßstäben ein diskriminierendes Behindern des Marktzugangs vom nichtdiskriminierenden Versperren abzugrenzen ist und welche Bedeutung beide Möglichkeiten für das Eingreifen der „Keck-Formel" haben.

aa) Diskriminierende Behinderung des Marktzugangs

Der Gerichtshof hat in seiner Keck-Folgerechtsprechung das Eingreifen der „Keck-Formel" immer dann abgelehnt, wenn eine Regelung den Marktzugang für EG-ausländische Produkte stärker beeinträchtigte als für inländische Erzeugnisse. Die Feststellung eines den Marktzugang *behindernden* Einflusses diente folglich dazu, das Vorliegen des Keck'schen Diskriminierungsbegriffs, d. h. der Formel *„rechtlich wie tatsächlich in der gleichen Weise betroffen"*, abzulehnen.

Das soeben herausgearbeitete weite Diskriminierungsverständnis des EuGH hat zur Folge, dass eine solche diskriminierende Behinderung immer dann vorliegt, wenn sich eine Regelung schon auswirkt, bevor die EG-ausländischen Produkte den relevanten Markt erreichen. Denn die als Vergleichsgruppe heranzuziehenden inländischen Produkte werden bereits (rechtmäßig) auf dem relevanten Markt vertrieben und sind insofern immer besser gestellt als die (noch) außerhalb des Marktes befindlichen EG-ausländischen Erzeugnisse. Eine solche – vor dem Zugang zum Markt einsetzende – Wirkung hat eine mitgliedstaatliche Vorschrift immer dann, wenn sie für das grundsätzliche „Ob" des Vertriebs und damit für eine effektive Erschließung des Marktes von Bedeutung ist.

Anders stellt sich die Situation dar, wenn es sich um eine Vorschrift handelt, die Regelungen dafür aufstellt, wie Produkte vertrieben werden sollen, die sich bereits auf dem Markt befinden. In einem solchen Fall liegt keine Diskriminierung vor. Die Vorschrift entfaltet ihre Wirkungen nämlich erst, nachdem die (auslän-

---

[227] Vgl. nur EuGH, Urt. v. 24. November 1993, verb. Rs. C-267/91 u. C-268/91, Keck und Mithouard, Slg. 1993, S. I-6097, Rn. 17; EuGH, Urt. v. 8. März 2001, Rs. C-405/98, Gourmet International Products, Slg. 2001, S. I-1795, Rn. 18; EuGH, Urt. v. 10. Mai 1995, Rs. C-384/93, Alpine Investments, Slg. 1995, S. I-1141, Rn. 37.

dischen) Produkte bereits Zugang zum Markt gefunden haben und behandelt sie damit genauso wie die entsprechenden inländischen Erzeugnisse.[228]

Anhand dieser Abgrenzungskriterien lassen sich die vom EuGH in seiner Keck-Folgerechtsprechung gefundenen Ergebnisse entsprechend einordnen.

(1) Regelungen, die sich vor dem Marktzugang auswirken

Sämtliche Urteile des EuGH, welche das Vorliegen der „Keck-Formel" ablehnten, hatten Vorschriften zum Inhalt, die sich bereits vor dem Marktzugang auf die EG-ausländischen Erzeugnisse auswirkten und den Marktzugang daher diskriminierend behinderten. In der Rechtssache *Franzén* etwa war der Erwerb einer Großhandelserlaubnis Voraussetzung für die Einfuhr von alkoholischen Getränken und deren Weiterverkauf an den Einzelhandel.[229] Ohne eine solche Erlaubnis war der Vertrieb dieser Produkte in Schweden nicht möglich. Da schwedische Großhändler bereits über eine Erlaubnis verfügten, konnten sie die Getränke vertreiben und waren daher besser gestellt als ihre EG-ausländischen Kollegen, denen der Vertrieb in Schweden (noch) vollständig untersagt war. Die Regelung entfaltete ihre Wirkungen vor dem Marktzugang und behinderte diesen daher für Alkoholika aus anderen Mitgliedstaaten stärker als für die entsprechenden inländischen Produkte. Dies führte dazu, dass die Voraussetzungen der „Keck-Formel" nicht vorlagen und die Vorschrift in den Anwendungsbereich der Warenverkehrsfreiheit fiel.

Ebenso wirkte sich auch in der bereits ausführlich besprochenen Rechtssache *TK-Heimdienst* die zu überprüfende Regelung bereits vor dem Marktzugang aus.[230] Der Vertrieb von Lebensmitteln war nur dann möglich, wenn zuvor eine feste Betriebsstätte in dem entsprechenden Verwaltungsbezirk eröffnet wurde. Dies galt insbesondere auch dann, wenn die Produkte nicht in der Betriebsstätte, sondern im Umherziehen verkauft werden sollten. Der Zugang zum Einzelhandelsmarkt für Lebensmittel war für EG-ausländische Produkte also von der Eröffnung einer solchen Betriebsstätte abhängig. Ohne die Erfüllung dieser Voraussetzung war der Vertrieb von Lebensmitteln überhaupt nicht möglich. Da die auf dem inländischen Markt befindlichen Lebensmittelhändler bereits über eine solche Betriebsstätte verfügten, wurden die inländischen Produkte besser gestellt als die entsprechenden EG-ausländischen Erzeugnisse. Die Regelung wirkte sich vor dem Marktzugang aus und war als diskriminierend zu werten. Sie konnte

[228] So im Ansatz auch *Kingreen*, Struktur der Grundfreiheiten, S. 122 f., der zwischen *marktsegmentierenden* und *marktregulierenden* Wirkungen einer Regelung unterscheidet.

[229] EuGH, Urt. v. 23. Oktober 1997, Rs. C-189/95, Franzén, Slg. 1997, S. I-5909; siehe zu dieser Rechtssache schon Zweites Kapitel, I, 3.

[230] EuGH, Urt. v. 13. Januar 2000, Rs. C-254/98, TK-Heimdienst, Slg. 2000, S. I-151, siehe zu dieser Rechtssache bereits ausführlich Zweites Kapitel, I, 3 sowie 4, a, aa, (2).

nicht nach der „Keck-Formel“ vom Anwendungsbereich der Warenverkehrsfreiheit ausgenommen werden.

(2) Regelungen, die sich nach dem Marktzugang auswirken

Vorschriften, die sich erst nach dem Zugang der ausländischen Produkte zum inländischen Markt auswirken, können nicht als marktzugangsbehindernd eingestuft werden. Solche mitgliedstaatlichen Maßnahmen hat auch der EuGH dementsprechend stets unter die „Keck-Formel“ subsumiert.

So zeichnen sich insbesondere Vorschriften über Ladenöffnungszeiten dadurch aus, dass sie ausschließlich den geschäftlichen Aktionsradius der inländischen Vertriebshändler beschränken, aber keinen Bezug zum zwischenstaatlichen Handel aufweisen.[231] Ebenso wirken sich auch Werbevorschriften erst nach dem Marktzugang aus, sofern sie das „Wie“ der Werbung regeln[232] und nicht eine Werbemethode verbieten, die zur Erschließung des Marktes erforderlich ist.[233] Auch Reglementierungen des Abgabepreises – wie sie dem Urteil *Keck und Mithouard* zugrunde lagen – haben keinen Einfluss auf das grundsätzliche „Ob“ des Vertriebs und entfalten ihre Wirkung erst, nachdem die Waren bereits Zugang zum Markt gefunden haben.[234]

(3) Verkaufsmonopole

Weniger eindeutig lassen sich nach dieser Abgrenzungsmethode Regeln über Verkaufsmonopole einordnen, welche der EuGH in den Entscheidungen *Kommission/Griechenland*[235] und *Banchero*[236] unter die „Keck-Formel“ subsumierte und als „Regelungen bestimmter Verkaufsmodalitäten“ aus dem Anwen-

---

[231] EuGH, Urt. v. 2. Juni 1994, verb. Rs. C-69/93 u. C-258/93, Punto Casa, Slg. 1994, S. I-2355; EuGH, Urt. v. 2. Juni 1994, verb. Rs. C-401/92 u. C-402/92, Tankstation t'Heukske und Boermann, Slg. 1994, S. I-2199; EuGH, Urt. v. 20. Juni 1996, verb. Rs. C-418/93 bis C-421/93, Semeraro Casa Uno, Slg. 1996, S. I-2975; siehe zu diesen Urteilen im Einzelnen Zweites Kapitel, I, 3.

[232] Siehe nur EuGH, Urt. v. 15. Dezember 1993, Rs. C-292/92, Hünermund, Slg. 1993, S. I-6787; EuGH, Urt. v. 24. November 1994, Rs. C-412/93, Leclerc-Siplec, Slg. 1995, S. I-179; EuGH, Urt. v. 2. Februar 1994, Rs. C-315/92, Verband sozialer Wettbewerb, Slg. 1994, S. I-317.

[233] EuGH, Urt. v. 9. Juli 1997, verb. Rs. C-34/95 bis C-36/95, de Agostini und TV-Shop, Slg. 1997, S. I-3843; EuGH, Urt. v. 8. März 2001, Rs. C-405/98, Gourmet International Products, Slg. 2001, S. I-1795.

[234] EuGH, Urt. v. 24. November 1993, verb. Rs. C-267/91 u. C-268/91, Keck und Mithouard, Slg. 1993, S. I-6097; ebenso auch EuGH, Urt. v. 11. August 1995, Rs. C-63/94, Belgapom, Slg. 1995, S. I-2467.

[235] EuGH, Urt. v. 4. April 1995, Rs. C-391/92, Kommission/Griechenland, Slg. 1995, S. I-1621.

[236] EuGH, Urt. v. 14. Dezember 1995, Rs. C-387/93, Banchero, Slg. 1995, S. I-4663.

dungsbereich des Art. 28 EG herausnahm. Bei genauer Betrachtung der Entscheidungsgründe fällt auf, dass der Gerichtshof seine Untersuchung des Einflusses der Regeln auf den Marktzugang allein auf die Großhandelsebene konzentrierte. Sowohl bei den Tabakprodukten des Urteils *Banchero* als auch bei der Säuglingsnahrung in *Kommission/Griechenland* gehen die Entscheidungsgründe davon aus, dass die Produkte auf einer vorgeschalteten Marktstufe eingeführt worden waren. Nach dieser Betrachtungsweise befanden sich die Erzeugnisse also bereits auf dem Markt, als sie die Einzelhandelsebene erreichten und damit dem jeweiligen Verkaufsmonopol unterfielen. Unter diesem Gesichtspunkt ist dem Ergebnis des EuGH zuzustimmen, welcher eine diskriminierende Behinderung des Marktzugangs ablehnte.

Nimmt man allerdings – wie hier vorgeschlagen – zunächst eine Bestimmung des relevanten Marktes vor, so wird deutlich, dass es sich in beiden Fällen um Regelungen des Einzelhandelsvertriebs handelt. Stellt man sodann folgerichtig auf den Marktzugang auf der Einzelhandelsebene ab, fällt das Ergebnis weniger eindeutig aus. Möchte etwa ein Einzelhändler aus einem Mitgliedstaat, welcher kein Abgabemonopol für Tabakwaren kennt, Zigaretten an Endkunden in Italien verkaufen, so müsste ihm dies unter Hinweis auf das dort geltende Verkaufsmonopol untersagt werden. Gleiches gilt für einen Drogisten, der Säuglingsnahrung, die in seinem Herkunftsmitgliedstaat nicht der Apothekenpflicht unterfällt, direkt an Endkunden nach Griechenland verkaufen will. In beiden Fällen würden die Monopolvorschriften die Einfuhr vereiteln. Der Zugang zum Markt und die Erschließung des Marktes hingen davon ab, dass eine Tabaklizenz erworben bzw. der Drogist sich als Apotheker niederlassen würde. Die Vorschriften wirken sich vor Erreichen des Endkundenmarktes aus, so dass der Marktzugang im Vergleich zu den sich bereits auf dem Markt befindlichen Händlern diskriminierend behindert wird.

Im Hinblick auf die insofern eingeschränkte Möglichkeit des Vertriebs hatte auch Generalanwalt *Lenz* – anders als später im Urteil der EuGH – das Apothekenmonopol in der Rechtssache *Kommission/Griechenland* als Maßnahme gleicher Wirkung eingeordnet und das Vorliegen der „Keck-Formel“ verneint.[237] Die Richtigkeit dieser Ansicht zeigt sich umso deutlicher, wenn man sich vor Augen führt, welche Auswirkungen solche Verkaufsmonopole auf den Direktvertrieb auf der Einzelhandelsebene haben können. Die aufgrund der technischen Möglichkeiten des Internets wachsende Bereitschaft der Verbraucher, Konsumgüter direkt aus dem Ausland zu beziehen, lenkt den Blick unweigerlich

---

[237] GA *Lenz* zu: EuGH, Urt. v. 4. April 1995, Rs. C-391/92, Kommission/Griechenland, Slg. 1995, S. I-1621, Tz. 19 ff.; ausdrücklich in Tz. 22: *„Nach der Rechtsprechung des Gerichtshofes sowohl vor dem Urteil Keck und Mithouard als auch danach ist daher ein Apothekenmonopol als Maßnahme gleicher Wirkung zu qualifizieren.“*

auf diese Problematik. Diese mag dem EuGH zum Zeitpunkt der Entscheidungen *Banchero* und *Kommission/Deutschland* mangels tatsächlicher Beispiele nicht bewusst gewesen sein, so dass sich erklären lässt, warum er seine Beurteilung auf die Großhandelsebene beschränkte.

(4) Behinderung des Marktzugangs durch ein Arzneimittelversandverbot

Abschließend stellt sich die Frage, ob das hier stets als Beispiel herangezogene Arzneimittelversandverbot den Marktzugang zum Arzneimittelendkundenmarkt in diesem Sinne behindert. Dies hängt davon ab, ob sich das Verbot auf das grundsätzliche „Ob" des Vertriebs und damit bereits vor dem Marktzugang auswirkt oder ob es seine Wirkungen erst entfaltet, wenn die Arzneimittel den Endkundenmarkt schon erreicht haben. Das „Ob" des Vertriebs ist insbesondere dann betroffen, wenn die Verkaufsmodalität Versand die einzige effektive Möglichkeit für EG-ausländische Apotheker zur Erschließung des inländischen Marktes darstellt.

Nimmt man erneut die deutsche Rechtslage als Beispiel, so ist die Abgabe von Arzneimitteln an Patienten in Deutschland nur *in* einer Apotheke zulässig (§ 43 Abs. 1 AMG). Die Erschließung des Endkundenmarktes ist also für den Inhaber einer in einem anderen EG-Mitgliedstaat ansässigen Apotheke nur dann möglich, wenn er in Deutschland eine weitere Apotheke eröffnen und in dieser die importierten Arzneimittel abgeben würde. Dies ist für Apotheker, die nicht die deutsche Approbation besitzen, nicht ohne weiteres möglich. Vielmehr können Personen, die eine als gleichwertig anerkannte Prüfung in einem anderen EG-Mitgliedstaat abgelegt haben, eine Apotheke in Deutschland nur dann eröffnen, wenn sie eine Apotheke übernehmen, die bereits seit mindestens drei Jahren betrieben wird (§ 2 Abs. 2 ApoG). Neugründungen von Apotheken durch Angehörige anderer Mitgliedstaaten sind damit ausgeschlossen. Zudem sind die Besonderheiten des sog. Fremd- und Mehrbesitzverbots zu beachten.[238] Danach muss der Inhaber einer Apothekenbetriebserlaubnis seine Hauptapotheke persönlich leiten (§ 7 Satz 1 ApoG), welches die Anwesenheit des Apothekers in der Apotheke voraussetzt (§ 2 Abs. 3 ApBetrO). Daher dürfen Apotheker aus anderen Mitgliedstaaten nur dann in Deutschland eine (zusätzliche) Apotheke eröffnen, wenn sie im Herkunftsstaat nicht zur Anwesenheit in ihrer dortigen Apotheke verpflichtet sind.

Der Vertrieb von Arzneimitteln auf dem Endkundenmarkt hing in Deutschland bis zum 31. Dezember 2003 somit von der Eröffnung einer Apotheke in Deutschland ab. Dies war aber – und ist es nach der neuen Rechtslage immer noch – für Apotheker aus anderen Mitgliedstaaten nur unter erschwerten Bedingungen möglich. Der grenzüberschreitende Versand von Arzneimitteln stellt für

---

[238] Siehe dazu oben Erstes Kapitel, II, 2, f.

EG-ausländische Apotheker daher die einzige effektive Vertriebsmöglichkeit dar, um den deutschen Markt zu erschließen.

Ein Versandverbot (wie das ehemals in § 43 Abs. 1 AMG geregelte) wirkt sich also direkt auf das „Ob" des Vertriebs aus und regelt nicht nur das „Wie" des grundsätzlich zulässigen Vertriebs. Es entfaltet seine Wirkungen, bevor die Arzneimittel den Markt überhaupt erreicht haben. Diese diskriminierende Behinderung des Marktzugangs hat zur Folge, dass keine „rechtliche und tatsächliche" Gleichbehandlung i. S. d. „Keck-Formel" vorliegt. Ein solches Verbot fällt damit in den Anwendungsbereich der Warenverkehrsfreiheit.

bb) Versperren des Marktzugangs

Bedenkt man das weite Diskriminierungsverständnis des EuGH, fragt es sich, ob es überhaupt denkbar ist, dass eine Vorschrift den Marktzugang versperrt, ohne zugleich diskriminierend zu wirken. Die Ausführungen des EuGH weisen zwar stets darauf hin, dass die Regelung geeignet sein müsse, den Marktzugang zu versperren *oder* diskriminierend zu behindern. Im Ergebnis lag aber in den Fällen, in welchen das Eingreifen der „Keck-Formel" abgelehnt wurde, immer eine Schlechterstellung ausländischer Produkte und damit die zweite Alternative vor. Auf der einen Seite standen ausländische Produkte, die aus ihrem Mitgliedstaat Zugang zu dem Markt eines anderen Mitgliedstaates suchten. Diese Produkte wurden mit denjenigen inländischen Produkten verglichen, die sich bereits auf dem inländischen Markt befanden. Diese inländischen Vergleichsprodukte hatten bereits alle möglicherweise bestehenden Hindernisse zu dem relevanten Markt überwunden. Hieraus folgt zwangsläufig, dass ein diskriminierungsfreies Versperren nur dann möglich ist, wenn überhaupt kein inländischer Markt für die betroffenen Produkte und somit keine inländische Vergleichsgruppe existiert. Dies ist aber allein bei kompletten Vertriebsverboten für bestimmte Produkte denkbar. So lag etwa der Entscheidung *Cassis de Dijon* eine deutsche Vorschrift zugrunde, die den Vertrieb von Fruchtsaftlikören mit einem Weingeistgehalt von weniger als 25 % vollständig untersagte.[239] Einen Markt für niedrigprozentige Fruchtsaftliköre gab es dementsprechend in Deutschland nicht. Allerdings handelt es sich im Fall eines solchen absoluten Vertriebsverbots nicht um eine bloße Vermarktungsregelung. Vielmehr verbietet die Maßnahme das Produkt insgesamt. Sie bezieht sich auf die Zulassung der Ware und fällt als produktbezogene Maßnahme ohnehin nicht unter die „Keck-Formel".

Anders sieht es aber bei reinen Vertriebsregelungen aus. Bei solchen Maßnahmen besteht immer ein inländischer Markt für die betroffenen Produkte. Dies

---

[239] EuGH, Urt. v. 20. Februar 1979, Rs. 120/78, Rewe/Bundesmonopolverwaltung für Branntwein, Slg. 1979, S. 351, Rn. 3.

gilt insbesondere auch dann, wenn eine Vertriebsform – wie etwa der Versand beim Beispiel des Arzneimittelversandverbots – vollständig untersagt wird. Der relevante Markt bestimmt sich dabei – wie dargelegt wurde – allein anhand der von der Vorschrift erfassten Erzeugnisse. Verschiedene Möglichkeiten des Vertriebs haben auf diese Marktbestimmung anders als im Wettbewerbsrecht keinen Einfluss.[240]

Ein reines diskriminierungsfreies Versperren des Marktzugangs ist danach also nur bei produktbezogenen Regeln denkbar. Eine Vertriebsregelung wirkt hingegen entweder diskriminierend und behindert damit den Marktzugang oder sie enthält keine diskriminierenden Wirkungen, welches zur Folge hat, dass auch der Marktzugang nicht beeinflusst wird. Hieraus folgt, dass der Möglichkeit des „Versperrens des Marktzugangs" im Rahmen der „Keck-Formel" keine Bedeutung zukommt. Im Ergebnis dient die Frage nach dem Einfluss einer Regelung auf den Marktzugang somit nur der Ausfüllung des Keck'schen Diskriminierungsbegriffs, also der Formel *„rechtlich wie tatsächlich in der gleichen Weise"* berührt.

II. Das Urteil in der Rechtssache DocMorris

In seinem Urteil in der Rechtssache *DocMorris* vom 11. Dezember 2003 hat sich der EuGH nunmehr erneut mit den Voraussetzungen der „Keck-Formel" befasst.[241] Im Zentrum der Entscheidung steht die – auch im Rahmen dieser Untersuchung stets als Beispiel zugrunde gelegte – Frage nach der Vereinbarkeit eines Arzneimittelversandverbots wie § 43 Abs. 1 AMG a. F. mit der Warenverkehrsfreiheit. Ein solches Verbot erfüllt nach Meinung des Gerichtshofs nicht die Voraussetzungen der „Keck-Formel", sondern stellt eine Maßnahme gleicher Wirkung gem. Art. 28 EG dar.[242] Während also leicht festgestellt werden kann, dass das Urteil mit der hier vorgenommenen Untersuchung im Ergebnis übereinstimmt, erfordert die Beurteilung von Begründung und Methodik eine genauere Analyse der Entscheidungsgründe. Anhand einer solchen Analyse soll im Fol-

---

[240] Siehe oben Zweites Kapitel, I, 4, a, aa, (2), (a).

[241] EuGH, Urt. v. 11. Dezember 2003, Rs. C-322/01, DocMorris, NJW 2004, 131.

[242] Dies gilt nach Ansicht des EuGH sowohl für direkt importierte Arzneimittel als auch für solche Produkte, die zuvor auf der Großhandelsebene exportiert wurden (sog. Reimporte). Bei einem solchen Geschäftsvorgang handele es sich nicht um ein künstliches Handelsgeschäft, welches vom Anwendungsbereich der Grundfreiheiten ausgenommen sei. Vielmehr erfolge die Wiedereinfuhr durch die Apotheke auf einer anderen Handelsstufe als der Export auf der Großhandelsebene. Jede Handelsstufe sei aber separat schützenswert; siehe EuGH, Urt. v. 11. Dezember 2003, Rs. C-322/01, DocMorris, NJW 2004, 131, Rn. 127 ff.; ebenso Tz. 130 ff. der Schlussanträge; da Schlussanträge und Urteil in diesem Punkt übereinstimmen und die Behandlung von Reimporten auch ansonsten keine Probleme aufweist, erfolgt hier keine vertiefte Behandlung der Reimport-Frage; siehe allerdings zum *Parallel*import unten Drittes Kapitel, III, 2, b, bb.

genden überprüft werden, inwieweit das soeben herausgearbeitete „Keck-Verständnis“ mit der Sichtweise des EuGH übereinstimmt und welche Bedeutung dem Urteil für die Keck-Dogmatik zukommt.

1. Die Antwort des Gerichtshofs auf Vorlagefrage 1 a)

Die erste Vorlagefrage in der Rechtssache *DocMorris* formulierte das Landgericht Frankfurt/M. dahingehend, ob ein Versandverbot wie dasjenige des Arzneimittelgesetzes eine Maßnahme gleicher Wirkung i. S. d. Art. 28 EG darstelle.[243] In seiner Antwort folgt der EuGH einer strengen Unterteilung zwischen dem Versand von im Einfuhrstaat zugelassenen Arzneimitteln und solchen Arzneimitteln, die über keine Zulassung im Einfuhrstaat verfügen. Die primärrechtliche Überprüfung eines Verbringungsverbots für nicht zugelassene Arzneimittel gem. § 73 Abs. 1 AMG anhand der Art. 28, 30 EG lehnt der Gerichtshof von vorne herein ab. Zur Begründung führt er an, dass es sich hierbei um die Umsetzung von Art. 3 der Richtlinie 65/65/EWG handele.[244] In abschließend harmonisierten Bereichen sei eine nationale Norm ausschließlich am Sekundärrecht zu messen. Eine Bestimmung wie § 73 Abs. 1 AMG könne daher *„nicht als Maßnahme gleicher Wirkung wie eine mengenmäßige Einfuhrbeschränkung im Sinne des Art. 28 EG bewertet werden.“*[245]

Den Schwerpunkt der Prüfung zu Vorlagefrage 1 a) bildet im Anschluss daran die Frage, ob ein Versandverbot für im Einfuhrstaat *zugelassene* Arzneimittel wie § 43 Abs. 1 AMG a. F. eine Maßnahme gleicher Wirkung gem. Art. 28 EG darstellt. Nach der knappen Feststellung, dass Art. 14 der Fernabsatzrichtlinie einer Überprüfung der Vorschrift am Maßstab des Art. 28 EG nicht entgegenstehe sowie einem Hinweis auf die grundlegenden Entscheidungen zur Warenverkehrsfreiheit in Sachen *Dassonville* und *Cassis*[246], beginnen die Entscheidungsgründe mit der Untersuchung der Voraussetzungen der „Keck-Formel“. Da das Verbot für alle betroffenen inländischen oder ausländischen Wirtschaftsteilnehmer gelte, sei die erste Voraussetzung – das Fehlen einer offenen

---

[243] LG Frankfurt/M., Beschluss v. 10. August 2001, NJW 2001, 2824; Die Vorlagefrage 1 a) lautet wie folgt:
1. „Verstößt eine nationale Regelung, nach der die gewerbsmäßige grenzüberschreitende Einfuhr von apothekenpflichtigen Humanarzneimitteln im Wege des Versandhandels durch zugelassene Apotheken aus anderen EU-Mitgliedstaaten aufgrund individueller Bestellungen von Endverbrauchern per Internet untersagt ist, gegen die Grundsätze des freien Warenverkehrs nach Art. 28 EGV?
a) Stellt ein derartiges nationales Verbot eine Maßnahme gleicher Wirkung nach Art. 28 EGV dar? [...]“

[244] Nunmehr Art. 6 Gemeinschaftskodex für Humanarzneimittel, ABl.EG 2001 Nr. L 311, S. 67.

[245] EuGH, Urt. v. 11. Dezember 2003, Rs. C-322/01, DocMorris, NJW 2004, 131, Rn. 53.

[246] EuGH, Urt. v. 11. Dezember 2003, Rs. C-322/01, DocMorris, NJW 2004, 131, Rn. 63 ff.

Diskriminierung – ohne weiteres erfüllt. Genauer untersucht der EuGH daher nur die zweite Voraussetzung der „Keck-Formel“, also die Frage, ob die Regelung *„den Absatz der inländischen Erzeugnisse und der Erzeugnisse aus anderen Mitgliedstaaten rechtlich wie tatsächlich in gleicher Weise berühre.“*[247] Hinsichtlich dieser Voraussetzung sei zu berücksichtigen, *„dass der Absatz einer Ware auf einem nationalen Markt zwischen ihrer Herstellung und ihrem etwaigen Verkauf an den Endverbraucher mehrere Phasen umfassen“* könne.[248] Um den Einfluss einer Regelung auf den Absatz inländischer und EG-ausländischer Erzeugnisse zu bewerten, sei daher zu ermitteln, *„welche Reichweite die in Frage stehende beschränkende Regelung“* habe.[249] Im Anschluss daran verweist der EuGH auf einige Entscheidungen, in welchen die Reichweite der jeweils überprüften Vorschrift unterschiedlich weit ausgelegt wurde.[250]

Die Vorschrift des § 43 Abs. 1 AMG enthalte neben dem Verbot des Versandes auch die Verpflichtung, bestimmte Arzneimittel nur in Apotheken zu verkaufen. Es könnte daher – so der EuGH – argumentiert werden, dass das Versandverbot eine bloße Konsequenz aus der Apothekenpflichtigkeit sei. Dies sei indes deshalb nicht der Fall, weil *„das Aufkommen des Internets als Mittel des grenzüberschreitenden Verkaufs“* zur Folge habe, *„dass die Reichweite und damit die Wirkung dieses Verbots in einem größeren Zusammenhang zu prüfen“* seien.[251] Ein Verbot wie § 43 Abs. 1 AMG beeinträchtige *„nämlich außerhalb Deutschlands ansässige Apotheken stärker als Apotheken in Deutschland.“* Zwar nehme das Verbot auch den inländischen Apotheken ein zusätzliches Mittel *„des Zugangs zum deutschen Markt der Endverbraucher von Arzneimitteln.“*[252] Den deutschen Apotheken bleibe jedoch die Möglichkeit, Arzneimittel in ihren Apotheken zu verkaufen. Für EG-ausländische Apotheken könnte dagegen *„im Internet ein Mittel liegen, das für den unmittelbaren Zugang zu diesem Markt eher geeignet ist.“* Aus diesem Grund *„könnte ein solches Verbot geeignet sein, den Marktzugang für Waren aus anderen Mitgliedstaaten stärker zu behindern als für inländische Erzeugnisse.“*[253] Das in Frage stehende Verbot treffe daher den Verkauf inländischer Arzneimittel und den Verkauf von Arzneimitteln aus anderen Mitgliedstaaten nicht in gleicher Weise. Nach diesen Feststellungen beantwortet der Gerichtshof Vorlagefrage 1 a) abschließend dahingehend, dass ein § 43 Abs. 1 AMG a. F. entsprechendes nationales Verbot des Versandhandels

---

[247] EuGH (Fn. 246), Rn. 68.
[248] EuGH (Fn. 246), Rn. 70.
[249] EuGH (Fn. 246), Rn. 71.
[250] EuGH (Fn. 246), Rn. 72.
[251] EuGH (Fn. 246), Rn. 73.
[252] EuGH (Fn. 246), Rn. 74.
[253] EuGH (Fn. 246), Rn. 74.

mit Arzneimitteln eine Maßnahme gleicher Wirkung im Sinne von Art. 28 EG darstellt.[254]

2. Die Bewertung eines Verbringungsverbots für im Einfuhrstaat nicht zugelassene Arzneimittel

Den ersten Teil der Prüfung von Vorlagefrage 1 a) beendet der Gerichtshof mit einem Hinweis auf das Sekundärrecht. Ein Verbringungsverbot für nicht im Einfuhrstaat zugelassene Arzneimittel soll keine Maßnahme gleicher Wirkung darstellen, weil es sich um einen abschließend harmonisierten Bereich handele. Im Gegensatz dazu war die Generalanwältin davon ausgegangen, dass eine solche Vorschrift in den Anwendungsbereich des Art. 28 EG falle.[255] Diese Bewertung entspricht der hier zuvor dargelegten Ansicht, welche ein Verbot wie § 73 Abs. 1 AMG aufgrund des offen diskriminierenden Charakters als Maßnahme gleicher Wirkung einordnete.[256] Die abweichende Bewertung der identischen Vorschrift durch den EuGH verwundert insbesondere deshalb, weil allein der Verweis auf entsprechendes Sekundärrecht den Vorwurf der Primärrechtswidrigkeit einer Maßnahme nicht zu entkräften vermag. Zwar ist eine nationale Maßnahme in einem Bereich, der auf Gemeinschaftsebene abschließend harmonisiert wurde, zunächst anhand der Harmonisierungsregelung und nicht anhand des Primärrechts zu beurteilen. Dies bedeutet aber nicht, dass das primäre Recht keine Rolle mehr spielt. Vielmehr müssen auch die Vorschriften des sekundären Rechts im Einklang mit dem EG-Vertrag stehen und sind stets im Lichte des Primärrechts auszulegen.[257] Auf diesen Zusammenhang hatte auch die Generalanwältin in ihren Schlussanträgen ausdrücklich hingewiesen.[258] Im Zentrum der Überprüfung steht in einem solchen Fall nicht mehr die mitgliedstaatliche Vorschrift. Es stellt sich aber statt dessen die materiell identische Frage, ob die sekundärrechtlichen Vorgaben mit dem Primärrecht in Einklang stehen. Denk-

---

[254] EuGH (Fn. 246), Rn. 75 f.; siehe auch den Tenor 1 a) der Entscheidung, der wörtlich heißt: *„Ein § 43 Absatz 1 des Arzneimittelgesetzes in der Fassung vom 7. September 1998 entsprechendes nationales Verbot des Versandhandels mit Arzneimitteln, die in dem betreffenden Mitgliedstaat ausschließlich in Apotheken verkauft werden dürfen, stellt eine Maßnahme gleicher Wirkung im Sinne von Art. 28 EG dar.“*

[255] GA *Stix-Hackl* zu: EuGH, Urt. v. 11. Dezember 2003, Rs. C-322/01, DocMorris, abrufbar unter http://www.curia.eu.int/jurisp/cgi-bin/form.pl?lang=de nach Eingabe der Rechtssache, Tz. 48 ff. u. 96.

[256] Siehe oben Zweites Kapitel, I, 2, b, aa.

[257] Siehe nur *Lux* in: Lenz/Borchardt (Hrsg.), EU- und EG-Vertrag, Art. 30 EG, Rn. 3; *Becker* in: Schwarze (Hrsg.), EU-Kommentar, Art. 28 EG, Rn. 101 ff.; EuGH, Urt. v. 2. April 1998, Rs. C-127/95, Norbrook Laboratories, Slg. 1998, S. I-1531, Rn. 96 ff.; EuGH, Urt. v. 9. August 1994, Rs. C-51/93, Meyhui, Slg. 1994, S. I-3879, Rn. 11.

[258] GA *Stix-Hackl* zu: EuGH, Urt. v. 11. Dezember 2003, Rs. C-322/01, DocMorris, abrufbar unter http://www.curia.eu.int/jurisp/cgi-bin/form.pl?lang=de nach Eingabe der Rechtssache, Tz. 48.

bar ist, dass der EuGH diese Folgefrage aus prozessualen Überlegungen nicht beantwortet hat: Im Rahmen des Vorabentscheidungsersuchens war in der Rechtssache *DocMorris* nur nach der Vereinbarkeit *mitgliedstaatlicher* Vorschriften mit der Warenverkehrsfreiheit gefragt worden. *Sekundärrechtliche Regelungen* standen nicht ausdrücklich auf dem Prüfstand, so dass es durchaus vertretbar erscheint, eine weitere Überprüfung unter Hinweis auf die sich eindeutig auf das nationale Recht beschränkenden Vorlagefragen abzulehnen.

In materieller Hinsicht kann dies aber nichts an dem Ergebnis ändern, wonach ein Verbringungsverbot für im Einfuhrstaat nicht zugelassene Arzneimittel – sei es nun mitgliedstaatlicher oder sekundärrechtlicher Natur – die Voraussetzungen einer Maßnahme gleicher Wirkung gem. Art. 28 EG erfüllt.[259] Die Tatsache, dass eine solche Regelung ausdrücklich auf die Arzneimittelzulassung im Einfuhrstaat abstellt und damit solche Arzneimittel, die (nur) in anderen Mitgliedstaaten zugelassen sind, offen diskriminiert, lässt eine andere Bewertung nicht zu.[260] Aufgrund der Eindeutigkeit dieses Ergebnisses kommt auch der „Keck-Formel" in diesem Zusammenhang keine Bedeutung zu.

3. Die Bedeutung des Urteils für die Keck-Dogmatik

Bedeutung für die Keck-Dogmatik hat allein der zweite Teil der Ausführungen zu Vorlagefrage 1 a): Die Beurteilung eines Versandverbots für im Einfuhrstaat *zugelassene* Arzneimittel. Entscheidend für das Nichteingreifen der „Keck-Formel" in diesem Fall ist nach Ansicht des EuGH, dass ein solches Verbot geeignet sein kann, den Marktzugang für Waren aus anderen Mitgliedstaaten stärker zu behindern als für inländische Erzeugnisse. Der Gerichtshof stellt also – ebenso wie in der bisherigen Keck-Rechtsprechung – auf das Kriterium des Marktzugangs ab. Allerdings wird die entscheidende Bedeutung dieses Kriteriums einmal mehr nicht ausdrücklich hervorgehoben. Der Begriff „Marktzugang" wird erst gegen Ende der Ausführungen verwendet.[261] Eine genaue Begriffsbestimmung oder Erläuterung enthalten die Entscheidungsgründe nicht. Vielmehr schließt der EuGH aus der marktzugangsbehindernden Wirkung wie selbstverständlich auf das Nichteingreifen der „Keck-Formel". Im Gegensatz dazu hatte die Generalanwältin in ihren Schlussanträgen unmissverständlich die ausschlag-

---

[259] Aus diesem Grund soll an dieser Stelle nicht vertieft werden, ob es sich bei der Vorschrift des § 73 Abs. 1 AMG tatsächlich allein um die Umsetzung von Art. 3 RL 65/65/EWG handelt.

[260] Hiervon zu trennen ist allerdings die Frage der gemeinschaftsrechtlichen Rechtfertigung einer solchen Vorschrift, der später noch ausführlich nachgegangen wird; siehe unten Drittes Kapitel, III, 1.

[261] Während die Ausführungen zur „Keck-Formel" bereits in Rn. 67 beginnen, findet der Begriff „Marktzugang" erstmals in Rn. 72 Erwähnung; EuGH, Urt. v. 11. Dezember 2003, Rs. C-322/01, DocMorris, NJW 2004, 131.

gebende Bedeutung des Kriteriums Marktzugang hervorgehoben. Dies kam nicht zuletzt dadurch zum Ausdruck, dass die entsprechenden Passagen mit der Überschrift *„Entscheidender Aspekt: Wirkung auf den Marktzugang"* versehen wurden.[262] Es ist zu bedauern, dass der EuGH den Schlussanträgen in der Deutlichkeit ihrer Ausdrucksweise nicht gefolgt ist.

Während die Schlussanträge im Ergebnis also mit dem Urteil übereinstimmen, weichen die Ausführungen der Generalanwältin in der Methodik von der Beurteilung des EuGH ab. Die Schlussanträge gehen zunächst davon aus, dass die Voraussetzungen der „Keck-Formel" vorliegen. Entscheidend hierfür ist nach Ansicht der Generalanwältin, dass die Verkaufsmodalität „Versand" für alle Marktteilnehmer vollständig verboten sei.[263] Bezugspunkt zur Feststellung einer Diskriminierung im Rahmen der „Keck-Formel" soll also die Möglichkeit der Nutzung einer bestimmten Vertriebsart, nicht aber der Einfluss auf den Marktzugang sein. Das Kriterium Marktzugang sei weder die Folgerung, noch die dritte Voraussetzung der „Keck-Formel", sondern *„gleichsam das – oberste – allgemeine Kriterium."*[264] Eine gesonderte Prüfung des Einflusses einer Regelung auf den Marktzugang wird nach dieser Ansicht also erst dann erforderlich, wenn feststeht, dass die Voraussetzungen der „Keck-Formel" – d. h. insbesondere die nicht-diskriminierende Wirkung der auf dem Prüfstand stehenden Vertriebsbindung – vorliegen.

Im Gegensatz dazu orientiert sich der Gerichtshof in seiner Entscheidung eng am Wortlaut der ursprünglichen „Keck-Formel". Die Frage nach dem Einfluss auf den Marktzugang dient zur Ausfüllung der Voraussetzung *„rechtlich wie tatsächlich in der gleichen Weise betroffen"* und damit zur Überprüfung des Keck'schen Diskriminierungsbegriffs. Das Verhältnis des Kriteriums Marktzugang zu den Keck-Voraussetzungen wird vom EuGH also abweichend von der Vorgehensweise der Generalanwältin bewertet. Im Ergebnis entspricht dies dem im Rahmen dieser Untersuchung anhand der bisherigen Keck-Rechtsprechung herausgearbeiteten Verständnis. Der EuGH bestätigt damit die Geltung der ur-

---

[262] GA *Stix-Hackl* zu: EuGH, Urt. v. 11. Dezember 2003, Rs. C-322/01, DocMorris, abrufbar unter http://www.curia.eu.int/jurisp/cgi-bin/form.pl?lang=de nach Eingabe der Rechtssache, Teilüberschrift vor Tz. 74 ff.; kritisch gegenüber dieser Betonung des Kriteriums Marktzugang durch die Generalanwältin *Sander/Sigloch*, PharmR 2003, 371, 373 ff.

[263] GA *Stix-Hackl* zu: EuGH, Urt. v. 11. Dezember 2003, Rs. C-322/01, DocMorris, abrufbar unter http://www.curia.eu.int/jurisp/cgi-bin/form.pl?lang=de nach Eingabe der Rechtssache, Tz. 71.

[264] GA *Stix-Hackl* zu: EuGH, Urt. v. 11. Dezember 2003, Rs. C-322/01, DocMorris, abrufbar unter http://www.curia.eu.int/jurisp/cgi-bin/form.pl?lang=de nach Eingabe der Rechtssache, Tz. 74.

sprünglichen „Keck-Formel“, zu deren genauer Bestimmung auf den Marktzugang abzustellen ist.[265]

Während die grundsätzliche Bedeutung des Einflusses einer Regelung auf den Marktzugang dem Urteil also deutlich entnommen werden kann, findet sich keine ausdrückliche Erläuterung oder Bestimmung des in diesem Zusammenhang zugrunde gelegten Marktbegriffs. Bemerkenswert ist jedoch, dass die Entscheidungsgründe nicht nur – wie in den bisherigen Keck-Entscheidungen – pauschal auf den „Marktzugang“ oder den „Zugang zum inländischen Markt“ abstellen, sondern – wesentlich differenzierter – auf den *„Zugang zum deutschen Markt der Endverbraucher für Arzneimittel“*.[266] Der EuGH hat offensichtlich zwischen einem Markt der Endverbraucher und einem Markt der Großhändler bzw. Hersteller unterschieden und damit erstmals eine genauere Marktabgrenzung vorgenommen. Dies kommt auch dadurch zum Ausdruck, dass die Entscheidungsgründe ausdrücklich auf die verschiedenen Phasen verweisen, welche eine Ware zwischen Herstellung und Verkauf an den Endverbraucher durchlaufe. Dies mache es – so der EuGH – erforderlich, die Reichweite der in Frage stehenden Regelung zu ermitteln.[267] Die Notwendigkeit der Ermittlung des Geltungsbereichs der auf dem Prüfstand stehenden Norm war auch im Rahmen der hier erarbeiteten Marktabgrenzungsmethode betont worden.[268] Der EuGH stellt zwar keine ausdrückliche Verbindung zwischen der von ihm aufgestellten Forderung nach der Bestimmung der Reichweite der Norm und der Marktzugangsfrage her. Die Tatsache, dass sich das Ergebnis dieser Bestimmung – die Wirkung auf den Endkundenmarkt – im Rahmen der Ausführungen zur Frage des Einflusses eines Versandverbots auf den Marktzugang wiederfindet, zeigt aber, dass der Gerichtshof hier einen Zusammenhang erkannt hat.

Im Ergebnis bestätigt das Urteil des EuGH das hier erarbeitete Marktzugangsverständnis. Damit hat der Gerichtshof einen wichtigen Beitrag zur Klärung der nach wie vor umstrittenen Reichweite der „Keck-Formel“ geleistet. Dem Rechtsanwender wird mit dem Kriterium Marktzugang eine Vorgehensweise an die Hand gegeben, die es ihm erlaubt, auch in Zukunft diejenigen Vertriebsregelungen zu bestimmen, welche in den Anwendungsbereich der Warenverkehrsfreiheit fallen. Allerdings ist eine genaue Bestimmung des Marktbegriffs nur

---

[265] Inwieweit dieses Verständnis der „Keck-Formel“ auf die anderen Grundfreiheiten übertragbar ist, kann an dieser Stelle nicht abschließend geklärt werden. Im Hinblick darauf, dass es sich auch bei den anderen Freiheiten um Marktzugangsrechte handelt, dürfte eine dahingehende konvergente Anwendung aber nahe liegen, vgl. *Mojzesowicz*, Möglichkeiten und Grenzen einer einheitlichen Dogmatik der Grundfreiheiten, S. 159 ff.; *Steinberg*, EuGRZ 2002, 13, 19 f.

[266] EuGH, Urt. v. 11. Dezember 2003, Rs. C-322/01, DocMorris, NJW 2004, 131, Rn. 74.

[267] EuGH, Urt. v. 11. Dezember 2003, Rs. C-322/01, DocMorris, NJW 2004, 131, Rn. 70 f.

[268] Siehe oben Zweites Kapitel, I, 4, a, aa, (2).

ansatzweise zu erkennen und weit entfernt von einer umfassend definierten Methode der Marktabgrenzung wie sie hier zuvor vorgeschlagen wurde. So begrüßenswert das Urteil also ist, so wünschenswert wäre eine weitere Ausfüllung des noch immer wenig griffigen Begriffs.

Drittes Kapitel
Die gemeinschaftsrechtliche Rechtfertigung (Art. 30 EG)

I. Der Gesundheitsschutz als Rechtfertigungsgrund für Vertriebsbindungen im Apothekenrecht

Der EG-Vertrag gestattet den Mitgliedstaaten ausnahmsweise, zum Schutz bestimmter Güter Maßnahmen aufrechtzuerhalten, die die Freiheit des Warenverkehrs beschränken. Dies gilt auch für Vertriebsbindungen in der Arzneimittelversorgung, soweit sie von Art. 28 EG erfasst sind und für den Schutz eines vom Gemeinschaftsrecht als Rechtfertigungsgrund anerkannten Guts geeignet, erforderlich und angemessen sind.

1. Gesundheitsschutzaspekte des deutschen Systems der Arzneimittelversorgung durch Apotheken

Das deutsche System der Arzneimittelversorgung durch Apotheken soll nach seinem Gesetzeszweck eine sichere und flächendeckende Versorgung der Bevölkerung mit Arzneimitteln gewährleisten.[269] Vorschriften, die sich auf die Zulassung von Arzneimitteln beziehen, verfolgen darüber hinaus das Ziel, das nationale Zulassungssystem für Arzneimittel vor Umgehung zu schützen und so die Sicherheit und Wirksamkeit der im Verkehr befindlichen Arzneimittel zu gewährleisten. Der Schutz des Arzneimittelzulassungssystems stellt ebenso wie die Sicherstellung der Arzneimittelversorgung einen Unterfall des Gesundheitsschutzes dar, welcher zu den „klassischen" gemeinschaftsrechtlichen Rechtfertigungsgründen gehört.

2. Abgrenzung von Art. 30 EG zu den zwingenden Erfordernissen der Cassis-Rechtsprechung

Art. 30 EG sieht unter anderem vor, dass Art. 28 EG solchen Handelsbeschränkungen nicht entgegensteht, die *„zum Schutz der Gesundheit und des Lebens von Menschen, Tieren oder Pflanzen, [...] gerechtfertigt sind."* Darüber hinaus findet sich der Schutz der Gesundheit ausdrücklich auch unter den in der sog. Cassis-Entscheidung[270] (nicht abschließend) aufgezählten *„zwingenden Erfordernissen"*, welche der EuGH für nicht-diskriminierende Beschränkungen als weitere Ausnahmen vom Verbot des Art. 28 EG anerkennt. Die Einordnung dieser Ausnahmen als tatbestandsimmanente Schranken oder zusätzliche ungeschriebene

---

[269] Siehe hierzu ausführlich Erstes Kapitel, II, 2.

[270] EuGH, Urt. v. 20. Februar 1979, Rs. 120/78, Rewe/Bundesmonopolverwaltung für Branntwein, Slg. 1979, S. 649.

Rechtfertigungsgründe bleibt dogmatisch ebenso umstritten wie in jüngerer Zeit die Frage nach der Anwendbarkeit der „Cassis-Formel" auf diskriminierende Maßnahmen.[271] Nicht mehr ernsthaft in Frage gestellt wird allerdings, dass Gesundheitsschutzsachverhalte grundsätzlich unter Art. 30 EG subsumiert werden.[272] Dies erkennt mittlerweile auch der EuGH an, nachdem er den Gesundheitsschutz zunächst mehrfach als zwingendes Erfordernis i. S. d. Cassis-Rechtsprechung bezeichnet hatte.[273] Allerdings ist Art. 30 EG nach Ansicht des EuGH eng auszulegen.[274] Folge hiervon ist, dass nur unmittelbar mit der menschlichen Gesundheit verknüpfte Sachverhalte als Gesundheitsschutzgründe in diesem Sinne anerkannt sind. So wird etwa der Umweltschutz als „zwingendes Erfordernis" i. S. d. „Cassis-Formel" behandelt, obwohl er bei einer weiten Auslegung des Art. 30 EG zumindest größtenteils dem Schutz der Gesundheit zugeordnet werden könnte.[275] Auch die „Sicherung des finanziellen Gleichgewichts sozialer Sicherungssysteme" ist nach der Rechtsprechung des EuGH als zwingendes Erfordernis und nicht als Unterfall des Gesundheitsschutzes einzuordnen.[276] Im Falle spezieller Gesundheitsschutzgründe ist daher stets zu überle-

---

[271] Beide Diskussionen spielen vorliegend keine Rolle und sollen daher nicht weiter vertieft werden. Zur Frage der Einordnung der zwingenden Erfordernisse siehe *Epiney* in: Ehlers (Hrsg.), Europäische Grundrechte und Grundfreiheiten, § 8, Rn. 54 ff.; *Millarg*, Schranken des freien Warenverkehrs, S. 96 ff. m. w. N.; *Fischer*, Europarecht, S. 228, Rn. 54; Der EuGH dürfte eher von einer Einordnung als tatbestandsausschließende Gründe ausgehen, vgl. nur EuGH, Urt. v. 25. Juli 1991, verb. Rs C-1/90 u. C-176/90, Aragonesa, Slg. 1991, S. I-4151, Rn. 13; zur neueren Tendenz des EuGH, auch diskriminierende Maßnahmen an zwingenden Erfordernissen i. S. d. Cassis-Rechtsprechung zu messen *Koenig/Haratsch*, Europarecht, Rn. 573; *Gundel*, JURA 2001, 79 m. w. N.; vgl. EuGH, Urt. v. 13. März 2001, Rs.C-379/98, PreussenElektra, Slg. 2001, S. I-2099, Rn. 72 ff.

[272] Siehe *Müller-Graff* in: Groeben/Thiesing/Ehlermann (Hrsg.), Kommentar zu EU-/EG-Vertrag, Art. 30 EGV, Rn. 208; *Fischer*, Europarecht, Rn. 55; *Doerfert*, Europarecht, S. 90, Fn. 9; *Ahlfeld*, Zwingende Erfordernisse, S. 96 f.; *Millarg*, Schranken des freien Warenverkehrs, S. 166 f.

[273] EuGH, Urt. v. 26. Juni 1980, Rs. 788/79, Gilli und Andres, Slg. 1980, S. 2071, Rn. 6 ff.; EuGH, Urt. v. 19. Februar 1981, Rs. 130/80, Keldermann, Slg. 1981, S. 527, Rn. 8 ff.

[274] Siehe etwa EuGH, Urt. v. 19. März 1991, Rs. C-205/89, Kommission/Griechenland, Slg. 1991, S. I-1361, Rn. 9; EuGH, Urt. v. 9. Juni 1082, Rs. 85/81, Kommission/Italien, Slg. 1982, S. 2187, Rn. 27; *Epiney* in: Ehlers (Hrsg.), Europäische Grundrechte und Grundfreiheiten, § 8, Rn. 54 ff.

[275] *Arndt*, Europarecht, S. 161; *Millarg*, Schranken des freien Warenverkehrs, S. 186 ff.; *Roßnagel*, DÖV 1996, 984, 989; *Ahlfeld*, Zwingende Erfordernisse, S. 167 ff.

[276] EuGH, Urt. v. 28. April 1998, Rs. C-120/95, Decker, Slg. 1998, S. I-1871, Rn. 39; EuGH, Urt. v. 12. Juli 2001, Rs. C-157/99, Geraets-Smits und Peerbooms, Slg. 2001, S. I-5473, Rn. 72; EuGH, Urt. v. 13. Mai 2003, Rs. C-385/99, Müller-Fauré, Slg. 2003, S. I-4509, Rn. 73; zur Abgrenzung zum Gesundheitsschutz i. S. d. Art. 30 EG: *Ahlfeld*, Zwingende Erfordernisse, S. 190.

gen, ob ein Unterfall des Art. 30 EG vorliegt oder ob es sich um ein zwingendes Erfordernis i. S. d. Cassis-Rechtsprechung handelt.[277]

Arzneimittel dienen dazu, die Gesundheit von Menschen (oder Tieren) zu erhalten oder wiederherzustellen. Das staatliche Ziel, die rechtlichen und organisatorischen Voraussetzungen dafür zu schaffen, dass jedermann jederzeit die Möglichkeit hat, Arzneimittel auf sichere Weise zu beziehen, steht daher in unmittelbarem Zusammenhang mit dem Schutz der öffentlichen Gesundheit. Der Versorgungssicherheit mit Arzneimitteln kommt darüber hinaus keine eigenständige, vom Gesundheitsschutz abzutrennende Bedeutung zu, die eine Einordnung als „zwingendes Erfordernis" i. S. d. Cassis-Rechtsprechung erfordern würde. Insbesondere handelt es sich bei den in Frage stehenden Maßnahmen auch nicht um Regelungen zur Erstattungsfähigkeit von Arzneimitteln durch die gesetzliche Krankenversicherung, welche regelmäßig (auch) der Sicherung des finanziellen Gleichgewichts der sozialen Sicherungssysteme zu dienen bestimmt sind. Bereits seit einiger Zeit hat der EuGH dementsprechend die flächendeckende Versorgung mit *medizinischen* Leistungen als Unterfall des Gesundheitsschutzes im Rahmen des Art. 30 EG anerkannt.[278] Mit dem Urteil in der Rechtssache *DocMorris* wurde dies nun auch für die Arzneimittelversorgung bestätigt.[279]

Ebenso dient auch das Arzneimittelzulassungssystem direkt dem Gesundheitsschutz und hat keine hiervor zu trennende Bedeutung. Die Pflicht der Mitgliedstaaten zur Einführung eines solchen Zulassungsverfahrens für Arzneimittel geht auf die Richtlinie 65/65/EWG[280] zurück und war die Folge verschiedener Arzneimittelkatastrophen. Insbesondere der Skandal um das Arzneimittel Contergan Anfang der sechziger Jahre hatte das öffentliche Bewusstsein für die von Arzneimitteln ausgehenden potententiellen Gesundheitsgefahren geschärft.[281] Eine starke Vormarktkontrolle, die gemeinschaftsweit unter den gleichen Voraussetzungen durchgeführt werden sollte, erschien das beste Mittel, um die Bevölkerung in Zukunft vor Gesundheitsschäden durch eine unsachgemäße Arzneimit-

---

[277] Allgemein zur Abgrenzung des Schutzes von Leben und Gesundheit i. S. d. Art. 30 EG zu den zwingenden Erfordernissen der Cassis-Rechtsprechung *Millarg*, Schranken des freien Warenverkehrs, S. 150 ff.; *Ahlfeld*, Zwingende Erfordernisse, S. 95 ff.

[278] EuGH, Urt. v. 28. April 1998, Rs. C-158/96, Kohll, Slg. 1998, S. I-1935 Rn. 50; EuGH, Urt. v. 12. Juli 2001, Rs. C-157/99, Geraets-Smits und Peerbooms, Slg. 2001, S. I-5473, Rn. 73; EuGH, Urt. v. 13. Mai 2003, Rs. C-385/99, Müller-Fauré, Slg. 2003, S. I-4509, Rn. 67.

[279] EuGH, Urt. v. 11. Dezember 2003, Rs. C-322/01, DocMorris, NJW 2004, 131, Rn. 106.

[280] RL 65/65/EWG des Rates vom 26. Januar 1965 zur Angleichung der Rechts- und Verwaltungsvorschriften über Arzneimittel, ABl.EG 1965 Nr. 22, S. 369, seit dem 6. November 2001 Teil des Gemeinschaftskodex für Humanarzneimittel, ABl.EG 2001 Nr. L 311, S. 67.

[281] Zu diesem Hintergrund *Blasius/Müller-Römer/Fischer*, Arzneimittel und Recht in Deutschland, S. 23 f.

telanwendung zu bewahren. Dementsprechend erklärt die Richtlinie 65/65/EWG in ihrem ersten Erwägungsgrund den Schutz der öffentlichen Gesundheit als erstes Ziel aller Rechts- und Verwaltungsvorschriften auf dem Gebiet der Herstellung und des Vertriebs von Arzneimitteln. Auch der EuGH erkennt den Schutz des Arzneimittelzulassungssystems ausdrücklich als Gesundheitsschutzgrund im Rahmen des Art. 30 EG an.[282]

In dem hier vertieft untersuchten Urteil in der Rechtssache *DocMorris* findet sich der Rechtfertigungsgrund „Schutz des Arzneimittelzulassungssystems" allerdings nicht wieder. Der Gerichtshof konzentriert sich vielmehr auf verschiedene Gesundheitsschutzaspekte, die unter den Oberbegriff „Sicherstellung der Arzneimittelversorgung" gefasst werden können. Im Folgenden wird daher zunächst dieser Rechtfertigungsgrund unter Berücksichtigung des EuGH-Urteils erörtert. In einem zweiten Teil wird sodann unabhängig von der Entscheidung *DocMorris* untersucht, inwiefern sich ein Mitgliedstaat zur Rechtfertigung von Vertriebsbindungen in der Arzneimittelversorgung auf den Schutz des Arzneimittelzulassungssystems berufen kann.

II. Sicherstellung der Arzneimittelversorgung als Unterfall der Rechtfertigung zum Schutz der Gesundheit

1. Keine abgeschlossene Harmonisierung

Eine Berufung auf Art. 30 EG kommt von vorne herein nur in Betracht, wenn und soweit der in Frage stehende Bereich noch nicht abschließend harmonisiert wurde. Wird dem entsprechenden Schutzanliegen schon durch gemeinschaftsrechtliche Bestimmungen Rechnung getragen, ist der Rückgriff auf Art. 30 EG ausgeschlossen.[283]

Auf dem Gebiet der Herstellung und Vermarktung von Arzneimitteln existieren bereits weitreichende gemeinschaftsweite Regelungen. Diese Regelungen beziehen sich insbesondere auf die Zulassung von Arzneimitteln, deren Einstufung bei der Abgabe, die Anforderungen an Etikettierung und Packungsbeilage, an pharmazeutische Hersteller sowie an den Apothekerberuf.[284] Nicht gemein-

---

[282] Siehe an dieser Stelle nur EuGH, Urt. v. 10. November 1994, Rs. C-320/93, Ortscheit, Slg. 1994, S. I-5243, Rn. 13 ff.

[283] *Doerfert*, Europarecht, S. 88 f.; *Steindorff*, EG-Vertrag und Privatrecht, S. 91; *Millarg*, Schranken des freien Warenverkehrs, S. 87 ff.; *Müller-Graff* in: Groeben/Thiesing/Ehlermann (Hrsg.), Kommentar zu EU- und EG-Vertrag, Art. 36 EGV, Rn. 13 f.; *Epiney* in: Calliess/Ruffert (Hrsg.), Kommentar zu EU- und EG-Vertrag, Art. 30, Rn. 10 m. w. N.; EuGH, Urt. v. 23. Mai 1996, Rs. C-5/94, The Queen/Ministry of Agriculture, Slg. 1996, S. I-2553, Rn. 18.

[284] Siehe an dieser Stelle nur RL 2001/83/EG des Europäischen Parlaments und des Rates vom 6. November 2001 zur Schaffung eines Gemeinschaftskodex für Humanarzneimittel,

schaftsweit geregelt ist allerdings die Abgabe von Arzneimitteln an den Endkunden. Insbesondere sieht das Sekundärrecht nicht vor, dass die Arzneimittelabgabe zwingend in der Apotheke zu erfolgen hat. Auch wird nicht vorgeschrieben, in welchem Umfang etwa eine Beratung oder sonstige Service-Leistungen bei der Arzneimittelabgabe zu erfolgen haben. Schließlich existieren auch keine Regelungen, die die Arzneimittelversorgung z. B. durch Notfall- oder Nachtdienste vorschreiben. Eine Harmonisierung hat auf dem Teilgebiet der Arzneimittelabgabe an den Endkunden (noch) nicht stattgefunden, so dass eine Berufung auf Art. 30 EG grundsätzlich möglich ist.

2. Die Verhältnismäßigkeit anhand des Beispiels Arzneimittelversandverbot

Ist die Möglichkeit der Berufung auf Art. 30 EG einmal eröffnet, ist es grundsätzlich Sache der Mitgliedstaaten, zu bestimmen, in welchem Umfang der Schutz des betroffenen Rechtsguts gewährleistet werden soll.[285] Unter den von Art. 30 EG geschützten Gütern kommt dabei nach ständiger Rechtsprechung des EuGH dem Schutz der Gesundheit und des Lebens der erste Rang zu.[286] Den Mitgliedstaaten wird in diesem Bereich daher ein sehr weiter Gestaltungsspielraum zugestanden. Die von den Mitgliedstaaten zum Schutz der Gesundheit ergriffenen Maßnahmen unterliegen allerdings den vom EG-Vertrag gesetzten Grenzen, in erster Linie der Kontrolle durch den Maßstab der Verhältnismäßigkeit.[287] Eine Maßnahme muss im Verhältnis zu dem mit ihr verfolgten

---

ABl.EG 2001 Nr. L 311, S. 67, zuletzt geändert durch RL 2004/83/EG, ABl.EU 2004 Nr. L 136, S. 34; VO 2309/93/EWG zur Festlegung von Gemeinschaftsverfahren für die Genehmigung und Überwachung von Human- und Tierarzneimitteln und zur Schaffung einer Europäischen Agentur für die Beurteilung von Arzneimitteln vom 22. Juli 1993, ABl.EG 1993 Nr. L 214, S. 1; RL 92/26/EWG zur Einstufung bei der Abgabe von Humanarzneimitteln, ABl.EG 1992 Nr. L 113, S. 5; RL 85/432/EWG zur Koordinierung der Rechts- und Verwaltungsvorschriften über bestimmte pharmazeutische Tätigkeiten, ABl.EG 1985 Nr. L 253, S. 34; RL 85/433/EWG über die gegenseitige Anerkennung der Diplome, Prüfungszeugnisse und sonstigen Befähigungsnachweise des Apothekers und über Maßnahmen zur Erleichterung der tatsächlichen Ausübung des Niederlassungsrechts für bestimmte pharmazeutische Tätigkeiten, ABl.EG 1985 Nr. L 253, S. 37.

[285] *Epiney* in: Ehlers (Hrsg.), Europäische Grundrechte und Grundfreiheiten, § 8, Rn. 81; *Müller-Graff* in: Groeben/Thiesing/Ehlermann (Hrsg.), Kommentar zu EU- und EG-Vertrag, Art. 36 EGV, Rn. 43; EuGH, Urt. v. 14. Dezember 1979, Rs. 34/79, Henn und Darby, Slg. 1979, S. 3795, Rn. 15 f.; EuGH, Urt. v. 27. Juni 1996, Rs. C-293/94, Brandsma, Slg. 1996, S. I-3159, Rn. 11.

[286] EuGH, Urt. v. 20. Mai 1976, Rs. 104/75, De Peijper, Slg. 1976, S. 613, Rn. 14/18; EuGH, Urt. v. 16. April 1991, Rs. C-347/89, Eurim-Pharm, Slg. 1991, S. I-1747, Rn. 26; *Fischer*, Europarecht, Rn. 68; *Millarg*, Schranken des freien Warenverkehrs, S. 146; *Nicolaysen*, Europarecht II, S. 67.

[287] *Millarg*, Schranken des freien Warenverkehrs, S. 148 ff.; zum Grundsatz der Verhältnismäßigkeit siehe nur *Bleckmann*, Europarecht, Rn. 487; *Emmerich-Fritsche*, Grundsatz der Verhältnismäßigkeit, insbes. S. 96 ff.; *Kischel*, EuR 2000, 380; *Müller-Graff* in: Gro-

Zweck geeignet, erforderlich und angemessen (verhältnismäßig i. e. S.) sein. In der Praxis kommt dem Kriterium der Erforderlichkeit die wichtigste Bedeutung zu. Die Einschränkung darf danach nicht weiter gehen als es zur Erreichung des von dem betroffenen Mitgliedstaat bestimmten Gesundheitsschutzniveaus erforderlich ist. Die Erforderlichkeit ist insbesondere dann zu verneinen, wenn sich das angestrebte Schutzziel ebenso wirksam mit Maßnahmen erreichen lässt, die den innergemeinschaftlichen Handel weniger behindern.[288]

a) Schutzniveau

Der Grundsatz der Verhältnismäßigkeit regelt eine Mittel-Zweck-Relation, d. h. die Frage, ob ein bestimmtes Mittel zur Erreichung eines bestimmten Zwecks geeignet, erforderlich und angemessen ist. Nicht geregelt wird allerdings, welcher Zweck mit dem Mittel erreicht werden soll. Dessen Festlegung wird vom Verhältnismäßigkeitsgrundsatz bereits vorausgesetzt.[289] Vorfrage der Verhältnismäßigkeitsprüfung ist also stets, welches Schutzniveau zugrunde gelegt werden soll. Bei der Festlegung dieses Niveaus haben die Mitgliedstaaten insbesondere im Bereich des Gesundheitsschutzes einen sehr weiten Beurteilungsspielraum.[290] Die im ersten Kapitel dargestellte nationale Rechtslage zeigt, dass der Mitgliedstaat Bundesrepublik Deutschland eine ausdifferenzierte Vorstellung vom Gesundheitsschutzniveau im Bereich der Arzneimittelversorgung hat. Der Patient soll beim Kauf eines Arzneimittels nicht auf sich gestellt sein. Durch geeignete Maßnahmen soll gewährleistet werden, dass der Verbraucher über das Arzneimittel informiert wird, so dass Anwendungsfehler möglichst vermieden werden. Auch soll durch eine adäquate Kontrolle einem möglichen Arzneimittelmissbrauch entgegengewirkt und die Einhaltung der Rezeptpflicht sichergestellt werden. Um eine so ausgestaltete *sichere* Arzneimittelversorgung zu gewährleisten, schreibt das deutsche System der Arzneimittelversorgung zwingend die Abgabe durch eine Apotheke vor. Der Gesetzgeber ging davon aus, dass auf diese Weise der Verbraucher möglichst umfassend über bestehende Risiken aufgeklärt und eventuellen Missbräuchen entgegengewirkt werden kann.

---

eben/Thiesing/Ehlermann (Hrsg.), Kommentar zu EU- und EG-Vertrag, Art. 36 EGV, Rn. 93 ff.

[288] Vgl. z. B. *Fischer*, Europarecht, Rn. 73; *Epiney* in: Ehlers (Hrsg.), Europäische Grundrechte und Grundfreiheiten, § 8, Rn. 87.

[289] *Epiney* in: Ehlers (Hrsg.), Europäische Grundrechte und Grundfreiheiten, § 8, Rn. 81; *Schmitz*, Die kommerzielle Kommunikation im Binnenmarkt, S. 276 ff.

[290] *Emmerich-Fritsche*, Grundsatz der Verhältnismäßigkeit, S. 471 f.; *Kischel*, EuR 2000, 380, 386 ff.; *Schroeder* in: Streinz (Hrsg.), EUV/EGV, Art. 30 EGV, Rn. 13 ff.; *Epiney* in: Ehlers (Hrsg.), Europäische Grundrechte und Grundfreiheiten, § 8, Rn. 81 ff. Dies entspricht der ständigen Rechtsprechung des EuGH; siehe nur EuGH, Urt. v. 20. Mai 1976, Rs. 104/75, De Peijper, Slg. 1976, S. 613, Rn. 14/18 sowie EuGH, Urt. v. 12. März 1987, Rs. 178/84, Reinheitsgebot für Bier, Slg. 1987, S. 1227, Rn. 41.

Zahlreiche Verpflichtungen an den Apotheker und die Betriebsräume sollen dieses Schutzniveau gewährleisten.

Neben diesem Sicherheitsaspekt lässt sich der deutschen Gesetzeskonzeption auch entnehmen, dass die Arzneimittelversorgung zu jeder Zeit *flächendeckend* gewährleistet sein soll. Dies bedeutet, dass der Zugang jedes Bürgers zu den erforderlichen Arzneimitteln in räumlicher, qualitativer und zeitlicher Hinsicht sicherzustellen ist. In räumlicher Hinsicht müssen Arzneimittel ortsnah, d. h. nicht zu zeitaufwendig und mühselig zu beschaffen sein. Dies gilt insbesondere für dünn besiedelte Gebiete. Neben der Gewährleistung einer ausreichenden Anzahl von Abgabestellen müssen Arzneimittel in ausreichender Menge vorrätig sein bzw. die Beschaffung muss in kürzester Zeit möglich sein. Schließlich ist die Arzneimittelversorgung in zeitlicher Hinsicht, d. h. insbesondere auch während der Nacht und an Sonn- und Feiertagen zu gewährleisten. Der Gesundheitsschutzaspekt „Arzneimittelversorgung" lässt sich bei näherer Betrachtung also in zwei Bereiche unterteilen: Die Bevölkerung soll zum einen *sicher* und zum anderen *flächendeckend* mit Arzneimitteln versorgt werden.

Zahlreiche Vertriebsbindungen des deutschen Systems der Arzneimittelversorgung verfolgen entweder den einen oder den anderen Unteraspekt. Während etwa Vorgaben für die Beratung in der Apotheke eine *sichere* Arzneimittelabgabe gewährleisten sollen, verfolgen Vorschriften zu Vorratshaltung und Notfalldiensten in erster Linie das Ziel, die Arzneimittelversorgung *flächendeckend* sicherzustellen. Zur Rechtfertigung des Arzneimittelversandverbots gem. § 43 Abs. 1 AMG a. F. wurden hingegen beide Gesichtspunkte gleichermaßen vorgetragen. Der Gerichtshof fasst die möglichen Rechtfertigungsaspekte in Randnummer 106 des Urteils *DocMorris* folgendermaßen zusammen: *„Damit lässt sich das Verbot des Arzneimittelversandes nur mit den Argumenten rechtfertigen, die die Erfordernisse der individuellen Beratung des Kunden und seines Schutzes bei der Abgabe von Arzneimitteln sowie der Kontrolle der Echtheit von Verschreibungen und der Gewährleistung einer umfassenden und bedarfsgerechten Arzneimittelversorgung betreffen."* Während die ersten drei Argumente (individuelle Beratung, Schutz bei der Arzneimittelabgabe und Kontrolle der Echtheit von Verschreibungen) Unteraspekte einer *sicheren* Arzneimittelversorgung darstellen, bezieht sich der zuletzt angeführte Gesundheitsschutzgrund (Gewährleistung einer umfassenden und bedarfsgerechten Arzneimittelversorgung) auf die Sicherstellung einer *flächendeckenden* Arzneimittelversorgung. Die so den beiden Gesundheitsschutzaspekten zugeordnete Rechtfertigungsprüfung des EuGH wird im Folgenden analysiert und – soweit erforderlich und nach Aufhebung des Arzneimittelversandverbots noch relevant – weiter vertieft.

b) Sicherstellung einer sicheren Arzneimittelversorgung – die Rechtfertigungsprüfung des EuGH in der Rechtssache DocMorris

Der Gerichtshof nimmt im Rahmen seiner Rechtfertigungsprüfung zunächst eine Differenzierung zwischen verschreibungspflichtigen und verschreibungsfreien Arzneimitteln vor. Diese Unterscheidung erklärt er mit einem Hinweis auf verschiedene sekundärrechtliche Vorschriften.[291] Das Sekundärrecht gehe davon aus, dass von verschreibungspflichtigen Arzneimitteln potentiell größere Gesundheitsgefahren ausgehen können. Aus diesem Grund könne auch beim Versand von Arzneimitteln dieser Kategorie ein strengerer Maßstab angesetzt werden. Dieser Differenzierung entsprechend prüft der Gerichtshof zunächst gesondert die Rechtfertigung eines Versandverbots für solche Arzneimittel, die *nicht* der Verschreibungspflicht unterliegen.

In der öffentlichen Debatte war gegen den Arzneimittelversand stets vorgebracht worden, dass eine qualitativ hochwertige Beratung beim Erwerb im Wege des Versandes nicht gewährleistet werden könne. Zudem wurden zahlreiche Gesundheitsrisiken bei der Auslieferung der Arzneimittel befürchtet. Der Gerichtshof stellt hinsichtlich dieser Bedenken nun ausdrücklich fest, dass *„keiner der angeführten Rechtfertigungsgründe das absolute Verbot des Versandhandels mit solchen* [d. h. nicht verschreibungspflichtigen] *Arzneimitteln stichhaltig zu begründen vermag."*[292] Darüber hinaus weist der EuGH darauf hin, dass der *„Kauf über das Internet auch zu berücksichtigende Vorteile bieten"* könne, *„so z. B. die Möglichkeit, Medikamente von zu Hause oder vom Büro aus zu bestellen, ohne sich dafür an einen anderen Ort begeben zu müssen, oder in Ruhe Fragen an die Apotheker zu richten."*[293] Schließlich seien auch Erwägungen, die mit der Auslieferung nicht verschreibungspflichtiger Arzneimittel zusammenhingen, *„nicht geeignet, ein absolutes Verbot ihres Verkaufs im Versandhandel zu rechtfertigen."*[294]

Im Anschluss daran wendet sich der Gerichtshof den *verschreibungspflichtigen* Arzneimitteln zu. Die Ausführungen zur Frage der Rechtfertigung fallen an dieser Stelle im Gegensatz zu den zuvor getroffenen klaren Aussagen wesentlich

---

[291] So weisen die Entscheidungsgründe auf den Gemeinschaftskodex für Humanarzneimittel (ABl.EG 2001 Nr. L 311, S. 67) hin, wonach für die Einstufung eines Arzneimittels als verschreibungspflichtig vor allem auf die mit dem Gebrauch des betreffenden Arzneimittels verbundenen potentiellen Gefahren abzustellen sei. Zudem verbiete auch die Heilmittelwerberichtlinie (ABl.EG 1992 Nr. L 113, S. 5) die Werbung für verschreibungspflichtige Arzneimittel, während für den Gebrauch von verschreibungsfreien Medikamenten geworben werden dürfe; EuGH, Urt. v. 11. Dezember 2003, Rs. C-322/01, DocMorris, NJW 2004, 131, Rn. 108 f.

[292] EuGH, Urt. v. 11. Dezember 2003, Rs. C-322/01, DocMorris, NJW 2004, 131, Rn. 112.

[293] EuGH (Fn. 292), Rn. 113.

[294] EuGH (Fn. 292), Rn. 115.

undeutlicher aus. So heißt es etwa in Randnummer 119 zur Frage der größeren Gesundheitsgefahren beim Versand verschreibungspflichtiger Arzneimittel: *„Angesichts der Gefahren, die mit der Verwendung dieser Arzneimittel verbunden sein können, könnte das Erfordernis, die Echtheit der ärztlichen Verschreibungen wirksam und verantwortlich nachprüfen zu können und die Aushändigung des Arzneimittels an den Kunden selbst oder an eine von ihm mit dessen Abholung beauftragte Person zu gewährleisten, ein Verbot des Versandhandels rechtfertigen."*

Die stets im Konjunktiv gefassten Formulierungen lassen einen konkreten Ergebnissatz vermissen. Im Gegensatz dazu wurde bei den im Rahmen des Urteils zuvor entschiedenen Fragen stets abschließend das Ergebnis für das vorlegende Gericht formuliert. So führt der Gerichtshof etwa für das Vorliegen einer Maßnahme gleicher Wirkung in Randnummer 75 aus: *„Daher trifft das in Frage stehende Verbot den Verkauf inländischer Arzneimittel und den Verkauf von Arzneimitteln aus anderen Mitgliedstaaten nicht in gleicher Weise."*[295] Diese uneinheitliche Ausdrucksweise des EuGH hat dazu geführt, dass das Urteil unterschiedlich ausgelegt wurde. Teilweise wird der Gerichtshof so verstanden, dass er keine abschließende Entscheidung über das deutsche Arzneimittelversandverbot treffen, sondern die Sache hinsichtlich des Versandes verschreibungspflichtiger Arzneimittel zur endgültigen Beurteilung an das vorlegende Gericht zurück verweisen wollte. Er hätte damit (nur) eine abstrakte Option eröffnet, die es den Mitgliedstaaten unter bestimmten Voraussetzungen erlaubt, für verschreibungspflichtige Arzneimittel strengere Gesundheitsschutzvorkehrungen zu treffen.[296] Andererseits heißt es aber im Tenor: *„Art. 30 EG kann geltend gemacht werden, um ein nationales Verbot des Versandhandels mit Arzneimitteln [...] zu rechtfertigen, soweit dieses Verbot verschreibungspflichtige Arzneimittel betrifft."* Auch formuliert der EuGH in Randnummer 147: *„Was den Versandhandel mit verschreibungspflichtigen Arzneimitteln anbelangt, so steht seinem Verbot das Gemeinschaftsrecht nicht entgegen, (...)."* Anhaltspunkte, die für eine Zurückverweisung an das nationale Gericht sprechen könnten, finden sich in diesen Passagen nicht. Insbesondere verzichtet der EuGH hier auf den zuvor zu Unsicherheit führenden Konjunktiv. Die eingangs zitierten unklaren Ausführungen des EuGH können daher auch als abschließende Entscheidung verstanden werden.[297]

---

[295] EuGH (Fn. 292), Rn. 75.

[296] Zu dieser Urteilsauslegung im Einzelnen *Koenig/Meurer/Engelmann*, EWS 2004, 65, 68 f.

[297] Siehe etwa *Koch*, EuZW 2004, 50; *Lenz*, NJW 2004, 332 sowie *Dettling*, PharmR 2004, 66.

Inhaltlich kann dieses Ergebnis allerdings kaum überzeugen.[298] Der EuGH begnügt sich mit einem knappen und vage formulierten Absatz, ohne sich einer Auseinandersetzung in der Sache selbst zu stellen. Dies verwundert insbesondere deshalb, weil sich die Auseinandersetzung sowohl im schriftlichen Verfahren als auch in der mündlichen Verhandlung nicht zuletzt auf die Frage der Sicherstellung der Rezeptpflicht konzentrierte und die Parteien zahlreiche diesbezügliche Argumente vorgebracht hatten. Auf diese Argumente hätte sich der EuGH inhaltlich einlassen müssen, um eine einheitliche Urteilsauslegung zu gewährleisten. Im Ergebnis lässt sich aber nur schwer begründen, warum beim Versand verschreibungspflichtiger Arzneimittel größere Gesundheitsgefahren bestehen sollen als bei der Abgabe in einer herkömmlichen Apotheke. Anhand des bei der Apotheke eingegangenen Originalrezeptes kann der Apotheker auch im Falle des Arzneimittelversandes genau überprüfen, ob das Rezept erkennbare Fehler enthält.[299]

Eine vertiefte inhaltliche Erörterung dieser Thematik soll allerdings an dieser Stelle ebenso wenig angefügt werden wie eine abschließende Beantwortung der Frage nach der Auslegung des EuGH-Urteils. Die bisherige Diskussion hat die einschlägigen Argumente zur Genüge ausgetauscht.[300] Mit Einführung des Arzneimittelversandes zum 1. Januar 2004 hat der Streit zudem an praktischer Bedeutung verloren. Der deutsche Gesetzgeber hat eine Unterscheidung zwischen verschreibungspflichtigen und verschreibungsfreien Arzneimitteln nicht für erforderlich erachtet und den Versand auch für verschreibungspflichtige Arzneimittel aus dem EG-Ausland zugelassen. Für die zukünftige rechtliche Bewertung des Versandes verschreibungspflichtiger Arzneimittel kommt es daher nicht darauf an, wie das Urteil des EuGH zu verstehen ist.

---

[298] So auch die Urteilsanmerkungen von *Wiesener*, GesR 2004, 43; *Hösch*, GewArch 2004, 98 und *Koenig/Meurer/Engelmann*, EWS 2004, 65. Zustimmend hingegen *Koch*, EuZW 2004, 50; *Lenz*, NJW 2004, 332 sowie *Dettling*, PharmR 2004, 66.

[299] So werden Fälschungen von Arztunterschriften auch bei DocMorris dadurch erkannt, dass anhand des jeweiligen Ärzteregisters obligatorisch überprüft wird, ob der verschreibende Arzt in dem entsprechenden Mitgliedstaat auch tatsächlich approbiert ist. Gegebenenfalls muss der jeweilige Apotheker telefonisch, schriftlich oder per E-Mail an den Arzt oder den Patienten herantreten. Bereits durchgeführte Studien und Umfragen haben gezeigt, dass die Kontrollfunktion des Apothekers auf diese Weise sogar besser gewährleistet wird als bei herkömmlichen Präsenzapotheken. Um vor dem Kunden nicht die eigene Kompetenz in Frage zu stellen, unterbleibt in Präsenzapotheken oftmals eine Rücksprache mit dem Arzt, auch wenn Anhaltspunkte für einen Irrtum bestehen; siehe nur das jüngste Ergebnis der *Stiftung Warentest*, wonach die Beratungsleistung jeder zweiten von 50 getesteten Präsenzapotheken mangelhaft war, Heft 3/2004, S. 91.

[300] Siehe nur *Sander*, Der Vertrieb von Arzneimitteln über das Internet, Rn. 44 ff.; *Rolfes*, Internetapotheken, S. 156 ff.; *Koenig*, Internet-Auftritt, S. 34 ff.; *Platzer* in: Stein (Hrsg.), Perspektiven zur Regelung des Internetversandhandels mit Arzneimitteln, S. 29 ff.; *Mand*, WRP 2003, 37, 44.

c) Sicherstellung einer flächendeckenden Arzneimittelversorgung

Der deutsche Apothekerverband hatte sich zur Rechtfertigung eines Arzneimittelversandverbots unter anderem maßgeblich darauf berufen, dass die flächendeckende Versorgung der Bevölkerung mit Arzneimitteln bei einer Zulassung des Arzneimittelversandhandels gefährdet sei. Der Wettbewerb mit Versandhändlern werde zur Schließung zahlreicher Präsenzapotheken führen. Ohne eine ausreichende Anzahl von wohnortnahen Apotheken könne aber insbesondere die Versorgung in Notfällen und zur Nachtzeit nicht mehr sichergestellt werden.[301]

aa) Die Ansicht des EuGH in der Rechtssache DocMorris

Der EuGH wirft in seinem Urteil in der Rechtssache *DocMorris* zwei Aspekte der flächendeckenden Arzneimittelversorgung auf: Zum einen weist er darauf hin, dass auch *„die niederländische virtuelle Apotheke gemeinwirtschaftlichen Pflichten, wie der Apothekerverband sie anführt, unterliegt."*[302] Diesbezüglich ist zu bedenken, dass es sich insoweit um die von der *niederländischen* Rechtsordnung aufgestellten Pflichten handelt. Die Tatsache, dass DocMorris in den Niederlanden gemeinwirtschaftliche Pflichten erfüllt und damit dort zur Sicherstellung der Arzneimittelversorgung beiträgt, besagt aber nichts über die Folgen des grenzüberschreitenden Versandhandels für die *deutsche* Versorgungssituation.

Zum anderen könne sich – so der Gerichtshof weiter – eine Rechtfertigung möglicherweise daraus ergeben, dass der grenzüberschreitende Vertrieb von Arzneimitteln ohne Bindung an die festen Preise der Arzneimittelpreisverordnung erfolge.[303] Dies könne die deutschen Apotheken in ihrem Bestand gefährden und damit die Intaktheit des deutschen Gesundheitswesens beeinträchtigen. Das Eingreifen dieses Rechtfertigungsgrundes lehnt der EuGH im Anschluss allerdings selbst unter Hinweis darauf ab, dass weder der Apothekerverband noch die Mitgliedstaaten Argumente für die Erforderlichkeit der Arzneimittelpreisverordnung vorgetragen hätten.[304]

---

[301] Die Argumente der Apothekenverbände finden sich wieder in der Stellungnahme der ABDA zum Entwurf eines Gesetzes zur Modernisierung des Gesundheitssystems der Fraktion der SPD und Bündnis 90/Die Grünen, BT-Drucks. 15/1170 v. 16. Juni 2003, S. 25 ff.; siehe auch *Reichert* in: Stein (Hrsg.), Perspektiven zur Regelung des Internetversandhandels mit Arzneimitteln, S. 19 ff.

[302] EuGH, Urt. v. 11. Dezember 2003, Rs. C-322/01, DocMorris, NJW 2004, 131, Rn. 116.

[303] EuGH, Urt. v. 11. Dezember 2003, Rs. C-322/01, DocMorris, NJW 2004, 131, Rn. 120.

[304] EuGH, Urt. v. 11. Dezember 2003, Rs. C-322/01, DocMorris, NJW 2004, 131, Rn. 123 f.; eine solche Erforderlichkeit könnte allerdings ohnehin nur dann dargelegt werden, wenn die Vorschriften der Arzneimittelpreisverordnung dem *„Schutz des finanziellen Gleichgewichts des Systems der sozialen Sicherheit"* zu dienen bestimmt sind. Zweck der deut-

Eine weitere Auseinandersetzung mit den Befürchtungen des Apothekerverbandes nimmt der Gerichtshof nicht vor. Insbesondere fehlen Ausführungen zu dem entscheidenden Argument, wonach eine Zulassung des Versandhandels zu einem weitreichenden „Apothekensterben" führen werde, welches wiederum zur Folge habe, dass die wohnortnahe Versorgung der Bevölkerung mit Arzneimitteln nicht mehr gewährleistet werden könne.[305] Eine eingehende Untersuchung dieses Gesichtspunkts interessiert aber auch nach der nunmehr erfolgten Aufhebung des hier stets als Beispiel dienenden Arzneimittelversandverbots. Während sich die Frage nach den Folgen des Arzneimittelversandhandels zu Geltungszeiten des Verbots nur „theoretisch" im Rahmen der Rechtfertigungsprüfung stellte, müssen sich Apotheker und Politiker nun „tatsächlich" mit den möglicherweise eintretenden Folgen auseinandersetzen. Zudem wird das Argument der Versorgungssicherheit auch zur Rechtfertigung anderer Vertriebsbindungen in der Arzneimittelversorgung herangezogen. Eine vertiefte Auseinandersetzung mit der Thematik kann daher für Denkanstöße sorgen und zur Lösung weiterer Rechtsfragen beitragen.

bb) Empirische Studien zum und praktische Erfahrungen mit dem Arzneimittelversandhandel

Zuverlässige Studien über die voraussichtlich eintretenden Folgen für die Apothekendichte in Deutschland nach Einführung des Arzneimittelversandhandels gibt es – soweit ersichtlich – nicht.[306] Die These, diese alternative Vertriebsform habe für Präsenzapotheken negative wirtschaftliche Konsequenzen oder gefähr-

---

schen Preisbindung ist aber allein der Schutz des Verbrauchers vor Überforderung, da der Gesetzgeber davon ausgeht, dass der Verbraucher einerseits die Berechtigung einer bestimmten Preisforderung nicht abschätzen kann, andererseits aber auf das Arzneimittel angewiesen ist. Eine Rechtfertigung des deutschen Arzneimittelversandverbots unter Berufung auf die Erforderlichkeit der einheitlichen Apothekenabgabepreise kommt daher nicht in Betracht; siehe zur Arzneimittelpreisverordung oben Erstes Kapitel, II, 2, f sowie Viertes Kapitel, II, 2.

[305] Die Schlussanträge hatten diesen Gesichtspunkt zwar aufgeworfen, waren im Einzelnen jedoch nicht darauf eingegangen. Vielmehr verwies die Generalanwältin darauf, dass die deutsche Regierung eine Gefährdung der Arzneimittelversorgung nicht substantiiert vorgetragen habe; GA *Stix-Hackl* zu: EuGH, Urt. v. 11. Dezember 2003, Rs. C-322/01, DocMorris, abrufbar unter http://www.curia.eu.int/jurisp/cgi-bin/form.pl?lang=de nach Eingabe der Rechtssache, Tz. 153.

[306] Die vereinzelt durchgeführten Marktanalysen und Studien konzentrieren sich zumeist auf die potentiellen Kosteneinsparungen für die GKV durch Einführung des Versandhandels und beschränken sich auf eine Untersuchung des rein nationalen Arzneimittelversandes, ohne die Folgen des grenzüberschreitenden Versandes zu beachten, siehe z. B. *Pfaff/Wassener/Sterzel/Neldner*, Analyse potentieller Auswirkungen des Pharmaversandes; *Prinz/Vogel*, E-Commerce im Arzneimittelhandel; vgl. etwa auch *Cassel* in: Stein (Hrsg.), Perspektiven zur Regelung des Internetversandhandels von Arzneimitteln, S. 13 ff.

de sogar deren Existenzgrundlage, beruht weitestgehend auf Befürchtungen und Prognosen. *Pfaff/Wassener u. a.*, die sich in ihrer Marktstudie am Rande mit diesen Befürchtungen auseinandersetzen, sehen die Versorgungssicherheit durch eine Einführung des Versandhandels nicht gefährdet.[307] Sie weisen darauf hin, dass die Apothekendichte in Deutschland mit ca. 3.800 Einwohnern je Apotheke weit über dem europäischen Durchschnitt von 4.625 Einwohnern je Apotheke liege und es durchaus intendiert sei, durch das wettbewerbliche Nebeneinander von Vertriebswegen Überkapazitäten im Apothekensektor abzubauen. Eine genaue Abschätzung, welche und wie viele Präsenzapotheken von einer Schließung betroffen wären, erfolgt im Rahmen dieser Studie jedoch nicht.[308]

Eine differenziertere Untersuchung der Auswirkungen des Arzneimittelversandhandels auf die traditionellen Apotheken findet sich in der neueren Studie von *Prinz* und *Vogel*.[309] Die Autoren kommen zu dem Ergebnis, dass der elektronische Handel mit Arzneimitteln zwischen 13 % und 26 % des Gesamtumsatzes am inländischen Arzneimittelmarkt ausmachen kann.[310] Die hierdurch hervorgerufene Veränderung des durchschnittlichen Umsatzes je Apotheke könne insbesondere Apotheken mit einem Jahresumsatz unter 1 Million Euro gefährden. Je nach Umfang des elektronischen Handels müssten demnach zwischen 1.606 und 3.211 Apotheken in Deutschland ausscheiden (entspricht 7, 1 % bzw. 14, 2 % aller Apotheken).[311] Die Autoren weisen indes darauf hin, dass dieses Ergebnis auf der Annahme beruhe, dass der Versandhandel ausschließlich von ausländischen Apotheken übernommen werde. Die erst nach Abschluss der Untersuchung geänderte Rechtslage, die nunmehr auch deutschen Apothekern den Versandhandel erlaubt, könnte diese Zahlen erheblich nach unten korrigieren. Aber selbst dann, wenn sich die Zahl der Apotheken gemäß der angestellten Berechnung reduziert, könne – so *Prinz* und *Vogel* – nicht automatisch von einer Verschlechterung der Versorgungssituation ausgegangen werden. Mit einer Apothekendichte von dann 3.919 bis 4.245 Einwohnern pro Apotheke läge Deutschland weiterhin im europäischen Durchschnitt.[312] Engpässe in der Versorgung könnten sich nur dann ergeben, wenn Apotheken in Gegenden schließen würden, in welchen die Apothekenzahl gering sei.

---

[307] *Pfaff/Wassener/Sterzel/Neldner*, Analyse potentieller Auswirkungen des Pharmaversandes, S. 330 ff.

[308] Hierzu seien kleinräumige Untersuchungen notwendig, für die es an Datenmaterial fehle, *Pfaff/Wassener/Sterzel/Neldner*, Analyse potentieller Auswirkungen des Pharmaversandes, S. 331.

[309] *Prinz/Vogel*, E-Commerce im Arzneimittelhandel, S. 245 ff.

[310] *Prinz/Vogel*, E-Commerce im Arzneimittelhandel, Abbildung 4-28, S. 247.

[311] *Prinz/Vogel*, E-Commerce im Arzneimittelhandel, Abbildung 4-31, S. 250.

[312] *Prinz/Vogel*, E-Commerce im Arzneimittelhandel, Abbildung 4-32, S. 252.

Auch die Erfahrungen aus den Ländern, in welchen der Arzneimittelversand bereits seit längerem zugelassen und praktiziert wird, lassen keine eindeutigen Prognosen für die in Deutschland zu erwartenden Konsequenzen betreffend die Versorgungsdichte zu.[313] In der Schweiz ist die Zahl der öffentlichen Apotheken seit der Liberalisierung des Versandhandels im Jahr 1999 konstant geblieben. Es zeigte sich, dass der Versandhandel ein alternativer, komplementärer Bezugsweg für Arzneimittel ist, welcher das traditionelle Versorgungssystem der öffentlichen Apotheken ergänzt, aber nicht ersetzt.[314] Der Marktanteil aller Schweizer Versandapotheken beträgt bisher weniger als ein Prozent der Arzneimittelausgaben für verschreibungspflichtige Medikamente. Dies ist allerdings zum Teil auch auf die in der Schweiz sehr restriktiven Werbemöglichkeiten zurückzuführen.[315]

Im Gegensatz dazu lässt sich in den U. S. A eine ständige Abnahme des Marktanteils der Einzelapotheken zugunsten der Ketten-, Supermarkt- und Versandapotheken beobachten.[316] Der Marktanteil der Versandapotheken (Mail-Order-Pharmacies) beträgt allerdings nur 14, 6 %, während Ketten- (Traditional Chains) und Supermarktapotheken (Super Markets) zusammen mehr als doppelt soviel Arzneimittel abgeben als die öffentlichen Einzelapotheken (Independents). Diese Entwicklung lässt sich nicht zuletzt damit erklären, dass Ketten- und Supermarktapotheken in großen Einkaufszentren und Malls vertreten sind, die ohnehin von den Amerikanern angefahren werden und meist auch über „Drive-Through-Pharmacies" verfügen. Für den Versandhandel erscheint das Land ohnehin aufgrund seiner räumlichen Weite prädestiniert. Aus diesen Gründen fällt die im Verhältnis geringe Apothekendichte von 5.000 Einwohnern pro Apotheke kaum ins Gewicht, so dass sich negative Erfahrungen für die Versorgungssicherheit trotz dieser Entwicklung nicht beobachten lassen. Eine einfache Übertragung dieser Erfahrungen auf die Situation in Deutschland verbietet sich zudem schon aufgrund der geographischen Unterschiede und der abweichenden Einkaufsgewohnheiten.

---

[313] In den meisten Mitgliedstaaten der EG besteht ein generelles Versandverbot für Arzneimittel. Neben der Bundesrepublik Deutschland gestatten nur die Niederlande und Großbritannien ausdrücklich den Versandhandel. In Dänemark existieren eine Reihe von Ausnahmen zu dem grundsätzlichen Verbot; vgl. hierzu *Rolfes*, Internetapotheken, S. 108 ff.; ausführlich zur britischen Rechtslage *Malz*, Die Internet-Apotheke in Europa, S. 190 ff.

[314] *Kerckhoff* in: Klusen (Hrsg.), Zukunftsszenarien für die GKV, S. 180, 188; zur Entwicklung in der Schweiz siehe auch *Malz*, Die Internet-Apotheke in Europa, S. 50 f.

[315] *Kerckhoff* in: Klusen (Hrsg.), Zukunftsszenarien für die GKV, S. 180, 189.

[316] Siehe hierzu *Cassel* in: Wille/Albring (Hrsg.), Konfliktfeld Arzneimittelversorgung, S. 281, 288 f.; *Blankenberg*, BKK 2001, 84; *Friske*, Mehr Markt und Wettbewerb in der deutschen Arzneimittelversorgung?, S. 148 ff.; *Malz*, Die Internet-Apotheke in Europa, S. 46 ff.

Weder die existierenden Studien noch ein Vergleich mit der Sachlage in den Staaten, in denen der Arzneimittelversand zugelassen ist, erlauben somit eine eindeutige Bestätigung oder Ablehnung der Befürchtungen der Apothekerverbände.[317]

Eine abschließende Bewertung der wirtschaftlichen Folgen der Einführung dieser neuen Vertriebsart in Deutschland kann im Rahmen einer juristischen Arbeit nicht geleistet werden. Dies wäre die Aufgabe wirtschaftswissenschaftlicher und empirischer Forschung. Überlegt werden kann allerdings, welche Folgen theoretisch möglich sind. Auf der Grundlage eines solchen hypothetischen „worst case scenarios" kann sodann eine juristische Verhältnismäßigkeitsprüfung vorgenommen werden. Zentrale Frage in diesem Zusammenhang ist, ob die als worst case angenommenen negativen Folgen für die flächendeckende Arzneimittelversorgung nur durch ein Verbot des Arzneimittelversandes verhindert werden können. Insbesondere wäre zu überlegen, ob nicht die Möglichkeit einer alternativen Regulierung zur Sicherstellung einer flächendeckenden Arzneimittelversorgung besteht, welche die Freiheit des Warenverkehrs weniger beeinträchtigt. Während die Frage nach der juristischen Verhältnismäßigkeit in Deutschland nur noch von theoretischem Interesse ist, haben Überlegungen zu Regulierungsalternativen weiterhin praktische Bedeutung.

cc) Mögliche Folgen für die flächendeckende Arzneimittelversorgung durch Einführung des Arzneimittelversandes

Durch die zum 1. Januar 2004 in Kraft getretenen Änderungen des § 43 Abs. 1 AMG sowie des § 73 Abs. 1 AMG ist nunmehr der Versand von Arzneimitteln in Deutschland zulässig. Deutschen wie EG-ausländischen Apothekern ist damit der Verkauf von Arzneimitteln an deutsche Endkunden im Wege des Versandes gestattet.[318] Trotz dieser formalen Gleichbehandlung haben deutsche Apotheker aber zahlreiche Nachteile gegenüber ihren Wettbewerbern aus anderen Mitgliedstaaten. Zum einen unterliegen in Deutschland niedergelassene Apotheken auch beim Versandhandel den strengen Preisvorgaben der Arzneimittelpreisverordnung. Apotheken, die Arzneimittel aus anderen Mitgliedstaaten versenden, können diese zu niedrigeren – den oft weniger strengen Anforderungen des Niederlassungsstaates genügenden – Preisen anbieten.[319] Auch besteht für sie die Möglichkeit, auf die Erhebung der in Deutschland nach § 31 Abs. 3 SGB V zwingend erforderlichen Selbstbeteiligung zu verzichten oder ähnliche finan-

---

[317] So auch *Blankenberg*, PharmR 2001, 244, 245.

[318] Zu den Voraussetzungen, unter denen der Versand im Einzelnen zulässig ist, siehe Erstes Kapitel, II, 2, c, bb.

[319] Dies gilt allerdings nur dann, wenn man davon ausgeht, dass Apotheker anderer Mitgliedstaaten beim direkten Verkauf an deutsche Endkunden nicht der Arzneimittelpreisverordnung unterliegen. Zu dieser Frage unten Viertes Kapitel, II, 2.

zielle Anreizstrukturen zu schaffen, um so den Versandhandel für gesetzlich Versicherte attraktiv zu machen.[320] Zum anderen ist zu bedenken, dass im Ausland ansässige Versandapotheken – wie DocMorris in den Niederlanden – nicht zuletzt aufgrund der großen Menge an versandten Arzneimitteln erhebliche Distributionskosten einsparen. Durch eine größere Abnahmemenge können sich bei Herstellern und Großhändlern Einkaufsvorteile einstellen. Auch können durch eine effiziente Gestaltung aller Geschäftsabläufe bei einer großen Anzahl abgegebener Medikamente weitere Kosten eingespart und an die Kunden weitergegeben werden.[321] Allerdings erfordert die Errichtung und der Betrieb eines solchen Geschäfts einen hohen Logistik- und Personalaufwand. Dies hat zur Folge, dass in anderen Mitgliedstaaten ansässige Versandapotheken überwiegend mit Fremdkapital finanziert werden.[322] Diese Möglichkeit der Finanzierung steht deutschen Apotheken aber nicht offen. Das sog. Verbot des Fremdbesitzes verbietet jede Art der Finanzierung durch fremdes Kapital.[323] Solange dieses Verbot besteht, wird es also nur schwer möglich sein, in Deutschland Versandapotheken im Stil von DocMorris zu betreiben. Schließlich sind in anderen Mitgliedstaaten niedergelassene Apotheken auch nicht in das System zur Notfallversorgung eingebunden, so dass sie insbesondere nicht durch Nachtdienste zur Arzneimittelversorgung in Deutschland beitragen.[324]

Diese Wettbewerbsnachteile für deutsche Apotheker dürften zu einem verstärkten Druck auf den Gesetzgeber führen. Vorstellbar ist, dass im Ergebnis insbesondere die Arzneimittelpreisverordnung und das Verbot des Fremdbesitzes einer erheblichen Revision unterzogen werden. Auf lange Sicht erscheint es daher durchaus denkbar, dass sich die Struktur der deutschen Apothekenlandschaft grundlegend verändern wird. Eine Lockerung oder sogar Aufhebung des Fremdbesitzverbots würde nicht nur den Versandhandel mit Arzneimitteln innerhalb Deutschlands tatsächlich erst ermöglichen, sondern auch den Weg zur Schaffung von Apothekenketten eröffnen. Käme eine Aufhebung der strengen Arzneimittelpreisbindung hinzu, dürfte es kleinen eigenfinanzierten Apotheken oftmals schwer fallen, mit der neuen Konkurrenz mitzuhalten. Die Schließung zahlreicher solcher traditioneller Apotheken wäre die logische Konsequenz.

---

[320] Allerdings erscheint es durchaus vertretbar, diese Anreizmethoden für unzulässig zu halten. Überzeugend ist insbesondere das Argument, dass sich in anderen Mitgliedstaaten ansässige Apotheken den insoweit einschlägigen deutschen Vorschriften unterwerfen, indem sie mit der deutschen gesetzlichen Krankenversicherung abrechnen. Diese Frage bedürfte einer eingehenderen Untersuchung, soll aber an dieser Stelle nicht vertieft werden.

[321] Vgl. hierzu *Blankenberg*, PharmR 2001, 244, 248.

[322] So ist z. B. 0800DocMorris als Aktiengesellschaft (N.V.=Naamloze Vennootschap) organisiert und unter anderem durch „joint venture capital" finanziert.

[323] Siehe hierzu Erstes Kapitel, II, 2, f.

[324] Zu diesen Verpflichtungen siehe oben Erstes Kapitel, II, 2, d.

Aufgrund der hohen Apothekendichte in Deutschland dürfte dies in Städten und dicht besiedelten Gebieten keinen merklichen Einfluss auf die ortsnahe Arzneimittelversorgung haben.[325] Folge wäre allerdings, dass die Nacht- und Notfallversorgung von weniger Apotheken geleistet werden müsste. Der Kosten-, Zeit- und Personalaufwand für diese Pflichten würde sich pro Apotheke erhöhen, ohne dass eine entsprechende Gegenleistung verlangt werden könnte. Aufgrund der dann freigegebenen Preise könnten diese Dienste insbesondere nicht mehr mit den fixen und stabilen Arzneimittelpreisen finanziert werden. Zu beachten ist auch, dass eine effektive Notfallversorgung die räumliche Nähe zur Apotheke voraussetzt. Versandapotheken könnten daher Nacht- und Notfalldienste – ebenso wie herkömmliche Präsenzapotheken – nur für die unmittelbare Umgebung ihrer Niederlassung übernehmen. Kleine Präsenzapotheken, die keinen Versandhandel anbieten, müssten also im Verhältnis zu dem von ihnen erzielten Umsatz einen größeren Anteil der Notfallversorgung übernehmen als fremdfinanzierte, große Versandapotheken.

Noch kritischer könnte sich die Situation in ländlichen Gebieten darstellen. Die Konkurrenz mit Versandapotheken und Apothekenketten, die etwa in Einkaufszentren Filialen eröffnen, könnte dazu führen, dass die Weiterführung einer „Dorfapotheke" wenig rentabel wird.[326] Für alte und weniger mobile Menschen wäre auf diese Weise die ortsnahe Versorgung mit Arzneimitteln nicht mehr gewährleistet. Die Frage der Notfallversorgung zu Nachtzeiten und an Feiertagen würde sich hier in besonders auffälliger Weise stellen.

dd) Unsicherheit des Folgeneintritts

Ob die sehr weitreichenden, teilweise nur mittelbaren Folgen der Zulassung des Arzneimittelversandes tatsächlich eintreten werden, hängt von zahlreichen politischen, wirtschaftlichen und tatsächlichen Faktoren ab. Letztlich wird es dem Markt überlassen bleiben, ob das oben ausgemalte Szenario sich ganz oder teilweise verwirklicht. Es stellt sich daher die Frage, ob die Rechtfertigung eines Versandverbots nicht bereits an der Unsicherheit des Folgeneintritts sowie der fehlenden Unmittelbarkeit zwischen Verbot und eintretenden Folgen scheitert. Eine Rechtfertigung nach Art. 30 EG setzt nämlich stets voraus, dass das zu schützende Rechtsgut ohne die in Frage stehende Maßnahme gefährdet wäre.[327] Eine solche Gefährdung kann nur dann angenommen werden, wenn ein Schaden für das Rechtsgut mit hinreichender Wahrscheinlichkeit zu erwarten ist. Die zu fordernde Wahrscheinlichkeit des Schadenseintritts kann sich dabei von Schutz-

---

[325] Die Apothekendichte beträgt in Deutschland im Durchschnitt 3.800 Einwohner je Apotheke; siehe hierzu bereits oben Erstes Kapitel, II.

[326] Zu der dahingehenden Entwicklung in den U.S.A siehe oben Drittes Kapitel, II, 2, c, bb.

[327] *Epiney* in: Calliess/Ruffert (Hrsg.), Kommentar zu EU- und EG-Vertrag, Art. 30 EG, Rn. 24; *Epiney/Möllers*, Freier Warenverkehr und nationaler Umweltschutz, S. 74.

gut zu Schutzgut und in jedem Einzelfall unterscheiden.[328] Eine nur mögliche Gefahr, die auch zeitlich und räumlich entferntere Gefahren berücksichtigt, genügt jedenfalls nicht. Je höher die Wahrscheinlichkeit einer Verletzung des Schutzguts ist, desto intensivere Eingriffe sind erlaubt.[329]

Vor diesem Hintergrund spricht viel dafür, die Rechtfertigung eines Versandverbots zur Sicherstellung der Arzneimittelversorgung bereits im Hinblick auf die fehlende Wahrscheinlichkeit des Schadenseintritts zu verneinen. In jedem Fall ist die Wahrscheinlichkeit des Gefahreneintritts eher gering einzuschätzen, so dass – wenn überhaupt – nur wenig intensive Eingriffe in die Warenverkehrsfreiheit als verhältnismäßig und damit gerechtfertigt eingestuft werden können. Ein kategorisches Verbot stellt aber regelmäßig die intensivste Eingriffsform dar, so dass eine Rechtfertigung nur sehr schwer begründbar erscheint.

Unabhängig von diesen Überlegungen soll aber im Folgenden hypothetisch davon ausgegangen werden, dass die soeben aufgezeigten Folgen der Einführung des Arzneimittelversandes in Zukunft eintreten werden. Zentrale Frage ist daher, ob das erwünschte Niveau der Arzneimittelversorgung auch ohne Arzneimittelversandverbot aufrechterhalten werden kann. Zu überlegen ist insbesondere, ob nicht alternative Regulierungsmöglichkeiten denkbar sind, die die Versorgungsqualität in gleichem Maße gewährleisten, den freien Warenverkehr aber weniger beeinträchtigen.

ee) Regulierungsalternativen

Das Entwerfen alternativer Regulierungskonzepte zur Sicherstellung der Arzneimittelversorgung setzt zunächst eine Bestimmung des Begriffs „Regulierung" voraus. Im weitesten Sinne wird hierunter jede Art von staatlicher Intervention in das Verhalten von Wirtschaftssubjekten verstanden. Im Einzelnen kann man dabei Gebote, Verbote sowie monetäre und nicht monetäre Anreiz- bzw. Abschreckungsinstrumente unterscheiden.[330] Wirtschaftswissenschaftlich wird da-

---

[328] *Schroeder* in: Streinz (Hrsg.), EUV/EGV, Art. 30, Rn. 55; *Epiney/Möllers*, Freier Warenverkehr und nationaler Umweltschutz, S. 79.

[329] *Müller-Graff* in: Groeben/Thiesing/Ehlermann (Hrsg.), Kommentar zu EU- und EG-Vertrag, Art. 36, Rn. 99; *Epiney/Möllers*, Freier Warenverkehr und nationaler Umweltschutz, S. 79.

[330] Im Gegensatz zu diesem weiten Regulierungsbegriff beinhaltet der enge Regulierungsbegriff nur die direkten Staatseingriffe. Alternativ kann die Regulierung auch nach dem Regulierungsziel abgegrenzt werden. Hier sind konstitutive und lenkende Regulierung voneinander abzugrenzen sowie innerhalb der lenkenden Regulierung die direkte von der indirekten Regulierung. Allen Definitionen des Regulierungsbegriffs gemeinsam ist, dass es sich hierbei jedenfalls um einen Eingriff des Staates in das Wirtschaftsleben handelt. Diese Grundlage genügt als Ausgangslage dem Zweck dieser Untersuchung. Zu den Regulierungsdefinitionen im Einzelnen siehe *Schneider/Hofmann/Späth/Grzeschik/Köse*, Regulierung von Arzneimittelmärkten, S. 7; *Schöffski*, Regulierung des Apothekenwesens,

von ausgegangen, dass in einem marktwirtschaftlichen System eine solche staatliche Intervention grundsätzlich begründet werden muss.[331] Grund hierfür ist die Annahme, dass durch den Marktprozess das beste Marktergebnis automatisch realisiert wird. Eine Regulierung sollte daher grundsätzlich nur dann erlaubt sein, wenn ein freier Wettbewerb seine Funktion nicht ausreichend erfüllen kann.[332] Diese Vorstellung findet sich im EG-Vertrag wieder, welcher die Gemeinschaft auf den Grundsatz einer *„offenen Marktwirtschaft mit freiem Wettbewerb"* festlegt (Art. 4 Abs. 1 EG; Art. 98 Satz 2 EG).[333] Der Begriff „Wettbewerb" wird zwar vom EG-Vertrag nicht definiert, die Kommissionspraxis orientiert sich aber am Modell eines wirksamen Wettbewerbs, welcher weitestgehend von dem Verhalten der Marktteilnehmer selbst getragen ist, also so wenig wie notwendig auf hoheitliche Regulierung angewiesen ist.[334]

Bevor daher über alternative staatliche Eingriffe nachgedacht werden kann, muss überlegt werden, ob nicht eine (weitere) Öffnung des apothekenrechtlichen Systems für den Wettbewerb eine Sicherstellung der Arzneimittelversorgung selbstregulierend gewährleisten kann. Eine solche Marktöffnung würde zugleich die den freien Warenverkehr am wenigsten beschränkende Lösung darstellen, da der Marktzugang durch keine mitgliedstaatlichen Regelungen beschränkt würde.

(1) Modifizierung des apothekenrechtlichen Systems im Sinne einer Marktöffnung

Die den Apotheken zur Sicherstellung der Arzneimittelversorgung auferlegten Pflichten konnten nach der bisherigen Konzeption des deutschen Apothekenrechts nicht zuletzt deshalb finanziert werden, weil den Apothekern im Gegenzug zahlreiche Vorrechte eingeräumt wurden.[335] Insbesondere die festen, progressiv gestaffelten Arzneimittelpreise ermöglichten anhand einer Mischkalkulation die Finanzierung von Vorratshaltung, Beratungsleistungen sowie Nacht- und Notfalldiensten, ohne dass hierfür ein Aufschlag erhoben wurde oder

---

S. 25; *Engelmann*, Kostendämpfung im Gesundheitswesen und EG-Wettbewerbsrecht, Fn. 5; *Viscusi/Vernon/Harrington*, Economics of Regulation, S. 307 ff.

[331] *Schöffski*, Regulierung des Apothekenwesens, S. 28. m.w.H.

[332] *Schöffski*, Regulierung des Apothekenwesens, S. 28. m.w.H.

[333] Im Unterschied zu der vom Bundesverfassungsgericht für das Grundgesetz angenommenen wirtschaftspolitischen Neutralität, BVerfGE 4, 7, 17 f.; BVerfGE 50, 290, 338.

[334] *Koenig/Haratsch*, Europarecht, Rn. 808; dies gilt auch für den Bereich der sog. Daseinsvorsorge, *Kühling* in: Hrbek/Nettesheim (Hrsg.), EU und mitgliedstaatliche Daseinsvorsorge, S. 138 ff; dazu sogleich ausführlich.

[335] Zu diesen Vorrechten siehe Erstes Kapitel, II, 2.

erhoben werden durfte.[336] Würden nunmehr diese festen Arzneimittelpreise wegfallen, entfiele auch die bisherige Finanzierungsgrundlage der Zusatzdienste.

Alternativ vorstellbar ist allerdings, dass denjenigen Apotheken, die diese Dienstleistungen weiterhin erbringen, die Möglichkeit eingeräumt wird, die entstandenen Kosten zusätzlich in Rechnung zu stellen. Dies könnte etwa in Form fester Zuzahlungen für bestimmte Sonderleistungen erfolgen. Die Möglichkeit der Erhebung von Zuzahlungen könnte manche Apotheke dazu animieren, weitere, möglicherweise auf bestimmte Krankheitsbilder spezialisierte Dienstleistungen anzubieten. Denkbar ist etwa eine fortlaufende Beratung und Begleitung asthmakranker Patienten durch speziell hierfür entwickelte Programme. Durch solche begleitenden Programme kann die Arzneimittelanwendung optimiert und dadurch die Therapie verbessert werden. In Betracht könnte daneben das verstärkte Ausliefern von Arzneimitteln per Kurier, d. h. des Versandes im unmittelbaren Umkreis der Apotheke, kommen. Es ist gut vorstellbar, dass zahlreiche Verbraucher diese Kombination von Hausbelieferung und Kauf in der lokalen, persönlich bekannten Apotheke dem Kauf in einer überregionalen Versandapotheke vorziehen. Die Einrichtung eines solchen Kurierdienstes wäre ohne weiteres auch durch einen einzelnen Apotheker finanzierbar. Eine Auslieferung per Kurier kommt im Übrigen auch als Service-Leistung im Rahmen des Notfall- und Nachtdienstes in Betracht. Durch die Bestellung eines Arzneimittels per Telefon und die anschließende sofortige Auslieferung könnte das Arzneimittel schneller zum Patienten gelangen als wenn dieser zunächst die zuständige Notfallapotheke und den Weg dorthin ausfindig machen muss. Könnte für eine solche Zusatzleistung ein entsprechendes Entgelt verlangt werden, würde sich ein solcher Notfall-Service von selbst finanzieren und unter Umständen dem jeweiligen Apotheker einen zusätzlichen Gewinn einbringen.

Ergänzend zu solchen Reformen des Vergütungssystems käme als weiterer Lösungsansatz der Wegfall der gegenwärtigen Sortimentsbeschränkung auf Arzneimittel und Gesundheitsprodukte in Betracht. Eine solche Öffnung für andere Waren könnte insbesondere für ländliche Apotheken eine Möglichkeit zur Ausweitung der Geschäftstätigkeit und damit zur wirtschaftlichen Überlebensfähigkeit bieten.[337] Denkbar ist etwa der Verkauf von weiteren Drogerie- und Kosmetikprodukten. Aber auch das Anbieten bestimmter Lebensmittel könnte eine Möglichkeit sein, um mehr Kunden anzuziehen.

Nach der Einführung derartiger wettbewerbsfördernder Elemente in das apothekenrechtliche System bliebe abzuwarten, ob die flächendeckende Versorgung

---

[336] Eine Ausnahme findet sich in § 6 AMPreisVO, wonach die Apotheken bei einer Inanspruchnahme während der Notzeiten einen zusätzlichen Betrag von 2,50 € einschließlich Umsatzsteuer berechnen können.

[337] Vgl. *Blankenberg*, PharmR 2001, 244, 248.

mit Arzneimitteln bundesweit gewährleistet bleibt. Nur für den Fall, dass dies in bestimmten Gebieten nicht sichergestellt werden kann bzw. eine Unterversorgung abzusehen ist, ist zu überlegen, wie der Staat lenkend eingreifen könnte, ohne den Wettbewerb zu gefährden. Eine dahingehende Regulierung müsste – um ihren Zweck zu erfüllen – bereits „vorsorglich" aufgestellt werden, bis zum Zeitpunkt ihrer Anwendung also eine „Reserveregulierung" bleiben.

Die Frage nach der Ausgestaltung einer solchen „Reserveregulierung" zur Gewährleistung von Versorgungssicherheit stellt sich neben der Arzneimittelversorgung auch in verschiedenen anderen Bereichen. Insbesondere bei Dienstleistungen, die ursprünglich vom Staat selbst oder von staatlich beherrschten Gebietsmonopolen erbracht wurden, wurde und wird diskutiert, wie eine flächendeckende Versorgung mit diesen Dienstleistungen trotz oder im Wettbewerb gewährleistet werden kann. Klassische Beispiele hierfür sind die Versorgung mit Wasser, Strom und Energie, der Zugang zu Telekommunikationseinrichtungen oder die Möglichkeit der Nutzung öffentlicher Verkehrsmittel. Traditionell werden diese Gebiete als Bereiche der Daseinsvorsorge bezeichnet. Eine nähere Beleuchtung der Diskussion um die Daseinsvorsorge kann möglicherweise Denkanstöße für die Frage der Sicherstellung einer flächendeckenden Arzneimittelversorgung liefern.

(2) Regulierungsmodelle in anderen Bereichen der Daseinsvorsorge

(a) Die Diskussion um die Daseinsvorsorge

In ihrer Daseinsvorsorgemitteilung vom 20. September 2000 definiert die Kommission Leistungen der Daseinsvorsorge als *„marktbezogene oder nichtmarktbezogene Tätigkeiten, die im Interesse der Allgemeinheit erbracht und daher von den Behörden mit spezifischen Gemeinwohlverpflichtungen verknüpft werden."*[338] Dieses Verständnis der Kommission ist – im Gegensatz zu dem auf *Forsthoff* zurückgehenden Daseinsvorsorgekonzept[339] – ausdrücklich nicht durch eine hoheitliche bzw. hoheitlich privilegierte Leistungsbereitstellung unter Ausschluss der Wettbewerbsregeln geprägt.[340] Vielmehr drückt die Kommissionsde-

---

[338] Mitteilung der Kommission v. 20. September 2000: Leistungen der Daseinsvorsorge in Europa, ABl.EG 2001 Nr. C 17, S. 4.

[339] Nach der Forsthoff'schen Definition ist Daseinsvorsorge *„alles, was von seiten der Verwaltung geschieht, um die Allgemeinheit oder nach objektiven Merkmalen bestimmte Personenkreise in den Genuss nützlicher Leistungen zu versetzen."*, *Forsthoff*, Verwaltungsrecht AT, S. 370.

[340] *Kühling* in: Hrbek/Nettesheim (Hrsg.), EU und mitgliedstaatliche Daseinsvorsorge, S. 138 ff.; *Koenig/Kühling/Rasbach*, ZNER 2003, S. 3; Um Verwechslungen mit der Forsthoff'schen Definition zu vermeiden, wird der Begriff der Daseinsvorsorge teilweise durch den Begriff einer Grundversorgung oder eines Universaldienstes ersetzt. Im deutschen Sprachraum wird der Terminus oftmals synonym mit dem in Art. 86 Abs. 2 EG ver-

finition bereits das im EG-Vertrag angelegte Konzept der Daseinsvorsorge im Wettbewerb aus.[341] Insbesondere durch Art. 86 Abs. 2 EG wird deutlich, dass für Unternehmen, die Daseinsvorsorgeleistungen erbringen, die Regeln des EG-Vertrages genauso gelten wie für andere Unternehmen. Eine Ausnahme gilt nur, soweit die Anwendung der Vorschriften des EG-Vertrags die Erfüllung der Daseinsvorsorgeaufgaben *„rechtlich oder tatsächlich verhindert"*.[342] Vor diesem Hintergrund wurden in vielen klassischen Daseinsvorsorgebereichen wettbewerbsoffene Regulierungsmodelle erarbeitet. Die Übertragung dieser Modelle auf die Arzneimittelversorgung kann für die Ausgangsfrage nach der Verhältnismäßigkeit eines Arzneimittelversandverbots hilfreich sein: Besteht nämlich die Möglichkeit einer wettbewerbsoffenen, den freien Warenverkehr so wenig wie möglich beschränkenden Regulierung, so ist ein kategorisches Verbot des Arzneimittelversandes unverhältnismäßig und damit nicht zu rechtfertigen.

(b) Das Universaldienstleistungsmodell in der Telekommunikation

In der Praxis bewährt hat sich insbesondere das sog. „Universaldienstleistungsmodell" im deutschen Telekommunikationsrecht, welches die flächendeckende Versorgung mit Telekommunikationsleistungen mit Hilfe zahlreicher Wettbewerbsmechanismen gewährleistet. Dieses – als „Paradebeispiel" bezeichnete – Modell soll im Folgenden zunächst vorgestellt werden.

Das Ziel, eine flächendeckende Versorgung mit Telekommunikationsleistungen sicherzustellen, wird in Deutschland von Art. 87 f Abs. 1 GG vorgeschrieben.[343]

---

wendeten Begriff der *„Dienstleistungen von allgemeinem wirtschaftlichem Interesse"* sowie dem in der deutschen Vertragsfassung hiervon abweichende Terminus des Art. 16 EG, der von *„Diensten von allgemeinem wirtschaftlichem Interesse"* spricht, verwendet. Im Kern zielen die Daseinsvorsorgedienste auf eine Grundversorgung mit bestimmten Waren oder Dienstleistungen ab; zum Begriff der Daseinsvorsorge siehe auch *Schwarze* in: Schwarze (Hrsg.), Daseinsvorsorge im Lichte des Wettbewerbsrechts, S. 9 ff.; *Kämmerer*, NVwZ 2002, 1041 f. sowie *Löwenberg*, Service Public und öffentliche Dienstleistungen in Europa, S. 33 ff.

[341] Zu diesem Konzept vgl. *Kühling* in: Hrbek/Nettesheim (Hrsg.), EU und mitgliedstaatliche Daseinsvorsorge, S. 138 ff.; dezidiert auch *Koenig*, EuZW 2001, 481.

[342] Siehe aus der Fülle der Veröffentlichungen zum Verständnis des Verhinderungsmaßstabes beispielhaft *Harms* in: Brede (Hrsg.), Wettbewerb in Europa und die Erfüllung öffentlicher Aufgaben, S. 25 ff.; *Badura* in: Schwarze (Hrsg.), Daseinsvorsorge im Lichte des Wettbewerbsrechts, S. 25 ff.; vgl. auch die weiteren Beiträge der Sammelbände von Brede und Schwarze; einen Überblick über die Diskussion geben *Koenig/Kühling* in: Streinz (Hrsg.), EUV/EGV, Art. 86 EGV, Rn. 36 ff.; zu den neusten Entwicklungen im Bereich der Daseinsvorsorge *Koenig/Kühling/Theobald (Hrsg.)*, Recht der Infrastrukturförderung, Einleitung.

[343] Dort heisst es: *„Nach Maßgabe eines Bundesgesetzes, das der Zustimmung des Bundesrates bedarf, gewährleistet der Bund im Bereich des Postwesens und der Telekommunikation flächendeckend angemessene und ausreichende Dienstleistungen."*; vgl. zu Be-

Keiner Person soll danach der Zugang zu den für die Informationsgesellschaft wesentlichen Telekommunikationsdienstleistungen verwehrt werden. Dieser Vorgabe des Grundgesetzes wird im Abschnitt „Universaldienst" in den §§ 17 ff. Telekommunikationsgesetz (TKG) Rechnung getragen. In einem vierstufigen Verfahren sind dort Mechanismen zur Sicherstellung einer flächendeckenden Versorgung mit Telekommunikationsdienstleistungen vorgesehen.[344]

In einer ersten Stufe werden zunächst die Leistungen definiert, die flächendeckend gewährleistet sein müssen und damit zur eigentlichen Daseinsvorsorge zählen. In diese Definition wurde nur ein Teil der denkbaren Leistungen aufgenommen; § 17 TKG spricht von einem *„Mindestangebot an Telekommunikationsleistungen für die Öffentlichkeit"*. Von diesem Mindestangebot, welches in der Telekommunikationsuniversaldienstleistungsverordnung (TUDLV)[345] eine weitere Konkretisierung erfahren hat, sind u. a. der Zugang zu Basissprachtelefondiensten zu erschwinglichen Preisen, die Auskunftserteilung, die jährliche Herausgabe von Teilnehmerverzeichnissen und die flächendeckende Bereitstellung von öffentlichen Telefonzellen erfasst.[346]

Es ist nun Aufgabe der Regulierungsbehörde für Telekommunikation und Post (RegTP), fortlaufend zu beobachten, ob die so festgelegten Universaldienstleistungen bereits im Markt erbracht werden. Ist dies nicht der Fall, so muss die Behörde auf einer zweiten Stufe feststellen, dass eine Unterversorgung mit Universaldienstleistungen vorliegt (§ 19 Abs. 1 TKG). Diese, im Amtsblatt der RegTP zu veröffentlichende Feststellung hat zur Folge, dass alle Telekommunikationsunternehmen, die auf dem relevanten Markt über einen Anteil von mindestens vier Prozent verfügen, zum Erbringen der Unversaldienstleistungen verpflichtet sind (§ 18 TKG).

Führt diese Verpflichtung zu keiner ausreichenden Versorgung, kann die RegTP auf einer dritten Stufe entweder ein auf dem betroffenen Markt marktbeherrschendes Unternehmen zur Erbringung der Leistungen verpflichten (Betrauung durch Verpflichtung) oder ein Ausschreibungsverfahren durchführen (Betrauung durch Ausschreibung). Ist eine Verpflichtung mangels bestehender Marktbeherr-

---

deutung und Reichweite der Infrastrukturgewährleistung des Art. 87 f Abs. 1 GG *Herdegen*, ZRP 1999, 63, 64.

[344] Die Darstellung folgt der Einteilung in vier Stufen von *Kühling* in: Hrbek/Nettesheim (Hrsg.), EU und mitgliedstaatliche Daseinsvorsorge, S. 138, 143 ff.

[345] Verordnung v. 30. Januar 1997, BGBl. I, S. 141.

[346] Siehe § 1 Nr. 1-3 TUDLV. Die Erschwinglichkeit wird in § 2 Abs. 1 TUDLV für den Sprachtelefondienst im Wesentlichen durch die Festschreibung der Preise für die Nachfrage eines durchschnittlichen Privathaushalts außerhalb von Städten mit mehr als 100.000 Einwohnern zum Zeitpunkt des 31. Dezember 1997 definiert. Siehe hierzu im Einzelnen *Schütz* in: Beck'scher TKG-Kommentar, Anh. § 17, § 2 TUDLV, Rn. 1 ff.; *Kühling* in: Hrbek/Nettesheim (Hrsg.), EU und mitgliedstaatliche Daseinsvorsorge, S. 138, 145 f.

schungsverhältnisse nicht möglich, sieht § 19 Abs. 6 TKG die Durchführung eines Ausschreibungsverfahrens zwingend vor. Die Regeln für die Durchführung des Ausschreibungsverfahrens, welche vor Beginn des Verfahrens offen zu legen sind, müssen objektiv nachvollziehbar und diskriminierungsfrei sein. Der genaue sachliche und räumliche Umfang der Universaldienstleistung ist ebenso wie die Anforderungen an die Fachkunde des Leistungserbringers genau festzulegen. Den Zuschlag erhält jeweils das Unternehmen, das sich als fachkundig erweist und den geringsten Ausgleich verlangt.

Bei Durchführung eines Ausschreibungsverfahrens ist gem. § 20 Abs. 3 TKG ein Defizitausgleich obligatorisch. Erfolgt die Betrauung durch Verpflichtung, kann ein Ausgleich gem. § 20 Abs. 1 TKG nur ausnahmsweise dann verlangt werden, wenn das betreffende Unternehmen ein Ausgleichserfordernis glaubhaft machen kann (vierte Stufe des Universaldienstleistungsmodells). In diesem Fall ist der Ausgleich auf den Differenzbetrag zwischen den langfristigen zusätzlichen Kosten für die effiziente Leistungsbereitstellung der Universaldienstleistung einschließlich einer angemessenen Verzinsung des eingesetzten Kapitals einerseits und den Erträgen andererseits beschränkt.[347] Auf diese Weise soll für Fälle, in denen die Bereitstellung der Universaldienste nicht im Wettbewerb erfolgen kann, zumindest eine Wettbewerbsverzerrung durch mögliche Quersubventionierungen verhindert werden.

Die Finanzierung der Universaldienstleistungen erfolgt durch einen Fonds, in welchen alle Lizenznehmer mit mindestens vier Prozent bundesweitem Anteil am jeweiligen Markt im Wege einer unabhängigen Sonderabgabe Einzahlungen leisten (sog. Universaldienstabgabe).[348]

Die so ausgestaltete Universaldienstregulierung im Bereich der Telekommunikations-wirtschaft ist bislang eine reine Reserveregulierung geblieben. Bereits die ersten beiden Stufen des Modells (enge Festlegung der Universaldienste und Beobachtung des Marktes) haben dazu geführt, dass in Deutschland im Bereich der Telekommunikation bislang keine Universaldienste unter hoheitlichen Eingriffen erbracht werden mussten. Dies kann allerdings unter anderem auch auf einige Besonderheiten in der Telekommunikationswirtschaft zurückgeführt werden. Der kostenintensive Aufbau der Telekommunikationsnetze erfolgte

---

[347] Zur Berechnung des Ausgleichsanspruchs nach § 20 Abs. 2 Satz 2 TKG siehe *Schütz* in: Beck'scher TKG-Kommentar, § 20, Rn. 14 ff; *Kühling* in: Hrbek/Nettesheim (Hrsg.): EU und mitgliedstaatliche Daseinsvorsorge, S. 138, 146.

[348] Die Einrichtung eines solchen Fonds, welcher die öffentlichen Haushalte entlasten soll, ist allerdings sowohl haushaltspolitisch als auch verfassungsrechtlich nicht unproblematisch. Insbesondere stellt sich die Frage, ob insoweit überhaupt verfassungsrechtlich zulässige Sonderabgaben vorliegen; vgl. hierzu *Freund*, NVwZ 2003, 408, 412 f.; *Kühling* in: Hrbek/Nettesheim (Hrsg.), EU und mitgliedstaatliche Daseinsvorsorge, S. 138, 147 f. m. w. N; *Adler*, Universaldienstleistungen, S. 74 ff.

maßgeblich noch zu Monopolzeiten. Da die im Vergleich zum Aufbau geringen Betriebskosten unter den Einnahmen durch Gebühren liegen, ist es dem Ex-Monopolisten daher auch in dünn besiedelten Gebieten weiterhin möglich, Telekommunikationsdienstleistungen kosten- und flächendeckend anzubieten.[349] Hinzu kommt, dass sich die Telekommunikationswirtschaft durch den technischen Fortschritt mit einer Dynamik entwickelt, die für andere Bereiche nicht zu erwarten ist.[350]

Diese Besonderheiten sind bei dem Versuch, das in der Telekommunikation erfolgreiche Modell auf andere Bereiche der Daseinsvorsorge zu übertragen, stets zu beachten. Die in den verschiedenen Wirtschaftssektoren unterschiedlichen tatsächlichen Ausgangsbedingungen machen somit eine sorgfältige Differenzierung erforderlich, die unter Umständen dazu führen kann, dass teilweise keine so interventionsschwache Lösung zur Universaldienstgewährleistung gefunden werden kann wie in der Telekommunikation. Dessen ungeachtet erscheint es im Grundsatz möglich, das Universaldienstleistungsmodell der Telekommunikation, welches sich im Kern dadurch auszeichnet, dass es so viele Wettbewerbselemente wie möglich in die Daseinsvorsorgeerbringung implementiert, auf alle Bereiche der Daseinsvorsorge zu übertragen. Für zahlreiche Gebiete – wie etwa die Energie-[351] und Postwirtschaft oder den öffentlichen Personennahverkehr[352] – ist eine solche Möglichkeit der Übertragung bereits durchdacht und im Ergebnis positiv bewertet worden. Überlegungen zur Übertragbarkeit auf die Arzneimittelversorgung fehlen bislang. Dies dürfte in erster Linie darauf zurück zu führen sein, dass die starke Regulierung in diesem Bereich bisher nur wenig Raum für wettbewerbliche Elemente ließ. Erst mit der nunmehr durch die Änderungen des GMG begonnenen Öffnung für den Wettbewerb stellt sich die Frage der Gewährleistung von Versorgungssicherheit *im* Wettbewerb. Im Folgenden soll daher der Versuch unternommen werden, das Universaldienstleistungsmodell der Telekommunikation auf die Arzneimittelversorgung zu übertragen.

(c) Übertragbarkeit auf die Arzneimittelversorgung

Ausgangspunkt eines jeden Universaldienstleistungmodells ist die Definition der Leistungen, deren Erbringung flächendeckend gewährleistet werden soll. Die Entscheidung, welche Voraussetzungen für die Daseinsvorsorge in einem bestimmten Bereich erfüllt sein müssen, bleibt letztlich dem politischen Prozess

---

[349] *Koenig/Kühling/Rasbach*, ZNER 2003, 3, 5.

[350] *Kühling* in: Hrbek/Nettesheim (Hrsg.), EU und mitgliedstaatliche Daseinsvorsorge, S. 138, 150.

[351] Zur Übertragung des Modells auf die Energiewirtschaft siehe ausführlich *Koenig/Kühling/Rasbach*, ZNER 2003, 3, 5 ff.

[352] Hierzu *Kühling* in: Hrbek/Nettesheim (Hrsg.), EU und mitgliedstaatliche Daseinsvorsorge, S. 138, 150 ff.

überlassen. Vorläufig kann sich die Bestimmung aber an den hinter den bestehenden Regulierungen stehenden Schutzgedanken orientieren. Für den Bereich der Arzneimittelversorgung kann also auf das zuvor bereits herausgearbeitete Schutzniveau zurückgegriffen werden.[353] Erforderlich ist danach insbesondere eine ständige Verfügbarkeit von bestimmten Arzneimitteln in räumlicher und zeitlicher Hinsicht. Allerdings ist bisher nicht operational definiert, wann die Anzahl sowie die räumliche Verteilung der Apotheken zur Versorgung der Bevölkerung ausreichend ist. Erforderlich wäre also die Festlegung einer Zielgröße, an der mögliche staatliche Maßnahmen beim Arzneimitteleinzelhandel gemessen werden können. Solche Zielgrößen können z. B. Verhältniszahlen von zu versorgenden Personenzahlen bzw. Gebietsflächen und Anzahl der Apotheken sein oder die Festlegung einer maximalen Zeitdauer, in der eine Apotheke mit öffentlichen Verkehrsmitteln erreichbar sein muss.[354] Hierbei ist zu differenzieren zwischen Werktagen, Nächten und Wochenenden. Im Bereich der Notfallversorgung kann zur Bestimmung einer solchen Zielgröße auf die hierzu existierende umfangreiche Rechtsprechung zurückgegriffen werden. Zahlreiche deutsche Verwaltungsgerichte waren bereits mit der Frage beschäftigt, welche Apotheken innerhalb welcher Entfernung einer gemeinsamen Turnusregelung zur Notfallversorgung unterliegen.[355] Als Richtwert wird stets eine Entfernung von fünf bis sieben Kilometern angenommen. Eine weitere Faustregel besagt, dass die Besorgung eines Arzneimittels innerhalb einer Stunde möglich sein muss.

Die Einhaltung der so festgelegten Zielgröße im gesamten Bundesgebiet ist von einer hierfür zuständigen Instanz fortlaufend zu überwachen. Im Gegensatz zur Telekommunikationswirtschaft, in welcher infolge der Privatisierung die RegTP erst gegründet werden musste, besteht im Bereich der Arzneimittelversorgung keine Notwendigkeit zur Errichtung einer neuen Überwachungs- und Regulierungsbehörde. Apotheken benötigen eine Betriebserlaubnis und unterliegen einer fortlaufenden Überwachung durch die zuständige Apothekenaufsicht.[356] Diese Aufsichtsbehörden – zumeist die Bezirksregierung bzw. der Regierungspräsident – verfügen über umfangreiche Kenntnisse und Erfahrungen mit der deutschen Apothekenlandschaft. Es liegt daher nahe, auf die bestehende Verwaltungsstruktur zurückzugreifen und die Beobachtung des Apothekenmarktes sowie die Einleitung möglicherweise erforderlicher Schritte diesen Behörden zu überlassen. Die Verteilung dieser Aufgaben auf verschiedene mittlere Verwal-

---

[353] Vgl. oben Drittes Kapitel, II, 2, c.

[354] *Schöffski*, Regulierung des Apothekenwesens, S. 36.

[355] Siehe z. B. BayVGH, NJW 1986, 1564; OVG Rheinland Pfalz, DAZ 1984, 1760; *Cyran/Rotta*, ApBetrO, § 23, Rn. 33 ff. m. w. N.; Zur Turnusregelung des § 4 Abs. 2 Ladenschlussgesetz siehe oben Erstes Kapitel, II, 2, d, cc.

[356] siehe oben Erstes Kapitel, II, 2, c.

tungsbehörden bietet zudem auch Vorteile gegenüber der Einrichtung einer zentralen Instanz. So können z. B. lokale Besonderheiten besser berücksichtigt und eingeplant werden.

Stellt nun die Überwachungsbehörde etwa in einem bestimmten ländlichen oder dünn besiedelten Gebiet eine Unterversorgung mit Arzneimitteln fest, so hat sie dies zunächst in den einschlägigen Fach- und Standeszeitschriften bekannt zu machen. Es ist durchaus denkbar, dass Apotheker durch diese Bekanntmachung erst auf die Unterversorgung aufmerksam werden und die Errichtung einer Apotheke in diesem Gebiet als Chance begreifen. Die amtlich bestätigte fehlende Konkurrenz könnte einen Anreiz dafür bieten, sich „freiwillig“ gerade in dem unterversorgten Gebiet niederzulassen.

Erst wenn sich nach einer bestimmten, gesetzlich festzulegenden Wartefrist herausstellt, dass sich keine Apotheke in dem Gebiet niedergelassen, die Unterversorgung sich also nicht durch den Markt selbst reguliert hat, haben die Überwachungsbehörden weitergehende Maßnahmen zu ergreifen. Das Apothekengesetz sieht für den Eintritt eines solchen Falls bereits heute in § 17 die Möglichkeit der Eröffnung einer sog. „Notstandsapotheke“ vor. Danach kann die zuständige Behörde einer Gemeinde oder einem Gemeindeverband die Erlaubnis zum Betrieb einer Apotheke erteilen, wenn sich sechs Monate nach Bekanntmachung des Notstandes in der Arzneimittelversorgung ergibt, dass kein Antrag auf Betrieb einer Apotheke gestellt worden ist. Weitergehende Mechanismen zur Absicherung der Versorgungssicherheit finden sich allerdings nicht. Im Universaldienstleistungsmodell der Telekommunikation greift an dieser Stelle die dritte Stufe, auf welcher entweder eine Ausschreibung erfolgen oder marktbeherrschende Unternehmen zur Erbringung der fehlenden Leistung verpflichtet werden können.

Es bietet sich an, zunächst im Wege eines Ausschreibungsverfahrens zu versuchen, die bestehende oder drohende Unterversorgung zu beheben. Ziel einer solchen Ausschreibung ist es, den kostengünstigsten Anbieter zu gewinnen, um die Erreichung der flächendeckenden Arzneimittelversorgung zu möglichst geringen zusätzlichen Kosten zu gewährleisten. Die Ausschreibung begründet also einen Markt zur Beseitigung eines Marktversagens.[357] Praktisch müsste ein solches Ausschreibungsverfahren zahlreichen Vorgaben genügen und insbesondere einem hierfür vorgesehenen strengen Verfahren folgen. Nur auf diese Weise könnte die Transparenz des Verfahrens sichergestellt und mögliche Umgehungsversuche verhindert werden. In formeller Hinsicht könnte sich ein solches Verfahren an den Regeln des Vergaberechts orientieren. In jedem Fall müssen die hierfür aufzustellenden Regeln objektiv, nachvollziehbar und diskriminierungsfrei sein. In materieller Hinsicht müsste die Überwachungsbehörde das

[357] *Koenig/Kühling/Rasbach*, ZNER 2003, 3, 5.

Gebiet, in welchem eine Unterversorgung vorliegt, genau festlegen und beschreiben. Um feststellen zu können, welche zusätzlichen Kosten der Betrieb einer Apotheke in diesem Gebiet hervorrufen würde, wäre eine genaue Analyse der Begebenheiten auf dem lokalen Markt erforderlich. Diese genaue „Aufgabenbeschreibung" müsste in den einschlägigen Fachzeitschriften bundes- oder sogar gemeinschaftsweit[358] veröffentlicht und mit der Aufforderung zu einer Angebotsabgabe verbunden werden. Den Zuschlag würde derjenige Apotheker erhalten, der die Errichtung und den Betrieb einer Apotheke in dem unterversorgten Gebiet zu den geringsten Kosten anbietet. Auf diese Weise würden Errichtung und Betrieb von Apotheken in bestimmten Gebieten zwar subventioniert. Diese Subventionen würden sich der Höhe nach aber auf die Kosten beschränken, die für die Bereitstellung solcher – für die flächendeckende Arzneimittelversorgung erforderlichen – Dienste anfallen, welche andernfalls nicht kostendeckend erbracht werden könnten. Durch eine solche Beschränkung der Zuschüsse auf die tatsächlich anfallenden Mehrkosten würde insbesondere den beihilfenrechtlichen Anforderungen Rechnung getragen.[359]

Findet sich im Rahmen eines so ausgestalteten Ausschreibungsverfahrens kein oder jedenfalls kein hinreichend qualifizierter Bewerber, so bleibt als Alternative die Möglichkeit der Betrauung durch Verpflichtung. Diese, in der Telekommunikationswirtschaft vorgesehene Möglichkeit erscheint in der Arzneimittelversorgung allerdings deshalb problematisch, weil die flächendeckende Versorgung mit Arzneimitteln die räumliche Erreichbarkeit einer Apotheke voraussetzt. Eine Apotheke kann daher – unabhängig von ihrer Größe oder ihrem Umsatz – die Versorgung nur für einen bestimmten Umkreis gewährleisten. Dies gilt in besonderem Maße auch für die Nacht- und Notfallversorgung. Denkbar wäre allein, dass umsatzstarke (Versand-) Apotheken in dem für die Nachtversorgung vereinbarten Turnus öfter für die Nachtversorgung eingesetzt werden als die übrigen Präsenzapotheken des entsprechenden Gebiets. Dies stellt aller-

---

[358] Voraussetzung für eine gemeinschaftsweite Ausschreibungspflicht wäre, dass die voraussichtlich anfallenden Kosten 200.000 Euro bzw. nach dem neuen EG-Vergaberecht 249.000 Euro überschreiten. In einem solchen Fall wäre der Schwellenwert für die Vergabe von Dienstleistungsaufträgen erreicht. Vorbehaltlich einer weiteren Überprüfung müsste sich die Auftragsvergabe dann nach den Vergabevorschriften des GWB richten; siehe hierzu im Einzelnen *Koenig/Kühling/Hentschel* in: Koenig/Kühling/Theobald (Hrsg.), Recht der Infrastrukturförderung, Kapitel 2.

[359] Siehe hierzu *Koenig/Haratsch*, Europarecht, Rn. 849 ff. sowie die Entscheidungen des EuGH in den Rechtssachen *Ferring* und *Altmark Trans*: EuGH, Urt. v. 22. November 2001, Rs. C-53/00, Ferring, Slg. 2001, S. I-9067; EuGH, Urt. v 24. Juli 2003, Rs. C-280/00, Altmark Trans, NJW 2003, 2515; eine beihilfenrechtliche Begünstigung liegt regelmäßig dann nicht vor, wenn ein Ausschreibungsverfahren durchgeführt wurde; zu den Anforderungen an ein solches Ausschreibungsverfahren im Einzelnen *Koenig/Kühling* in: Koenig/Kühling/Theobald (Hrsg.), Recht der Infrastrukturförderung, Kapitel 1, Rn. 40 ff.

dings keine Lösung für die Nachtversorgung in einem räumlich entfernten Gebiet dar, in welchem zu wenig oder gar keine Apotheken niedergelassen sind. Hier bliebe zum einen nur die (verfassungsrechtlich bedenkliche) Möglichkeit, Versandapotheken oder marktbeherrschende Apothekenketten zur Errichtung einer weiteren Zweigniederlassung in dem entsprechenden Gebiet zu verpflichten. Zum anderen könnte auf das – bereits im Apothekengesetz vorgesehene – Konzept der „Notstandsapotheke" zurückgegriffen und Gemeinden oder Gemeindeverbänden die Erlaubnis zum Betrieb einer Apotheke erteilt werden.

Für die Finanzierung der anfallenden Kosten böte sich – entsprechend dem Modell in der Telekommunikation – die Errichtung eines Fonds an. In diesen Fonds müssten alle Apotheken einzahlen, die nicht in unterversorgten Gebieten niedergelassen sind. Die Höhe der Zahlung müsste sich am Umsatz der jeweiligen Apotheke orientieren.[360] Weiterhin könnten Versandapotheken, die die Nacht- und Notfallversorgung in nur geringem Maße erbringen können, verpflichtet werden, eine entsprechend höhere Abgabe zu leisten. Aus dem so eingerichteten Fonds könnten neben den Kosten der Errichtung neuer Apotheken auch Subventionen etwa für die Notdienste einer bestehenden Apotheke geleistet werden, wenn ansonsten abzusehen wäre, dass die Versorgung von der Apotheke selbst nicht mehr zu finanzieren wäre. Auch für einen solchen Fall müssten aber strenge Regeln die Transparenz sicherstellen. In jedem Fall muss gewährleistet sein, dass sich der gewährte Ausgleich an den Kosten der effizienten Leistungsbereitstellung orientiert.

Ein in seinen Grundzügen so konzipiertes System würde sicherstellen, dass die Versorgung der Bevölkerung mit Arzneimitteln flächendeckend, d. h. orts- und zeitnah, gewährleistet werden könnte. Zugleich würde die Regulierung aber erst dann eingreifen, wenn sich herausstellt, dass die Apothekendichte andernfalls so abnehmen würde, dass die Sicherstellung der flächendeckenden Arzneimittelversorgung gefährdet wäre.

c) Zwischenergebnis

Die Übertragung des im deutschen Telekommunikationsrecht erfolgreich eingesetzten Universaldienstleistungsmodells auf die Arzneimittelversorgung hat gezeigt, dass auch im Apothekenrecht die Möglichkeit einer „Reserveregulierung" zur Absicherung der Versorgungssicherheit besteht. Für die anhand des deutschen Arzneimittelversandverbots gem. § 43 Abs. 1 AMG a. F. durchgeführte Verhältnismäßigkeitsprüfung bedeutet dies, dass es sich bei einem solchen Verbot um eine unverhältnismäßige Beschränkung des freien Warenverkehrs handelt, die nicht im Hinblick auf die Sicherstellung der Arzneimittelversorgung

---

[360] Die Einrichtung eines solchen Fonds wirft allerdings die oben bereits aufgezeigten finanzverfassungsrechtlichen Probleme auf, siehe Fn. 348.

gerechtfertigt werden kann. Die mit dem Regulierungsvorschlag verbundenen Beschränkungen beeinträchtigen den freien Warenverkehr in jedem Fall weniger als ein kategorisches Verbot des Arzneimittelversandes. Dieses Ergebnis und das zu seiner Herleitung entwickelte „Universaldienstleistungsmodell" können in der Praxis nutzbar gemacht werden, wenn sich herausstellen sollte, dass die Zulassung des Arzneimittelversandes zu einer Verschlechterung der Arzneimittelversorgung führt. Gleiches gilt für die Überprüfung weiterer Vertriebsbindungen in der Arzneimittelversorgung durch Apotheken, die nach ihrem Gesetzeszweck ebenfalls der Gewährleistung einer flächendeckenden Arzneimittelversorgung dienen.[361]

III. Die Sicherung des Arzneimittelzulassungssystems als Unterfall der Rechtfertigung zum Schutz der Gesundheit

Für Vertriebsbindungen, die nicht zugelassene Arzneimittel betreffen, kommt zur Rechtfertigung die Berufung auf den Schutz des Arzneimittelzulassungssystems als Unterfall des Gesundheitsschutzes gem. Art. 30 EG in Betracht. In Deutschland stellt sich diese Frage insbesondere hinsichtlich des sog. Verbringungsverbots gem. § 73 Abs. 1 AMG. Dieses Verbot untersagt auf allen Handelsstufen den Import von nicht zugelassenen Arzneimitteln nach Deutschland und gilt auch für den direkten Verkauf aus einer EG-ausländischen Apotheke an deutsche Endkunden. Das Versandverbot, welches für in Deutschland *zugelassene* Arzneimittel zum 31. Januar 2003 aufgehoben wurde, gilt somit weiterhin für den grenzüberschreitenden Versand von *nicht zugelassenen* Arzneimitteln.

1. Die Rechtfertigung eines Verbringungsverbots für nicht zugelassene Arzneimittel

a) Die Ansicht des EuGH

In der Rechtssache *DocMorris* war der Gerichtshof ausdrücklich mit dem Verbringungsverbot des § 73 Abs. 1 AMG befasst. Er entschied, dass es sich bei einem solchen Verbot um die Umsetzung von Art. 3 der Richtlinie 65/65/EWG (jetzt Art. 6 Abs. 1 Gemeinschaftskodex[362]) handele und aus diesem Grund eine primärrechtliche Überprüfung von vorne herein ausscheide.[363] Ausführungen zur Frage der Rechtfertigung zum Schutz des Arzneimittelzulassungssystems finden sich dementsprechend nicht. Insbesondere hielt der EuGH es offensichtlich nicht

---

[361] Zur Vereinbarkeit weiterer Vertriebsbindungen in der Arzneimittelversorgung mit dem Gemeinschaftsrecht siehe noch unten Viertes Kapitel, II.

[362] RL 2001/83/EG des Europäischen Parlaments und des Rates vom 6. November 2001 zur Schaffung eines Gemeinschaftskodex für Humanarzneimittel, ABl.EG 2001 Nr. L 311, S. 67, zuletzt geändert durch RL 2004/83/EG, ABl.EU 2004 Nr. L 136, S. 34.

[363] Zu dieser Begründung des EuGH ausführlich bereits oben Zweites Kapitel, II, 2.

für erforderlich, zur Primärrechtskonformität der *sekundärrechtlichen* Vorschrift Stellung zu beziehen. Grund hierfür mögen prozessuale Überlegungen gewesen sein.[364] Denkbar ist aber auch, dass der Gerichtshof ein allgemeines Verbringungsverbot für nicht zugelassene Arzneimittel schlicht für unbedenklich hielt und sich aus diesem Grund jede weitere Erläuterung zu Art. 28, 30 EG erübrigte.

Diese Ansicht bestätigt sich, wenn man bedenkt, dass der EuGH schon in früheren Entscheidungen Verbote des Inverkehrbringens nicht zugelassener Arzneimittel für gemeinschaftsrechtskonform erklärte.[365] Besonders deutlich brachte er dies in der Rechtssache *Ortscheit*[366] aus dem Jahr 1994 zum Ausdruck: In den vom Landgericht Saarbrücken dem Gerichtshof vorgelegten Fragen ging es um die Vereinbarkeit eines Werbeverbots wie § 8 Abs. 2 HWG mit den Art. 28, 30 EG (damals Art. 30, 36 EGV). § 8 Abs. 2 HWG verbot damals wie heute die Werbung für die ausnahmsweise nach § 73 Abs. 3 AMG gestattete Einzeleinfuhr von in Deutschland nicht zugelassenen Arzneimitteln. Der EuGH urteilte, dass ein solches Verbot *„für die Wirksamkeit der nationalen Zulassungsregelung erforderlich"* und daher *„im Sinne von Art. 36 EG zum Schutz der Gesundheit von Menschen gerechtfertigt"* sei.[367] Begründet wurde dies damit, dass es sich bei der Möglichkeit der Einzeleinfuhr nach § 73 Abs. 3 AMG um eine Ausnahmeregelung handele. Das Werbeverbot diene dazu, diesen Ausnahmecharakter zu wahren, *„um zu verhindern, dass das grundsätzliche Erfordernis einer nationalen Zulassung nach den deutschen Rechtsvorschriften systematisch umgangen wird."*[368] Der EuGH stellte in diesem Zusammenhang ausdrücklich fest, *„dass die Mitgliedstaaten [...]*[369] *berechtigt sind, das Inverkehrbringen von Arzneimitteln, die nicht von der zuständigen nationalen Behörde zugelassen worden sind, in ihrem Gebiet ohne weiteres zu verbieten."*[370] Noch schärfer formulierte Gene-

---

364 Zu diesen Überlegungen bereits oben Zweites Kapitel, II, 2.

365 Siehe etwa EuGH, Urt. v. 16. Dezember 1999, Rs. C-94/98, Rhône-Poulenc Rorer und May & Baker, Slg. 1999, S. I-8789, Rn. 23; EuGH, Urt. v. 10. September 2002, Rs. C-172/00, Ferring, Slg. 2002, S. I-6891, Rn.19; besonders deutlich auch GA *Stix-Hack* zu: EuGH, Urt. v. 11. Dezember 2003, Rs. C-322/01, DocMorris, abrufbar unter http://www.curia.eu.int/jurisp/cgi-bin/form.pl?lang=de nach Eingabe der Rechtssache, Tz. 120.

366 EuGH, Urt. v. 10. November 1994, Rs. C-320/93, Ortscheit, Slg. 1994, S. I-5243.

367 EuGH, Urt. v. 10. November 1994, Rs. C-320/93, Ortscheit, Slg. 1994, S. I-5243, Rn. 20.

368 EuGH, Urt. v. 10. November 1994, Rs. C-320/93, Ortscheit, Slg. 1994, S. I-5243, Rn. 19.

369 *[„beim gegenwärtigen Stand der Harmonisierung in Ermangelung eines Verfahrens der Gemeinschaftszulassung oder der gegenseitigen Anerkennung der nationalen Zulassungen"]*; die Entscheidung in der Rechtssache *Ortscheit* erging zeitlich vor Einführung des zentralen Zulassungsverfahrens und des Verfahrens der gegenseitigen Anerkennung. Allerdings bleibt es auch nach Einführung dieser neuen Verfahrensarten bei dem Grundsatz der nationalen Zulassung. Die Entscheidungsgründe in *Ortscheit* haben sich also nicht allein deswegen erledigt. Zu den verschiedenen Zulassungsarten siehe sogleich unter 2, a.

370 EuGH, Urt. v. 10. November 1994, Rs. C-320/93, Ortscheit, Slg. 1994, S. I-5243, Rn. 18.

ralanwalt *Gulmann* in seinen Schlussanträgen: „*Es ist unstreitig, dass die Mitgliedstaaten nach dem Gemeinschaftsrecht befugt sind, das Inverkehrbringen von Arzneimitteln, die keine nationale Zulassung erlangt haben, völlig zu verbieten.*"[371]

Angesichts dieser eindeutigen Formulierungen ist davon auszugehen, dass nach Ansicht des EuGH keine primärrechtlichen Bedenken gegen den Grundsatz des Art. 6 Abs. 1 Gemeinschaftskodex bestehen, wonach das Inverkehrbringen von Arzneimitteln von der vorherigen Erteilung einer Zulassung abhängig gemacht wird. Aus diesem Grundsatz folgt, dass auch das grenzüberschreitende Verbringen nicht zugelassener Arzneimittel untersagt ist. Die primärrechtliche Bewertung des EuGH gilt somit in gleicher Weise für ein mitgliedstaatliches Verbot, welches wie § 73 Abs. 1 AMG die Einfuhr nicht zugelassener Arzneimittel untersagt.

b) Stellungnahme

Für die Rechtfertigung eines Verbringungsverbots für nicht zugelassene Arzneimittel sprechen zahlreiche Gründe. Das von der Richtlinie 65/65/EWG eingeführte Arzneimittelzulassungsverfahren soll den Gesundheitsschutz im Bereich des Arzneimittelvertriebs gewährleisten. Nach der insofern maßgeblichen Einschätzung des Gemeinschaftsgesetzgebers kann dieses Ziel nur erreicht werden, wenn alle im Verkehr befindlichen Arzneimittel zunächst einer Vormarktkontrolle unterworfen werden. Eine solche Kontrolle kann aber nur dann effektiv vorgenommen werden, wenn das Inverkehrbringen aller Arzneimittel, die sich der staatlichen Überprüfung (noch) nicht mit positivem Ergebnis unterzogen haben, untersagt ist. Ein Verbot des Inverkehrbringens nicht zugelassener Arzneimittel ist also erforderlich, um das Ziel des Arzneimittelzulassungssystems – die Sicherstellung des Gesundheitsschutzes durch eine effektive Vormarktkontrolle – zu gewährleisten.

Dem EuGH ist somit in der Bewertung eines Verbringungsverbots für nicht zugelassene Arzneimittel zuzustimmen. Nicht beantwortet ist damit allerdings die Frage, unter welchen Voraussetzungen ein Arzneimittel zuzulassen ist und wann es als „nicht zugelassen" in den Anwendungsbereich des Verbots fällt. Die Reichweite eines Verbringungsverbots für im Einfuhrstaat nicht zugelassene Arzneimittel hängt daher maßgeblich von dem zugrunde zu legenden Zulassungsbegriff ab.

---

[371] GA *Gulmann* zu: EuGH, Urt. v. 10. November 1994, Rs. C-320/93, Ortscheit, Slg. 1994, S. I-5243, Tz. 16.

2. Die Reichweite des Verbringungsverbots: Abhängigkeit vom Arzneimittelzulassungsbegriff

a) Das Zulassungskonzept des Gemeinschaftskodex

Art. 6 Abs. 1 Gemeinschaftskodex sieht zwei verschiedene Möglichkeiten der Zulassung zum Inverkehrbringen vor.[372] Die Vorschrift fordert entweder eine Zulassung *„von der zuständigen Behörde dieses Mitgliedstaates nach dieser Richtlinie"* oder aber die Erteilung einer Zulassung *„für das Inverkehrbringen nach der Verordnung 2309/93."*

Unterschieden wird zwischen der nationalen, von einem Mitgliedstaat erteilten Zulassung und einer Zulassung, die zentral für die gesamte Gemeinschaft erteilt wird. Der Gemeinschaftskodex geht von dem Grundsatz der nationalen Zulassung aus. Das 1995 durch die Verordnung 2309/93 eingeführte zentrale Zulassungsverfahren kommt nur für wenige, abschließend aufgezählte Arzneimittel in Betracht.[373] Zwingend vorgesehen ist es für die in Anhang A der Verordnung ausdrücklich erwähnten Produkte. Haben diese Arzneimittel das zentrale Zulassungsverfahren noch nicht oder aber ohne Erfolg durchlaufen, so fallen sie als „nicht zugelassen" unter das allgemeine Verbringungsverbot. Die Möglichkeit, diese Arzneimittel nur in einem Mitgliedstaat national zuzulassen, besteht nicht.

Für alle anderen Arzneimittel bleibt es beim Grundsatz der nationalen Zulassung, deren Voraussetzungen im Gemeinschaftskodex geregelt sind.[374] Nach Art. 26 Gemeinschaftskodex ist die Zulassung dann zu versagen, wenn sich ergibt, dass das *„Arzneimittel bei bestimmungsgemäßen Gebrauch schädlich ist, wenn seine therapeutische Wirksamkeit fehlt"* oder wenn das *„Arzneimittel nicht*

---

[372] Der Gemeinschaftskodex verwendet den Begriff der „Genehmigung", welcher mit dem im deutschen Arzneimittelrecht gebräuchlichen Begriff der „Zulassung" inhaltlich identisch ist; RL 2001/83/EG zur Schaffung eines Gemeinschaftskodex für Humanarzneimittel, ABl.EG 2001 Nr. L 311, S. 67.

[373] VO 2309/93/EWG zur Festlegung von Gemeinschaftsverfahren für die Genehmigung und Überwachung von Human- und Tierarzneimitteln und zur Schaffung einer Europäischen Agentur für die Beurteilung von Arzneimitteln vom 22. Juli 1993, ABl.EG 1993 Nr. L 214, S. 1; vgl. zum zentralen Zulassungsverfahren den Überblick von *Blasius/Cranz*, Arzneimittel und Recht in Europa, S. 68 ff.; *Koenig/Müller*, PharmR 2000, 148, 151 ff.; Vorläufer des zentralen Zulassungsverfahrens war in gewisser Weise das durch die RL 87/22/EWG geschaffene sog. Konzertierungsverfahren (ABl.EG 1987 Nr. L 15, S. 38). Dieses Verfahren sollte für technologisch hochwertige Arzneimittel eine gemeinschaftsweite Übereinstimmung (Konzertierung) der nationalen Arzneimittelzulassungen gewährleisten; hierzu *Collatz*, Handbuch der EU-Zulassung, S. 30 f.

[374] Der Anwendungsbereich des zentralen Zulassungsverfahrens soll allerdings wesentlich ausgedehnt werden. Siehe zu den Änderungsvorschlägen *Koenig/Engelmann/Wunsch*, PharmR 2001, Europäisches Arzneimittelrecht 3, S. 1 ff.; der aktuelle Stand der Reformdiskussion ist abrufbar unter http.://pharmacos.eudra.org/F2/review/index.htm.

die angegebene Zusammensetzung nach Art und Maß aufweist.“ Im Umkehrschluss bedeutet dies, dass die Genehmigung beim Vorliegen von drei Voraussetzungen erteilt wird: Unbedenklichkeit, therapeutische Wirksamkeit und eine bestimmte qualitative Zusammensetzung. Zum Nachweis dieser drei Voraussetzungen sind gem. Art. 8 Abs. 3 Gemeinschaftskodex zahlreiche Unterlagen – wie etwa Angaben über die Zubereitungsweise oder die Ergebnisse von Versuchen – einzureichen. Insbesondere sind dem Antrag auf Zulassung des Arzneimittels auch ein oder mehrere Muster der äußeren Umhüllung und der Packungsbeilage beizufügen. Diese müssen gem. Art. 63 Gemeinschaftskodex in der Amtssprache bzw. den Amtssprachen des Mitgliedstaates beschriftet sein, in dem das Arzneimittel in den Verkehr gebracht werden soll. Genügen die eingereichten Unterlagen den Voraussetzungen des Gemeinschaftskodex nicht, so ist die Erteilung der Zulassung zu versagen, so dass das Arzneimittel als „nicht zugelassen“ unter das Verbot des Inverkehrbringens fällt. Gleiches gilt für alle Arzneimittel, für die noch in keinem EG-Mitgliedstaat ein Antrag auf Zulassung eingereicht oder deren Zulassungsverfahren noch nicht abgeschlossen wurde.

Die nach erfolgreichem Abschluss des Zulassungsverfahrens von den mitgliedstaatlichen Behörden erteilte Zulassung ist in ihrer Geltung auf das Territorium des jeweiligen Mitgliedstaates beschränkt. In allen anderen Mitgliedstaaten gilt das Arzneimittel weiterhin als „nicht zugelassen“, so dass der Vertrieb dort unter Hinweis auf die fehlende Zulassung untersagt werden kann. Dem Arzneimittelzulassungsrecht liegt nicht das sog. Herkunftslandprinzip zugrunde, welches besagt, dass ein in einem Mitgliedstaat rechtmäßig in den Verkehr gebrachtes Produkt grundsätzlich auch in den übrigen Mitgliedstaaten verkehrsfähig ist.[375] Eine automatische Anerkennung einer nach den Vorgaben des Gemeinschaftskodex national erteilten Zulassung in den anderen Mitgliedstaaten der Gemeinschaft erfolgt nicht. Grund hierfür ist, dass das Sekundärrecht den Mitgliedstaaten bei der Bewertung der Arzneimittel einen Beurteilungsspielraum einräumt. Dieser Spielraum ergibt sich daraus, dass es sich bei den sekundärrechtlich vorgegebenen Voraussetzungen oftmals um auslegungsbedürftige Begriffe handelt. So kann z. B. der Begriff der „Wirksamkeit“ inhaltlich verschieden ausgefüllt werden, je nachdem, welcher Schutzmaßstab angesetzt wird und welche wissenschaftliche Bewertung zugrunde gelegt wird.[376] Dies führt zu der Möglichkeit, dass inhaltlich identische Arzneimittel von verschiedenen Mitgliedstaaten unterschiedlich bewertet werden.

---

[375] Siehe nur *Koenig/Haratsch*, Europarecht, Rn. 555 sowie die hierfür grundlegende sog. *Cassis*-Entscheidung des EuGH, Urt. v. 20. Februar 1979, Rs. 120/78, Cassis de Dijon, Slg. 1979, S. 649; siehe dazu bereits Zweites Kapitel, I, 1 mit weiteren Angaben in Fn. 144.

[376] Zur Schwierigkeit der Bestimmung des Wirksamkeitsbegriffs *Hart* in: Hart/Hilken/Merkel/Woggan (Hrsg.), Arzneimittelmarkt, S. 64 ff.

Um zu vermeiden, dass es durch solche unterschiedlichen Bewertungen zu voneinander abweichenden nationalen Zulassungsentscheidungen kommt, wurde 1995 das sog. Verfahren der gegenseitigen Anerkennung eingeführt.[377] Ziel dieses Verfahrens, welches auch als dezentrales Zulassungsverfahren bezeichnet wird, ist es, für Arzneimittel, die bereits in einem Mitgliedstaat national zugelassen wurden, die Erlangung weiterer nationaler Zulassungen zu erleichtern sowie die verschiedenen mitgliedstaatlichen Zulassungen inhaltlich zu vereinheitlichen. Zu diesem Zweck werden die Mitgliedstaaten, in denen das Arzneimittel in den Verkehr gebracht werden soll, aufgefordert, die von dem erstzulassenden Mitgliedstaat erteilte Zulassungsentscheidung anzuerkennen. Bestehen inhaltliche Bedenken gegen eine solche Anerkennung, so sind diese im Rahmen eines von der EMEA als zuständiger Gemeinschaftsbehörde[378] organisierten Schiedsverfahrens vorzubringen. Können die Meinungsverschiedenheiten im Laufe des Verfahrens nicht ausgeräumt werden, so wird ein wissenschaftliches Gutachten eingeholt, welches in eine für die Mitgliedstaaten bindende Kommissionsentscheidung umgesetzt wird. Diese Entscheidung verpflichtet die Mitgliedstaaten zur Erteilung identischer nationaler Zulassungen. Solange das dezentrale Zulassungsverfahren allerdings nicht abgeschlossen ist, gilt das Arzneimittel nur in dem ersten Mitgliedstaat als zugelassen. Alle anderen Mitgliedstaaten können die Verbringung unter Hinweis auf die fehlende Zulassung untersagen.

Mit Einführung des dezentralen Verfahrens ist die Möglichkeit entfallen, für ein Arzneimittel in verschiedenen Mitgliedstaaten separate, voneinander unabhängige Zulassungen zu beantragen. Allerdings befinden sich weiterhin zahlreiche Produkte im Verkehr, die bereits vor Einführung dieses Verfahrens in verschiedenen Mitgliedstaaten zugelassen wurden. Diese Arzneimittel sind oftmals hinsichtlich ihrer Wirkstoffe identisch. Sie unterscheiden sich meist nur dadurch, dass sie unter verschiedenen Bezeichnungen vertrieben werden, ihre Verpackung optisch anders ausfällt oder dass sie in unterschiedlichen Packungsgrößen in den Verkehr gebracht werden.[379] Variieren kann auch der Inhalt der Pa-

---

[377] Einen Überblick über das dezentrale Zulassungsverfahren geben *Blasius/Cranz*, Arzneimittel und Recht in Europa, S. 72 ff.; ebenso *Collatz*, Handbuch der EU-Zulassung, S. 42 ff.; *Koenig/Müller*, PharmR 2000, 148, 155 ff. Vorläufer dieses Verfahrens war das sog. Mehrstaatenverfahren, welches ebenfalls die Erlangung weiterer nationaler Zulassungen erleichtern sollte, aber nicht zu einer für die Mitgliedstaaten bindenden Entscheidung führte.

[378] Zu Zielsetzungen und Aufgaben der Agentur siehe im Einzelnen *Blasius/Cranz*, Arzneimittel und Recht in Europa, S. 83 ff.; *Koenig/Müller*, PharmR 2000, 148, 150 f.

[379] Die Gründe für diese äußerlichen Unterschiede sind vielfältig. Sie können arzneimittelrechtlich von den Mitgliedstaaten vorgeschrieben sein oder auf abweichende Verschreibungsgewohnheiten zurückgehen. Oftmals wirken sich sozialrechtliche Vorschriften hinsichtlich der Erstattung von Arzneimitteln auf die in den einzelnen Mitgliedstaaten zugelassenen Packungsgrößen aus. Darüber hinaus differenzieren die Hersteller teilweise ihre

ckungsbeilage, da die dort aufzuführenden Angaben nicht abschließend harmonisiert sind und die Mitgliedstaaten diesbezüglich teilweise unterschiedliche Vorgaben machen.[380] Zudem sind Packungsbeilage und Etikettierung stets in unterschiedlichen Sprachen beschriftet. Beim grenzüberschreitenden Handel mit solchen Arzneimitteln stellt sich nun die Frage, ob ein im Mitgliedstaat A zugelassenes Produkt auch im Mitgliedstaat B als zugelassen gilt oder ob der Mitgliedstaat B das Verbringen dieses Produkts von A nach B unter Hinweis auf die fehlende Zulassung untersagen darf. Problematisch ist dies insbesondere deshalb, weil davon ausgegangen wird, dass Mitgliedstaat B für das inhaltlich identische Arzneimittel ebenfalls eine Zulassung erteilt hat.

Der Gemeinschaftskodex enthält keine Vorschrift, die ausdrücklich auf eine solche Konstellation eingeht. Eine Antwort ist daher in dem allgemeinen Zulassungskonzept zu suchen, wonach sich die Geltung einer Zulassung auf das Territorium desjenigen Mitgliedstaates beschränkt, der die Zulassung erteilt hat. Dieses Konzept hat der EuGH mehrfach bestätigt, indem er betont hat, dass ein Arzneimittel auch dann eine nationale Zulassung benötigt, „*wenn für das betreffende Arzneimittel bereits von der zuständigen Behörde eines anderen Mitgliedstaates eine solche Genehmigung erteilt wurde.*“[381] Viele Gründe sprechen dafür, dass dies auch dann gelten soll, wenn es um die Verbringung eines im Ausfuhrstaat zugelassenen Arzneimittels geht, welches mit einem im Einfuhrstaat zugelassenen Produkt inhaltlich identisch ist. Die Identität des eingeführten Arzneimittels mit einem im Einfuhrstaat zugelassenen Produkt ist bei der Einfuhr nicht unbedingt erkennbar. Die Zulassungsbehörden des Einfuhrstaates können das Arzneimittel daher nicht ohne weiteres der entsprechenden inländischen Zulassungsnummer und den dazugehörigen Unterlagen zuordnen. Dies kann dazu führen, dass Dokumentation und Überwachung der im Verkehr befindlichen Arzneimittel nicht effektiv gewährleistet werden. Zudem ist zu be-

---

Produkte in den verschiedenen Mitgliedstaaten, um dadurch Parallelimporte zu verhindern; vgl. *Wagner*, Europäisches Zulassungssystem, S. 131 f.; zur Parallelhandelsproblematik noch ausführlich unten Drittes Kapitel, III, 2, b, bb.

380 So schreibt z. B. § 10 Abs. 1 Nr. 10 AMG vor, dass die Verpackung die Angabe der Rezept- oder Apothekenpflichtigkeit eines Arzneimittels enthalten muss. Diese Verpflichtung beruht nicht auf sekundärrechtlichen Vorgaben und wird dementsprechend von zahlreichen Mitgliedstaaten – so etwa von Dänemark und den Niederlanden – nicht verlangt. Andererseits enthält das AMG z. B. keine Verpflichtung zur Angabe des Abgabepreises auf der Verpackung, während dies etwa in Italien zwingend vorgeschrieben ist; zu den unterschiedlichen Anforderungen an die Packungsgestaltung siehe *Collatz*, Handbuch der EU-Zulassung, S. 355 ff.

381 EuGH, Urt. v. 12. November 1996, Rs. C-201/94, Smith & Nephew und Primecrown, Slg. 1996, S. I-5819, Rn. 19; EuGH, Urt. v. 16. Dezember 1999, Rs. C-94/98, Rhône-Poulenc Rorer und May & Baker, Slg. 1999, S. I-8789, Rn. 23; EuGH, Urt. v. 10. September 2002, Rs. C-172/00, Ferring, Slg. 2002, S. I-6891, Rn. 19.

denken, dass Packungsbeilage und Etikettierung Teil der Arzneimittelzulassung sind. Genügen diese nicht den rechtlichen Vorgaben, so sieht der Gemeinschaftskodex ausdrücklich vor, dass eine Zulassung nicht erteilt werden darf. Ein Arzneimittel, welches etwa in der Sprache des Mitgliedstaates A beschriftet ist, kann also nach dem Konzept des Gemeinschaftskodex nicht im Mitgliedstaat B zugelassen sein. Das Inverkehrbringen des Produkts A muss danach im Mitgliedstaat B unter Hinweis auf die fehlende Zulassung untersagt werden dürfen.

Ein solches strenges Zulassungsverständnis erscheint aber insbesondere deshalb problematisch, weil ja sowohl Mitgliedstaat A als auch Mitgliedstaat B durch die Erteilung der Zulassung demonstriert haben, dass aus ihrer Sicht übereinstimmend keine Gesundheitsschutzbedenken gegen das Inverkehrbringen dieses Arzneimittels bestehen. Es verwundert daher nicht, dass der EuGH in verschiedenen Urteilen von dem formal eindeutigen Zulassungskonzept des Gemeinschaftskodex abgewichen ist und der inhaltlichen Identität eines importierten Arzneimittels mit einem im Einfuhrstaat zugelassenen Produkt durch eine mehr „materielle" Betrachtungsweise des Zulassungsbegriffs Rechnung getragen hat. Zu untersuchen ist, ob es sich bei diesem Abweichen um eine jeweils nur auf den konkreten Fall bezogene Entscheidung handelte oder ob die Rechtsprechung einer Systematik folgt, die den Rückschluss auf ein bestimmtes Zulassungsverständnis erlaubt, welches sich verallgemeinern und auf andere Konstellationen übertragen lässt.

b) Der Zulassungsbegriff in der Rechtsprechung des EuGH

Rechtliche Fragen hinsichtlich des Imports von Arzneimitteln stellten sich dem EuGH bislang überwiegend auf der Großhandelsebene. Abgesehen von der Rechtssache *DocMorris* war der Gerichtshof nur in den Entscheidungen *Schumacher* und *Kommission/Deutschland* mit dem grenzüberschreitenden Verbringen von Arzneimitteln durch Einzelpersonen befasst.

aa) Die Rechtsprechung des EuGH auf der Einzelhandelsebene: Die Rechtssachen Schumacher und Kommission/Deutschland

In der Rechtssache *Schumacher* aus dem Jahr 1989 ging der EuGH offensichtlich davon aus, dass die materielle Identität des eingeführten Arzneimittels mit einem im Einfuhrstaat zugelassenen Produkt ausreicht, um das Arzneimittel auch im Einfuhrstaat als zugelassen zu behandeln. In dem dieser Entscheidung zugrunde liegenden Sachverhalt hatte der Tourist Heinz Schumacher das Arzneimittel „Chophytal" in einer Apotheke in Frankreich gekauft und es sich später von der Apotheke mit der Post nach Deutschland senden lassen. Die Tatsache, dass das Arzneimittel in einer französischen Apotheke gekauft wurde, zeigt, dass es sich um ein nach den Vorgaben des Gemeinschaftskodex (damals noch Richtlinie 65/65/EWG) in Frankreich national zugelassenes Arzneimittel mit einer entsprechenden französischen Zulassungsnummer handelte. Dennoch stellt der EuGH zu Beginn seines Urteils einleitend fest: *„Dieses Arzneimittel, das in Frankreich hergestellt wird, ist in der Bundesrepublik Deutschland zugelassen und dort in den Apotheken rezeptfrei erhältlich.“*[382] Die inhaltliche Identität des in Frankreich zugelassenen Arzneimittels mit einem in Deutschland zugelassenen Arzneimittel genügte dem Gerichtshof, um das eingeführte Arzneimittel als in Deutschland zugelassen zu qualifizieren. Dementsprechend erörtert der EuGH auch nicht die fehlende Zulassung, sondern allein die Frage der Gemeinschaftsrechtswidrigkeit eines Verbringungsverbots für Einzelpersonen.[383]

Während sich in der Rechtssache *Schumacher* keine Ausführungen zur Fremdsprachigkeit von Packungsbeilage und Etikettierung finden, hat der Gerichtshof in dem Nachfolgeurteil *Kommission/Deutschland* ausdrücklich zu dieser Problematik Stellung genommen.[384] In dieser Rechtssache, in welcher es im Rahmen eines Vertragsverletzungsverfahrens abstrakt um die Frage ging, ob die Schumacher-Rechtsprechung auf rezeptpflichtige Arzneimittel auszudehnen sei, stellte der EuGH in Randnummer 20 fest: *„Der Arzt oder Apotheker des anderen Mitgliedstaates kann [...] bei der Abgabe des Arzneimittels den Unzulänglichkeiten namentlich in bezug auf die Abfassung in einer anderen Sprache als der des Patienten abhelfen, die sich aus der Etikettierung oder der Packungsbeilage des Arzneimittels ergeben können.“*[385] Generalanwalt *Jacobs* weist in seinen Schlussanträgen ergänzend darauf hin, dass der Patient, der die Arzneimittel zu seinem privaten Gebrauch einführe, *„durchaus Kenntnisse der Sprache des Landes haben [kann], aus dem die Arzneimittel geliefert werden.“*[386]

Die Fremdsprachigkeit von Packungsbeilage und Etikettierung hinderte den EuGH also nicht daran, die Einfuhr des inhaltlich identischen Arzneimittels für zulässig zu erklären. Erläuternde Ausführungen zu der Frage, warum der Gerichtshof von dem formalen Zulassungskonzept des Gemeinschaftskodex abweicht, fehlen allerdings in beiden Entscheidungen. Unklar bleibt, ob der EuGH die Problematik schlicht übersehen hat oder ob er bewusst ein anderes Ver-

---

382 EuGH, Urt. v. 7. März 1989, Rs. 215/87, Schumacher, Slg. 1989, S. 617, Rn. 2.

383 Ein solches Verbot (im konkreten Fall § 73 Abs. 1 AMG) hielt der EuGH jedenfalls dann nicht für gerechtfertigt, wenn die Arzneimittel für den persönlichen Bedarf eingeführt werden, EuGH, Urt. v. 7. März 1989, Rs. 215/87, Schumacher, Slg. 1989, S. 617, Rn. 22; aufgrund dieses Urteils führte der deutsche Gesetzgeber die Ausnahmebestimmung des § 73 Abs. 2 Nr. 6 a AMG ein; hierzu näher bereits oben Erstes Kapitel, III.

384 EuGH, Urt. v. 8. März 1992, Rs. C-62/90, Kommission/Deutschland, Slg. 1992, S. I-2575.

385 EuGH, Urt. v. 8. März 1992, Rs. C-62/90, Kommission/Deutschland, Slg. 1992, S. I-2575, Rn. 20.

386 GA *Jacobs* zu: EuGH, Urt. v. 8. März 1992, Rs. C-62/90, Kommission/Deutschland, Slg. 1992, S. I-2575, Tz. 22.

ständnis des Begriffs Zulassung zugrunde legt. Weitere – zur Erläuterung heranzuziehende – Entscheidungen, die sich mit der Verbringung solcher Arzneimittel durch Einzelpersonen befassen, finden sich nicht. Überträgt man die Ausgangsfrage allerdings auf die Großhandelsebene, so befindet man sich im Bereich des sog. Parallelhandels und inmitten einer umfangreichen Rechtsprechung. Auch dort geht es um die grenzüberschreitende Verbringung von im Ausfuhrstaat zugelassenen Arzneimitteln, die mit im Einfuhrstaat zugelassenen Arzneimitteln inhaltlich identisch sind.

bb) Die Großhandelsebene: Der Parallelhandel mit Arzneimitteln

(1) Ausgangsproblematik

Beim Parallelhandel (auch als Parallelimport bezeichnet) werden Produkte eines Herstellers, die zum Verkauf in ein bestimmtes Land geliefert werden, in diesem aufgekauft und zum Wiederverkauf in ein anderes Land verbracht, in welchem der Hersteller das entsprechende Produkt ebenfalls vertreibt. Grund für diese – auf den Arzneimittelmärkten der EG verbreitete – Geschäftstätigkeit sind die großen Preisunterschiede für Arzneimittel in den Mitgliedstaaten.[387] Diese Preisunterschiede, die auch Heinz Schumacher zum Kauf des Arzneimittels „Chophytal" in Frankreich animiert haben dürften, resultieren aus staatlicher Regulierung sowie daraus, dass die Anbieter die vertriebenen Produkte auf den verschiedenen Absatzmärkten zu unterschiedlichen Preisen verkaufen.[388] Der Parallelhändler, der in keiner Beziehung zum Hersteller der Arzneimittel steht, nutzt diese Preisunterschiede aus, indem er ein Arzneimittel in einem Mitgliedstaat billig einkauft und es sodann in einen anderen Mitgliedstaat verbringt, um es dort zu einem höheren Preis wieder zu verkaufen. Die so parallel eingeführten Arzneimittel sind in dem Staat, in dem sie aufgekauft werden, arzneimittelrechtlich zugelassen. Ebenso verfügt das entsprechende Produkt, das vom Hersteller im Einfuhrmitgliedstaat vertrieben wird, dort über eine nationale Zulassung. Äußere Unterschiede bei Verpackung und Packungsbeilage werden in der Parallelhandelspraxis durch entsprechendes Umpacken beseitigt. Dies geschieht z. B. durch neues Verpacken sowie Beifügen landessprachlicher Beipackzettel, die jeweils inhaltlich die vom Einfuhrstaat geforderten Angaben enthalten.[389]

---

[387] *Koenig/Engelmann/Sander*, GRUR Int. 2001, 919, 920; *Schroeder*, EuZW 1994, 78, 79; *Heinemann*, PharmR 2001, 180; zur wachsenden Bedeutung des Parallelimports in der Praxis *Fink-Anthe*, PharmInd 2002, 128; *Wittig*, PharmInd 2002, 909.

[388] Zur unterschiedlichen Arzneimittelpreisbildung in den Mitgliedstaaten der EG *Freisler* in: Schwarze (Hrsg.), Unverfälschter Wettbewerb für Arzneimittel, S. 23 ff.; *Schneider/Hofmann/Späth/ Grzeschik/Köse*, Regulierung von Arzneimittelmärkten, S. 85 ff.; siehe auch die Hinweise in Fn. 132.

[389] Die äußeren Unterschiede bei Verpackung und Packungsbeilage werden auf vielfältige Weise an die Vorgaben des Einfuhrstaates angepasst. Anstelle des vollständigen Umpa-

Anschließend wird das ursprüngliche Warenzeichen wieder angebracht oder das Produkt mit dem im Importstaat für das Arzneimittel verwendeten Warenzeichen versehen (sog. Rebranding).[390]

Die Frage, ob die Einfuhr der so angepassten Produkte unter Hinweis auf die im Einfuhrstaat fehlende Zulassung untersagt werden kann, wurde und wird in der juristischen Literatur kontrovers diskutiert. Die zwei gegensätzlichen Lager berufen sich zur Lösung auf die Schlagwörter von der Produkt- oder Personenbezogenheit der Zulassung. Zentral geht es in diesem – soweit ersichtlich allerdings nur in Deutschland geführten – Streit um die Problematik, ob die Arzneimittelzulassung nur dem Zulassungsinhaber selbst und gegebenenfalls seinem Mitbetreiber das Recht verleiht, das zugelassene Arzneimittel in den Verkehr zu bringen (personenbezogen) oder ob dieses Recht jedermann zusteht (produktbezogen).[391] Folgt man der personenbezogenen Ansicht, so steht dem Parallelimporteur, dem die Zulassung nicht erteilt wurde, nicht das Recht zu, die Arzneimittel zu vertreiben. Der Parallelimport kann danach grundsätzlich unter Hinweis auf die fehlende Zulassung untersagt werden.[392] Stellt man hingegen allein auf das Produkt ab, so gilt die einmal erteilte Zulassung grundsätzlich auch für die identischen ausländischen Arzneimittel. Die Paralleleinfuhr ist danach zulässig.[393]

In der umfangreichen Parallelhandelsrechtsprechung des EuGH findet dieser akademische Streit keine Erwähnung. Vielmehr argumentiert der Gerichtshof ergebnisorientiert und ohne ausdrückliche Berufung auf dogmatische Überlegungen. Aus den Urteilsgründen lassen sich für beide Ansichten Argumente ableiten. Mit Hilfe einer genauen Analyse dieser Rechtsprechung soll daher im

---

ckens genügt teilweise eine Veränderung der Originalverpackung, etwa durch das Anbringen neuer Verpackungsaufkleber. Daneben wird auch der Inhalt der Originalverpackung verändert, indem die Packungsbeilage ausgetauscht wird sowie im Einzelfall auch beiliegende Geräte und einzelne Blisterstreifen hinzugefügt oder entfernt werden; vgl. *Wagner*, Europäisches Zulassungssystem, S. 132.

390 *Koenig/Engelmann/Sander*, GRUR Int. 2001, 919, 924.

391 Siehe *Rehmann*, AMG, Einführung, Rn. 14; eine ausführliche Darstellung des Streits findet sich auch bei *Wagner*, Europäisches Zulassungssystem, S. 95 ff.

392 Die Vertreter der Personenbezogenheit der Zulassung berufen sich zur Begründung ihrer Ansicht auf die Systematik des Arzneimittelzulassungssystems. Die Zulassung setze einen Antrag voraus und werde dem Antragsteller unter Zuteilung einer Zulassungsnummer erteilt. Nur der Inhaber dieser Zulassungsnummer habe das Recht, über die Zulassung, etwa durch Änderungsanzeige oder Antrag auf Löschung zu verfügen; vgl. *Sander*, Arzneimittelrecht, Erl. § 21 AMG, Abschnitt 5.

393 Zur Begründung stellt diese Ansicht maßgeblich darauf ab, dass im Zulassungsverfahren allein die Verkehrsfähigkeit des Produkts und keine vom Antragsteller persönlich zu erfüllenden Anforderungen geprüft werden. Allein aus Zweckmäßigkeitsgründen werde die Zulassung dem pharmazeutischen Unternehmer erteilt; *Rehmann*, AMG, Einführung, Rn. 14; *Rehmann*, PharmR 1995, S. 287; *Wagner*, Europäisches Zulassunsgssystem, S. 97 m. w. H.

Folgenden das Zulassungsverständnis des EuGH weiter beleuchtet werden. Es wird sich zeigen, dass die auf den ersten Blick konträr erscheinenden Argumente durchaus miteinander vereinbar sind.

(2) Die Parallelhandelsrechtsprechung des EuGH

Als grundlegend gilt noch immer die Entscheidung des EuGH in der Rechtssache *De Peijper* aus dem Jahr 1976.[394] Dort ging es um eine niederländische Regelung, die die Einfuhr von Arzneimitteln von der Vorlage bestimmter Unterlagen abhängig machte. Diese Unterlagen waren mit den Unterlagen identisch, die der Behörde im Rahmen des Zulassungsverfahrens bereits eingereicht worden waren. Durch das erneute Einreichen konnte im Wege eines Vergleichs ermittelt werden, ob das parallel eingeführte Arzneimittel mit dem in den Niederlanden zugelassenen Produkt identisch war. War dies der Fall, erteilten die zuständigen Behörden eine „Legalisierung", welche als Zulassung zum Vertrieb der betroffenen Darreichungsform angesehen wurde.[395] Problematisch war, dass Parallelimporteuren – wie Herrn De Peijper als Geschäftsführer des Parallelimporteurs Centrafarm im Ausgangsverfahren – die Vorlage dieser Unterlagen mangels Beziehung zum Hersteller nicht möglich war. Der EuGH urteilte, dass es sich bei der niederländischen Regelung um eine nicht zu rechtfertigende Maßnahme gleicher Wirkung gem. Art. 28, 30 EG (damals Art. 30, 36 EGV) handelte. Es sei für den Gesundheitsschutz nicht erforderlich, dass der Importeur die den Behörden der Mitgliedstaaten bereits vorliegenden Zulassungsunterlagen erneut vorlege. Vielmehr habe sich die zuständige Behörde aktiver zu verhalten, um selbst festzustellen, ob das eingeführte Arzneimittel mit einem im Einfuhrstaat bereits zugelassenen Arzneimittel identisch sei.[396]

Durch diese Grundsatzentscheidung erklärte der EuGH den Parallelhandel für zulässig. Eine nationale Regelung, die die Einfuhr von Arzneimitteln, die identisch auch im Einfuhrstaat zugelassen sind, unter Berufung auf fehlende – für eine Zulassung erforderliche – Dokumente untersagt, verstößt gegen Art. 28, 30 EG (damals Art. 30, 36 EGV). Der Gerichtshof weicht damit vom formalen Zulassungsbegriff des Gemeinschaftskodex (damals noch Richtlinie 65/65/EWG) ab. Die in Frage stehenden Arzneimittel sollen eingeführt und in Verkehr gebracht werden dürfen, ohne dass die für eine Zulassung nach dem Gemeinschaftskodex erforderlichen Unterlagen erneut eingereicht werden müssen. Anders als in den für die Einzelhandelsebene entschiedenen Fällen *Schumacher* sowie *Kommission/Deutschland* genügt die inhaltliche Identität der Arzneimittel alleine aber nicht, um das parallel eingeführte Produkt im Einfuhrstaat in den

---

[394] EuGH, Urt. v. 20. Mai 1976, Rs. 104/75, De Peijper, Slg. 1976, S. 613.
[395] EuGH, Urt. v. 20. Mai 1976, Rs. 104/75, De Peijper, Slg. 1976, S. 613, Rn. 3/4.
[396] EuGH, Urt. v. 20. Mai 1976, Rs. 104/75, De Peijper, Slg. 1976, S. 613, Rn. 24 ff.

Verkehr zu bringen. Vielmehr muss unter aktiver Mithilfe der Zulassungsbehörden des Einfuhrstaates zunächst nachgewiesen werden, dass das parallel importierte Arzneimittel mit demjenigen übereinstimmt, über das die nationalen Behörden bereits unterrichtet sind.[397]

Sowohl die Anhänger der Produktbezogenheit der Zulassung als auch diejenigen Autoren, die die Zulassung als personenbezogen einstufen, sahen sich durch die Entscheidung *De Peijper* in ihrer jeweiligen Ansicht bestätigt. Erstere berufen sich darauf, dass das Produkt ohne Durchführung eines vollständigen Zulassungsverfahrens eingeführt werden darf. Der Parallelimporteur könne sich an die im Einfuhrstaat erteilte Zulassung anhängen, die Erteilung einer separaten Zulassung sei also nicht erforderlich. Die Vertreter der personenbezogenen Ansicht argumentieren hingegen, dass der EuGH nicht schlechthin jedes Zulassungsverfahren untersage. Vielmehr stelle die durchzuführende Identitätsprüfung ein eigenes, vereinfachtes Zulassungsverfahren dar, das sich zwar an dem für das Bezugsarzneimittel durchgeführten Zulassungsverfahren orientiere, im Ergebnis aber zu einer eigenen Zulassung für das parallel importierte Arzneimittel führe. Die dem Hersteller im Einfuhrstaat erteilte Zulassung gelte gerade nicht auch für das Importarzneimittel, ein „Anhängen" an Zulassung und Zulassungsnummer erfolge nicht.

Die Entscheidung *De Peijper* wurde in der Folgezeit mehrfach bestätigt. In der Rechtssache *Kortmann* hatte sich der Gerichtshof erneut mit niederländischen Vorschriften zu befassen.[398] Als Folge des Urteils *De Peijper* war das niederländische Verfahren für Parallelimporte vereinfacht worden. Für eingeführte Arzneimittel war nun kein vollständiges Zulassungsverfahren mehr, sondern nur noch eine Registrierung erforderlich. Nach erfolgter Registrierung überprüfte dann die Verwaltung die Übereinstimmung mit dem Originalpräparat. Für diese Überprüfung wurden von dem Parallelimporteur Gebühren erhoben. Als Protest gegen diese Gebührenerhebung ließ der Parallelimporteur Kortmann die von ihm in die Niederlande eingeführten Arzneimittel nicht registrieren, woraufhin ein Strafverfahren gegen ihn eingeleitet wurde. Nach Vorlage an den Gerichtshof entschied dieser, dass ein Registrierungsverfahren wie das in den Niederlanden eingeführte mit der Freiheit des Warenverkehrs in Einklang stehe. Auch die Erhebung von Gebühren für die Durchführung sei jedenfalls solange gerechtfertigt, wie diese nicht diskriminierend wirken.[399]

Der EuGH bestätigte in diesem Urteil, dass die Einfuhr von Parallelimporten nicht ohne jede weitere Überprüfung erfolgen darf. Zwar stellt die Durchführung eines vollständigen Zulassungsverfahrens eine ungerechtfertigte Beschränkung

---

[397] EuGH, Urt. v. 20. Mai 1976, Rs. 104/75, De Peijper, Slg. 1976, S. 613, Rn. 26/27.
[398] EuGH, Urt. v. 28. Januar 1981, Rs. 32/80, Kortmann, Slg. 1981, S. 251.
[399] EuGH, Urt. v. 28. Januar 1981, Rs. 32/80, Kortmann, Slg. 1981, S. 251, Rn. 17.

dar. Dies bedeutet jedoch nicht, dass das parallel eingeführte Arzneimittel ohne weiteres über die Grenze verbracht werden darf. Die Überprüfung der Identität des eingeführten Arzneimittels mit einem im Einfuhrstaat zugelassenen Arzneimittel ist zur Sicherung des Gesundheitsschutzes gerechtfertigt. Auch in dieser Entscheidung wird deutlich, dass der EuGH Ausnahmen von dem strengen Grundsatz einer nationalen Zulassung nach dem Gemeinschaftskodex für erforderlich hält. Die inhaltliche Identität des eingeführten Arzneimittels mit einem im Einfuhrstaat national zugelassenen Arzneimittel alleine genügt aber – anders als in den Entscheidungen *Schumacher* und *Kommission/Deutschland* – nicht. Als zugelassen gilt das Arzneimittel erst dann, wenn diese Identität auch überprüft wurde.

Nachdem diese Rechtsprechung im Jahr 1993 in der Entscheidung *Eurim-Pharm* erneut bestätigt und auf das damals bestehende Freihandelsabkommen mit Österreich übertragen wurde[400], stellte sich 1996 in der Rechtssache *Smith & Nephew und Primecrown*[401] die Frage, wann ein parallel eingeführtes Arzneimittel mit einem im Einfuhrstaat zugelassenen Arzneimittel so identisch ist, dass ein vollständiges Zulassungsverfahren als entbehrlich erachtet wird. Smith & Nephew vertrieben in Großbritannien das dort von der Firma Boots hergestellte Arzneimittel „Ditropan". Der Parallelhändler Primecrown wollte eine Variante von „Ditropan" aus Belgien parallel einführen, die dort unabhängig von Smith & Nephew und Boots hergestellt und vertrieben wurde. Beide Produkte beruhten aber auf der identischen, von einem amerikanischen Unternehmen erteilten Produktlizenz. Fraglich war, ob die Tatsache, dass beide Produkte von unterschiedlichen Unternehmen hergestellt wurden, einer Bewertung als „identisch" i. S. d. Urteils *De Peijper* entgegenstand und somit die Durchführung eines vollständigen Zulassungsverfahrens erforderlich wurde. Der EuGH verneinte dies mit dem Hinweis darauf, dass die beiden Arzneimittel *„insofern einen gemeinsamen Ursprung haben, als sie aufgrund von Verträgen mit ein und demselben Lizenzgeber hergestellt werden."*[402] Allerdings müsse die zuständige Behörde des Einfuhrmitgliedstaates überprüfen, ob die *„beiden Arzneispezialitäten, wenn sie nicht in allen Punkten übereinstimmen, zumindest nach der gleichen Formel und unter Verwendung des gleichen Wirkstoffs hergestellt worden sind und ob sie überdies die gleichen therapeutischen Wirkungen haben."*[403]

---

[400] EuGH, Urt. v. 1. Juli 1993, Rs. C-207/91, Eurim-Pharm, Slg. 1993, S. I-3723.

[401] EuGH, Urt. v. 12. November 1996, Rs. C-201/94, Smith & Nephew und Primecrown, Slg. 1996, S. I-5819; zu diesem Urteil *Hiltl*, PharmR 1997, 84 und *Rehmann*, PharmR 1997, 326.

[402] EuGH, Urt. v. 12. November 1996, Rs. C-201/94, Smith & Nephew und Primecrown, Slg. 1996, S. I-5819, Rn. 25.

[403] EuGH, Urt. v. 12. November 1996, Rs. C-201/94, Smith & Nephew und Primecrown, Slg. 1996, S. I-5819, Rn. 26.

Die Parallelhandelsrechtsprechung des EuGH wurde durch dieses Urteil um einen Schritt erweitert. Für die Durchführung eines erleichterten Verfahrens soll es allein auf das Produkt ankommen, unabhängig davon, wer es hergestellt hat. Der Gerichtshof stellt aber ausdrücklich fest, dass die Identitätsprüfung auch zu dem Ergebnis gelangen kann, dass die Produkte nicht identisch sind, mit der Folge, dass die Zulassung nur unter den strengen Voraussetzungen des Gemeinschaftskodex erteilt werden darf.[404] Stellt die zuständige Behörde des Einfuhrmitgliedstaates am Ende der Untersuchung aber die Identität der Produkte fest, *„so ist die Arzneispezialität, die eingeführt werden soll, als bereits im Einfuhrmitgliedstaat in den Verkehr gebracht anzusehen; daher muss dann auch für sie die Verkehrsgenehmigung für die bereits im Verkehr befindliche Arzneispezialität gelten, [...].“*[405] Die Identitätsprüfung rückt – wenn es sich im Ergebnis um identische Arzneimittel handelt – an die Stelle des Zulassungsverfahrens nach dem Gemeinschaftskodex. Nach der Formulierung in *Smith & Nephew* führt dies allerdings nicht zur Erteilung einer „eigenständigen“ Zulassung. Vielmehr gilt dann die für das Referenzprodukt erteilte Zulassung auch für das importierte Arzneimittel. Dementsprechend schien nach diesem Urteil auch der Streit um die Produkt- oder Personenbezogenheit der Zulassung zugunsten der produktbezogenen Auffassung entschieden. Angesichts der klaren Wortwahl des EuGH, nach der die Erteilung der Genehmigung auch für das eingeführte Arzneimittel *„gilt“*, blieb kein Raum mehr für eine Argumentation, nach welcher die Identitätsprüfung zur Erteilung einer eigenständigen Zulassung führen soll.

Zweifel an dieser Eindeutigkeit regten sich allerdings bei Erlass der Entscheidung *Rhône-Poulenc Rorer und May & Baker.*[406] Die pharmazeutische Unternehmensgruppe Rhône-Poulenc vertrieb in mehreren Mitgliedstaaten das Arzneimittel „Zimovane“. Dieses Arzneimittel wurde von verschiedenen Großhändlern unter anderem nach Großbritannien parallel importiert. Im Jahr 1996 nahm Rhône-Poulenc dort die ursprünglich zugelassene Form von „Zimovane“ vom Markt und ersetzte sie durch eine neue Form, die die gleichen therapeutischen Wirkungen hatte, aber nach einem anderen Verfahren unter Verwendung anderer Hilfsstoffe hergestellt war. Fraglich war nun, ob sich die Parallelimporteure, die weiterhin die alte Form des Arzneimittels nach Großbritannien lieferten, dort nach Widerruf der alten Zulassung auf die Zulassung des neuen Arzneimittels berufen konnten. Der EuGH bejahte diese Frage ausdrücklich, gab jedoch zu bedenken, dass sich Unterschiede in den Hilfsstoffen auf die Sicher-

[404] EuGH, Urt. v. 12. November 1996, Rs. C-201/94, Smith & Nephew und Primecrown, Slg. 1996, S. I-5819, Rn. 30.

[405] EuGH, Urt. v. 12. November 1996, Rs. C-201/94, Smith & Nephew und Primecrown, Slg. 1996, S. I-5819, Rn. 29.

[406] EuGH, Urt. v. 16. Dezember 1999, Rs. C-94/98, Rhône-Poulenc Rorer und May & Baker, Slg. 1999, S. I-8789.

heit des Arzneimittels auswirken können.[407] Ob dies jedoch bei dem konkreten Arzneimittel der Fall sei, müsse von der national zuständigen Behörde überprüft werden. Komme die Behörde zu dem Ergebnis, dass *„das parallel importierte Arzneimittel, auch wenn es nicht in allen Punkten mit dem [...] bereits zugelassenen Arzneimittel identisch ist, den gleichen Wirkstoff enthält, die gleichen therapeutischen Wirkungen hat und im Hinblick auf Qualität, Wirksamkeit und Sicherheit keine Probleme aufwirft"*, so könne dieses Arzneimittel unter Berufung auf das mit anderen Hilfsstoffen zugelassene Arzneimittel vereinfacht zugelassen werden.[408]

Nachdem in *Smith & Nephew* entschieden worden war, dass parallel eingeführte Arzneimittel nicht von dem gleichen Unternehmen hergestellt zu sein brauchen, stellte der Gerichtshof in *Rhône-Poulenc* klar, dass auch inhaltlich keine absolute Identität erforderlich ist. Entscheidend komme es (nur) darauf an, dass die beiden Arzneimittel die gleichen therapeutischen Wirkungen haben. Unklar blieb aber, ob der EuGH – entsprechend den Ausführungen in *Smith & Nephew* – davon ausging, dass nach Wegfallen der ursprünglichen „Bezugszulassung" nunmehr die für das neue Referenzprodukt erteilte Zulassung auch für das parallel eingeführte, mit anderen Hilfsstoffen hergestellte Arzneimittel gelten oder ob dem importierten Produkt eine eigene, von dem Bezugsarzneimittel unabhängige Zulassung erteilt werden sollte. Entsprechend konnte nach dieser Entscheidung auch der Streit um den Charakter der Zulassung als produkt- oder personenbezogen wieder eröffnet werden.

Deutlicher wurde der EuGH in dem in jüngerer Zeit entschiedenen Fall *Ferring,* dem ein entsprechender Sachverhalt zugrunde lag.[409] Der Arzneimittelhersteller Ferring hatte auf die Zulassung[410] für das Arzneimittel „Minirin-Spray" gegenüber dem Bundesinstitut für Arzneimittel (BfArM) in Deutschland verzichtet und statt dessen für ein mit anderen Hilfsstoffen hergestelltes, ansonsten aber identisches Spray eine neue Zulassung beantragt und erhalten. Nunmehr ver-

---

[407] EuGH, Urt. v. 16. Dezember 1999, Rs. C-94/98, Rhône-Poulenc Rorer und May & Baker, Slg. 1999, S. I-8789, Rn. 43.

[408] EuGH, Urt. v. 16. Dezember 1999, Rs. C-94/98, Rhône-Poulenc Rorer und May & Baker, Slg. 1999, S. I-8789, Rn. 45.

[409] EuGH, Urt. v. 10. September 2002, Rs. C-172/00, Ferring, Slg. 2002, S. I-6891.

[410] Es handelte sich bei dieser Zulassung um eine sog. fiktive Zulassung gem § 105 AMG. Nach dieser Vorschrift gelten Arzneimittel, die sich im Zeitpunkt des Inkrafttretens des Arzneimittelgesetzes (d. h. am 1. Januar 1978) in Deutschland im Verkehr befanden, nach einer entsprechenden Anzeige auch ohne ausdrückliche Zulassung als zugelassen. Erforderlich war allerdings die Beantragung der Durchführung eines sog. Nachzulassungsverfahrens, vgl. hierzu *Blasius/Müller-Römer/Fischer*, Arzneimittel und Recht in Deutschland, S. 25; *Rehmann*, AMG, § 105, Rn. 1 ff. Für die Entscheidung des EuGH war es ohne Bedeutung, dass es sich bei der erloschenen Erstzulassung um eine fiktive Zulassung handelte.

suchte Ferring dem Parallelhändler Eurim Pharm gerichtlich zu untersagen, das alte Spray weiterhin – wie seit Jahren praktiziert – aus einem anderen Mitgliedstaat parallel einzuführen und in Deutschland zu vertreiben. Nach Vorlage an den EuGH bestätigte dieser in seinem Urteil vom 10. September 2002 die in *Rhône-Poulenc* getroffene Entscheidung. Die Qualität, Wirksamkeit und Unbedenklichkeit des alten Arzneimittels werde nicht allein durch das Erlöschen der Bezugszulassung in Frage gestellt.[411] Das automatische Erlöschen der „Parallelimportzulassung" als Folge des Erlöschens der Bezugszulassung könne daher nicht aus Gründen des Gesundheitsschutzes gerechtfertigt werden.[412] Die weiterhin erforderliche Überwachung des alten Arzneimittels könne auch anders sichergestellt werden, wie insbesondere durch Zusammenarbeit mit den Mitgliedstaaten, in denen das Arzneimittel noch auf Grundlage einer gültigen Zulassung weiter vertrieben wird.[413] Der EuGH verzichtet im Ergebnis also ganz auf das Bestehen einer Bezugszulassung. Anders als in der Entscheidung *Smith & Nephew* geht er hier davon aus, dass für das parallel importierte Produkt eine – vom Gerichtshof so bezeichnete – *„Parallelimportzulassung"* erteilt wird. Diese Zulassung ist unabhängig von der für ein identisches Arzneimittel nach dem Gemeinschaftskodex im Einfuhrstaat erteilten „Bezugszulassung" und besteht auch fort, wenn das identische Produkt im Einfuhrstaat vom Markt genommen wird und die ihm erteilte Zulassung dadurch erlischt. Die hier vom EuGH gewählte Formulierung unterstützt also die Auffassung, die die Zulassung für personenbezogen hält. Dem Parallelimporteur wird für das von ihm importierte Arzneimittel eine eigene Zulassung erteilt, die unabhängig von dem im Einfuhrstaat vertriebenen Produkt und dessen Zulassung weiter besteht. Folgt man konsequent der Auffassung von der Produktbezogenheit der Zulassung, wonach die einmal erteilte Zulassung für alle identischen Produkte gilt, wäre dies kaum zu begründen.

Eine eindeutige Kategorisierung der Arzneimittelzulassung als produkt- oder personenbezogen ist im Hinblick auf die unterschiedlichen Formulierungen des EuGH somit nicht möglich. Der im praktischen Ergebnis konsequent fortgeführten Rechtsprechung scheint sich dementsprechend auch keine einheitliche Zulassungssystematik entnehmen zu lassen. Deutlich geworden ist allerdings, dass der Parallelimport von Arzneimitteln nicht unter Hinweis auf das formale Zulassungskonzept des Gemeinschaftskodex untersagt werden darf. Vielmehr folgt aus Art. 28, 30 EG die grundsätzliche Zulässigkeit dieser Warentransaktion.[414] Die Vertragsvorschriften über den freien Warenverkehr machen es er-

---

[411] EuGH, Urt. v. 10. September 2002, Rs. C-172/00, Ferring, Slg. 2002, S. I-6891, Rn. 36.
[412] EuGH, Urt. v. 10. September 2002, Rs. C-172/00, Ferring, Slg. 2002, S. I-6891, Rn. 35.
[413] EuGH, Urt. v. 10. September 2002, Rs. C-172/00, Ferring, Slg. 2002, S. I-6891, Rn. 38.
[414] EuGH, Urt. v. 16. Dezember 1999, Rs. C-94/98, Rhône-Poulenc Rorer und May & Baker, Slg. 1999, S. I-8789, Rn. 24.

forderlich, das Zulassungskonzept des Gemeinschaftskodex in einem solchen Fall unangewendet zu lassen. Allerdings kann auf das Erfordernis einer Kontrolle der parallel importierten Arzneimittel im Einfuhrstaat nicht vollständig verzichtet werden. Diese Kontrolle kann jedoch ebenso gut durch eine Identitätsüberprüfung sichergestellt werden, welche den freien Warenverkehr weniger beschränkt als das Erfordernis der Durchführung eines vollständigen Zulassungsverfahrens nach dem Gemeinschaftskodex.

Obwohl die verschiedenen Parallelhandelsurteile in er Begründung voneinander abweichen, so ist ihnen also doch die Grundüberlegung gemeinsam, dass ein – sich auf die fehlende Zulassung i. S. d. Gemeinschaftskodex stützendes – Importverbot eine unverhältnismäßige Beschränkung des freien Warenverkehrs darstellt. Im Ergebnis nimmt der EuGH stets eine auf den jeweiligen Fall bezogene Verhältnismäßigkeitsprüfung vor, die in eine primärrechtskonforme Auslegung des sekundärrechtlichen Zulassungsbegriffs mündet. Die Maßstäbe dieser Verhältnismäßigkeitsprüfung sollen im Folgenden herausgearbeitet werden, um so das Zulassungsverständnis des EuGH einer Verallgemeinerung zuzuführen und möglicherweise einen, auf andere Konstellationen übertragbaren, „primärrechtskonformen Zulassungsbegriff" zu entwickeln.

c) Primärrechtskonforme Auslegung des sekundärrechtlichen Zulassungsbegriffs

Das Erfordernis, ein Arzneimittel vor dem Verbringen in einen anderen Mitgliedstaat dem Zulassungsverfahren des Gemeinschaftskodex zu unterziehen, stellt eine Maßnahme gleicher Wirkung gem. Art. 28 EG dar. Diese Beschränkung des freien Warenverkehrs kann nur dann gem. Art. 30 EG gerechtfertigt werden, wenn sie zur Erreichung des angestrebten Schutzziels geeignet, erforderlich und angemessen ist. Eine primärrechtliche Überprüfung des Zulassungskonzepts des Gemeinschaftskodex setzt daher zunächst eine genaue Bestimmung derjenigen Gesundheitsschutzaspekte voraus, die durch das Arzneimittelzulassungssystem im Einzelnen sichergestellt werden sollen. Immer dann, wenn diese Aspekte durch weniger beschränkende Maßnahmen als die Durchführung eines vollständigen Zulassungsverfahrens gewährleistet werden können, sind die sekundärrechtlichen Vorschriften des Gemeinschaftskodex dahingehend primärrechtskonform auszulegen.[415]

---

[415] Zum Grundsatz sowie den Voraussetzungen der primärrechtskonformen Auslegung sekundärrechtlicher Vorschriften siehe *Fischer*, Europarecht, Rn. 46; *Ruffert* in: Calliess/Ruffert (Hrsg.), Kommentar zu EU- und EG-Vertrag, Art. 249 EG, Rn. 9 f.; *Lux* in: Lenz/Borchardt (Hrsg.), EU- und EG-Vertrag, Art. 30 EG, Rn. 3; *Becker* in: Schwarze (Hrsg.), EU-Kommentar, Art. 28 EG, Rn. 101 ff.; EuGH, Urt. v. 2. April 1998, Rs. C-127/95, Norbrook Laboratories, Slg. 1998, S. I-1531, Rn. 96 ff.; EuGH, Urt. v. 9. August 1994, Rs. C-51/93, Meyhui, Slg. 1994, S. I-3879, Rn. 11.

aa) Gesundheitsschutzaspekte des Zulassungssystems für Arzneimittel

Die Erwägungsgründe des Gemeinschaftskodex erklären den Schutz der Gesundheit als erstes Ziel des Arzneimittelzulassungssystems. Dieses Ziel verfolgt der Kodex in verschiedener Hinsicht. Bei genauerer Betrachtung lassen sich drei Schutzaspekte unterscheiden, die gleichermaßen den Schutz der Gesundheit bezwecken.

(1) Materieller Schutzaspekt

Mit der Einführung eines Zulassungssystems für Arzneimittel sollte sichergestellt werden, dass nur solche Arzneimittel in den Verkehr gebracht werden, deren Wirksamkeit und Qualität feststehen und deren Anwendung hinreichend erprobt wurde, um Nebenwirkungen so weit wie möglich auszuschließen. Ein Arzneimittel muss verschiedenen materiellen Qualitätsanforderungen genügen, um zum Verkehr zugelassen zu werden. Diese Qualitätsanforderungen werden von der Zulassungsbehörde in einem bestimmten Zulassungsverfahren überprüft. Das Zulassungssystem schützt damit in erster Linie die materiellen Voraussetzungen für eine Zulassung, d. h. *Wann* und *Ob* ein Arzneimittel in den Verkehr gebracht werden darf (materieller Schutzaspekt).

(2) Administrativer Schutzaspekt

Das Zulassungsverfahren beschränkt sich nicht auf eine einmalige Überprüfung der materiellen Voraussetzungen. Vielmehr werden die Ergebnisse der Überprüfung dokumentiert, so dass stets nachvollziehbar und überprüfbar ist, welche Arzneimittel auf dem Markt sind. Die zu erteilende Zulassungsnummer stellt sicher, dass die eingereichten Dokumente dem jeweiligen im Verkehr befindlichen Arzneimittel zugeordnet werden können. Das Arzneimittelzulassungssystem dient damit der Dokumentation, dass die Qualitätsprüfung des Arzneimittels stattgefunden hat und dass das Arzneimittel den materiellen Anforderungen genügt. Diese Dokumentation ist die Voraussetzung für eine fortlaufende Überwachung der im Verkehr befindlichen Arzneimittel (sog. Pharmakovigilanz). Das Zulassungssystem hat damit auch die Funktion, das *Wie* der Zulassung zu organisieren (administrativer Schutzaspekt oder Dokumentationsfunktion).

(3) Schutzaspekt „Sichere Anwendung durch den Patienten"

Neben der Gewährleistung einer qualitativ hochwertigen und sicheren stofflichen Zusammensetzung der Arzneimittel sowie der fortlaufenden Dokumentation der im Verkehr befindlichen Produkte kommt dem Zulassungssystem noch ein weiterer Gesundheitsschutzaspekt zu. Einem Arzneimittel wird nur dann eine Zulassung erteilt, wenn auch die Verpackung und die obligatorische Packungsbeilage bestimmten äußeren und inhaltlichen Anforderungen genügen. Der Verbraucher soll zum Schutz seiner Gesundheit über das von ihm gekaufte

Arzneimittel, seine Anwendung, Wirkweise, eventuelle Nebenwirkungen u.s.w. informiert werden. Damit diese Informationen auch verstanden werden, ist sicherzustellen, dass sie in einer Sprache verfasst werden, die der Käufer versteht. Durch diese Vorgaben des Zulassungssystems soll gewährleistet werden, dass sich die Einnahme des Arzneimittels nicht durch Anwendungsfehler gesundheitsschädigend auswirkt.

bb) Der primärrechtskonforme Zulassungsbegriff in der Parallelhandelsrechtsprechung des EuGH

Betrachtet man die Parallelhandelsrechtsprechung im Hinblick auf die drei soeben herausgearbeiteten Schutzaspekte des Zulassungssystems, werden die einheitliche Vorgehensweise des EuGH und das primärrechtskonforme Zulassungsverständnis deutlich. Bei Zugrundelegung dieses am Schutzzweck orientierten Verständnisses lässt sich insbesondere auch der Streit um die Produkt- und Personenbezogenheit der Zulassung einer Lösung zuführen.

(1) Identitätsüberprüfung als milderes Mittel zur Sicherstellung des materiellen und administrativen Schutzaspekts des Zulassungssystems

An Stelle eines vollständigen Zulassungsverfahrens i. S. d. Gemeinschaftskodex fordert der EuGH in seiner Parallelhandelsrechtsprechung stets eine Überprüfung der Identität des eingeführten Produkts mit dem im Einfuhrstaat zugelassenen Arzneimittel. Durch diese Überprüfung, die auch als vereinfachtes Zulassungsverfahren bezeichnet wird, können der materielle sowie der administrative Schutzaspekt des Zulassungssystems ebenso sichergestellt werden wie durch ein vollständiges, den freien Warenverkehr wesentlich stärker behinderndes Zulassungsverfahren i. S. d. Gemeinschaftskodex.

Ein solches vereinfachtes Zulassungsverfahren gewährleistet zum einen die Einhaltung der Qualitätsstandards des Einfuhrstaates (materieller Aspekt) und zum anderen die fortlaufende Dokumentation und Überwachung der eingeführten Produkte (administrativer Aspekt). Die Qualität des eingeführten Produkts kann – steht seine Identität mit einem im Einfuhrstaat zugelassenen Arzneimittel fest – nicht beanstandet werden, da der Einfuhrstaat das Produkt bereits für qualitativ sicher befunden hat. Die erforderliche Dokumentation und Überwachung erfolgt dadurch, dass die Identitätsprüfung eine Zuordnung des eingeführten Arzneimittels zu den für das identische Produkt im Einfuhrstaat eingereichten Unterlagen ermöglicht. Die Zulassungsbehörden können auf diese Weise das eingeführte Arzneimittel in gleichem Maße kontrollieren wie das identische inländische Produkt. Zudem ist die Identitätsprüfung von dem jeweiligen Parallelimporteur zu beantragen, dem im Anschluss daran die Erlaubnis zum Import erteilt wird. Die Zulassungsbehörden sind somit stets auch darüber informiert, von wem das Arzneimittel in den Verkehr gebracht wird.

Eine Überprüfung der Identität ist allerdings grundsätzlich nur dann möglich, wenn ein im Einfuhrstaat zugelassenes „Vergleichsprodukt“ existiert. In der Praxis verweist der Parallelimporteur auf dieses Bezugsprodukt, welches sodann auf seine Identität mit dem importierten Arzneimittel hin untersucht wird. Auf den ersten Blick verwundert es daher, dass der EuGH in seiner neueren Rechtsprechung auf das Bestehen einer solchen „Bezugszulassung“ zu verzichten scheint. So war in der Rechtssache *Ferring* das zunächst existierende Bezugsprodukt vom Markt genommen worden, so dass sich das importierte Arzneimittel nun ohne identisch zugelassenes Produkt im Verkehr befand.[416] Dennoch ließ der EuGH den Parallelimport weiterhin zu.

Auch dieser scheinbare Widerspruch lässt sich allerdings bei einer am Schutzzweck orientierten Betrachtungsweise auflösen. Das Erfordernis einer Bezugszulassung ist kein Selbstzweck, sondern grundsätzlich zum Erreichen der Schutzzwecke des Zulassungssystems erforderlich. Können diese Schutzzwecke in bestimmten Konstellationen auch ohne eine solche Bezugszulassung effektiv gewährleistet werden, so kann das Arzneimittel dessen ungeachtet in den Verkehr gebracht werden. Dies war in der Rechtssache *Ferring* der Fall. Der EuGH verwies ausdrücklich darauf, dass die Qualität, Wirksamkeit und Unbedenklichkeit – nach den hier verwendeten Kategorien also der materielle Schutzaspekt – nicht durch das Erlöschen der Bezugszulassung in Frage gestellt werde. Die weiterhin erforderliche Überwachung – sprich: der administrative Schutzaspekt – könne insbesondere durch Zusammenarbeit mit anderen Mitgliedstaaten sichergestellt werden, in denen sich das Arzneimittel noch im Verkehr befinde.[417]

Konzentriert man sich so auf die hinter dem Zulassungssystem stehenden Schutzüberlegungen, wird auch deutlich, dass die Zulassung weder als eindeutig produktbezogen noch ausschließlich als personenbezogen eingeordnet werden kann. Vielmehr zeigt sich, dass sie sowohl personen- als auch produktbezogene Elemente aufweist. Produktbezogen ist sie insoweit, als die einmal erteilte Zulassung die Verkehrsfähigkeit des Arzneimittels bescheinigt. Ein identisches Arzneimittel muss aufgrund dieser Zulassung grundsätzlich auch in den Verkehr gebracht werden dürfen. Grund hierfür ist, dass der Einfuhrmitgliedstaat gegen ein von ihm identisch zugelassenes Arzneimittel keine Gesundheitsschutzbedenken geltend machen darf. Das als produktbezogen bezeichnete Element der Zulassung entspricht damit dem materiellen Schutzaspekt des Zulassungssystems.

---

[416] EuGH, Urt. v. 10. September 2002, Rs. C-172/00, Ferring, Slg. 2002, S. I-6891, Rn. 35 f.

[417] EuGH, Urt. v. 10. September 2002, Rs. C-172/00, Ferring, Slg. 2002, S. I-6891, Rn. 36 und 38; siehe zu dieser Rechtssache oben Drittes Kapitel, III, 2, b, bb, (2).

Daneben weist die Zulassung auch ein personenbezogenes Element auf, da stets dokumentiert sein muss, welche Produkte von wem in den Verkehr gebracht werden. Um dies sicherzustellen, enthält der Parallelimporteur nach Durchführung der Identitätsprüfung eine eigene Erlaubnis zum Inverkehrbringen des Arzneimittels. Dieser personenbezogene Aspekt der Zulassung dient der Dokumentation und kann damit dem administrativen Schutzaspekt des Zulassungssystems zugeordnet werden.

Die beiden Positionen des akademischen Streits entpuppen sich bei dieser Betrachtung als miteinander vereinbar. Produkt- und Personenbezogenheit sind keine Gegensätze, sondern zwei sich gegenseitig ergänzende Eigenschaften der Arzneimittelzulassung. Bedenkt man darüber hinaus, dass die beiden Ansichten im Ergebnis mit der Rechtsprechung des EuGH übereinstimmen, wird die akademische Natur des Streits um die Produkt- oder Personenbezogenheit der Zulassung deutlich. Nach beiden Meinungen ist bei parallel importierten Arzneimitteln zunächst eine Überprüfung der Identität des eingeführten Arzneimittels mit dem im Einfuhrstaat zugelassenen Arzneimittel erforderlich. Für das praktische Ergebnis ist es irrelevant, ob man diese Identitätsprüfung als „vereinfachtes Zulassungsverfahren" ansieht oder ob man das Arzneimittel für bereits zugelassen erachtet und eine zusätzliche Identitätsprüfung anschließen lässt. Eine Entscheidung für oder gegen eine der beiden Positionen ist daher weder möglich noch erforderlich.

(2) Umpacken als milderes Mittel zur Sicherstellung des Schutzaspekts „Sichere Anwendung durch den Patienten"

In der bisherigen Betrachtung des primärrechtskonformen Zulassungsverständnisses des EuGH hat der dritte Schutzaspekt des Zulassungssystems keine Erwähnung gefunden. Dies hat einen einfachen Grund: In der Parallelimportpraxis werden die Arzneimittel durch entsprechendes Umpacken an die äußeren Anforderungen des Einfuhrstaates angepasst, so dass auf diese Weise alle Bedenken hinsichtlich des Aspekts der „Sicheren Anwendung durch den Patienten" ausgeräumt werden. Dementsprechend stellte sich dem EuGH auf der Großhandelsebene bisher auch nicht die Frage, wie sich äußere Unterschiede bei Verpackung und Packungsbeilage auf das Zulassungsverständnis auswirken. Befasst war der Gerichtshof nur mit der markenrechtlichen Bewertung des Umpackvorgangs. In einer umfangreichen Kasuistik[418] entwickelte er eine Reihe von Kriterien, die der Parallelimporteur beim Umpacken erfüllen muss, um das

---

[418] Siehe vor allem EuGH, Urt. v. 23. Mai 1978, Rs. 102/77, Hoffmann-La Roche/Centrafarm, Slg. 1978, S. 1139, Rn. 14; EuGH, Urt. v. 10. Oktober 1978, Rs. 3/78, Centrafarm/American Home Products Corporation, Slg. 1978, S. 1823; EuGH, Urt. v. 11. Juli 1996, Rs. C-71/94, C-72/94 und C-73/94, Eurim-Pharm, Slg. 1996, S. I-3603, Rn. 36 ff.

Markenrecht des Inhabers nicht zu verletzen.[419] Das Umpacken ist danach insoweit gestattet, wie es unabdingbar erforderlich ist, um das Arzneimittel im Einfuhrstaat in den Verkehr bringen zu können.

Diese markenrechtliche Problematik hat allerdings keine Bedeutung für das Zulassungsverständnis des EuGH.[420] Aufmerksamkeit verdient in diesem Zusammenhang nur das Ergebnis: Das Umpacken ist zulässig, da es grundsätzlich erforderlich ist, um das Arzneimittel im Einfuhrstaat in den Verkehr bringen zu können. Diese Feststellung lässt den Schluss zu, dass der Parallelimport von Arzneimitteln nach Ansicht des EuGH untersagt werden kann, wenn eine Anpassung an die Vermarktungsanforderungen des Einfuhrstaates *nicht* stattfindet. In einem solchen Fall wäre der dritte Schutzaspekt des Zulassungssystems nicht gewährleistet, so dass das Arzneimittel auch bei primärrechtskonformer Auslegung des Zulassungsbegriffs als „nicht zugelassen" einzustufen wäre.

Beim Parallelimport bleibt diese Fallkonstellation theoretischer Natur, da die Arzneimittel in der Praxis stets umgepackt werden. Demgegenüber fand in den Einzelhandelsfällen *Schumacher* und *Kommission/Deutschland* keine Anpassung der äußeren Unterschiede von Verpackung und Packungsbeilage statt. Ebenso wenig wurde dort vor dem Einzelbezug eine Identitätsprüfung durch die Zulassungsbehörden des Einfuhrstaates vorgenommen. Es fragt sich daher, ob diese tatsächlichen Unterschiede dazu führen, dass auch das zugrunde liegende Zulassungsverständnis abweichend zu bewerten ist.

---

[419] Wichtigste Voraussetzung ist stets, dass der Originalzustand der Ware beim Umpacken der Arzneimittel nicht angetastet wird. Mit „Ware" ist allerdings nicht die Packung, sondern das in der Packung enthaltene Produkt gemeint, so dass der Originalzustand der Ware in der Regel dann nicht beschädigt wird, wenn die innere Verpackung unberührt bleibt. Des Weiteren ist der Parallelimporteur verpflichtet, den Hersteller über die Umverpackung zu informieren und ihm ggf. eine Musterpackung zur Verfügung zu stellen. Schließlich muss der Parallelhändler auf der Verpackung einen eindeutigen Hinweis auf den Ort sowie den Urheber der Umverpackung anbringen. Daneben muss auch der Hersteller der Ware angegeben werden; hierzu ausführlich *Koenig/Engelmann/Sander*, GRUR Int. 2001, 919, 925; *Reich*, NJW 1984, 2000, 2002 f.; *Heinemann*, PharmR 2001, 180, 184; einen Überblick gibt *Herdegen*, Europarecht, Rn. 302.

[420] Aus diesem Grund wird der Problematik an dieser Stelle auch nicht weiter nachgegangen; siehe dazu ausführlich etwa *Freytag*, Parallelimporte, S. 41 ff.; *Koenig/Engelmann/Sander*, GRUR Int. 2001, 919, 924. Allgemein zu dem in diesem Zusammenhang ausschlaggebenden sog. Erschöpfungsgrundsatz *Hubmann/Götting*, Gewerblicher Rechtsschutz, S. 296 f.; *Herdegen*, Europarecht, Rn. 300 ff.

cc) *Der primärrechtskonforme Zulassungsbegriff in den Rechtssachen Schumacher und Kommission/Deutschland – persönliche Beratung durch Arzt und /oder Apotheker als milderes Mittel zur Sicherstellung der Schutzaspekte des Zulassungssystems*

In den Einzelhandelsfällen *Schumacher* und *Kommission/Deutschland* genügte dem EuGH die inhaltliche Identität des im Ausfuhrstaat zugelassenen Arzneimittels mit einem im Einfuhrstaat rechtmäßig im Verkehr befindlichen Produkt, um das Arzneimittel als auch im Einfuhrstaat zugelassen zu qualifizieren.[421] Ebenso wie in den Parallelhandelsentscheidungen konnte also ein Abweichen von den formalen Vorgaben des Gemeinschaftskodex beobachtet werden. Anders als dort forderte der EuGH aber weder eine offizielle Identitätsüberprüfung durch die Zulassungsbehörden des Einfuhrstaates noch eine Anpassung von Verpackung und Packungsbeilage. Diese im tatsächlichen Ergebnis von der Parallelhandelsrechtsprechung abweichende Bewertung könnte den Schluss zulassen, dass auf der Einzelhandelsebene ein anderes Zulassungsverständnis zugrunde gelegt wurde. Konzentriert man sich allerdings erneut auf die hinter dem Zulassungssystem stehenden Schutzaspekte, so zeigt sich, dass der EuGH auch hier eine primärrechtskonforme Auslegung des sekundärrechtlichen Zulassungsbegriffs vorgenommen hat. Diese Auslegung weicht im Ergebnis von der Parallelhandelsrechtsprechung ab, weil Ausgangspunkt für die Verhältnismäßigkeitsprüfung eine andere, sich vom Parallelhandel tatsächlich unterscheidende Sachlage war.

Beim Parallelhandel werden auf der Großhandelsebene große Mengen von Arzneimitteln eingeführt, die im Einfuhrmitgliedstaat weiter vertrieben werden. Im Gegensatz dazu ging es bei *Schumacher* und *Kommission/Deutschland* um die grenzüberschreitende Versendung eines einzelnen Arzneimittels, welches nicht weiter vertrieben werden sollte, sondern zum Verbrauch durch den Empfänger bestimmt war. Die inhaltliche Identität des eingeführten Arzneimittels mit dem entsprechenden in Deutschland zugelassenen Produkt stand fest. In einem solchen Einzelfall können die Schutzaspekte des Zulassungssystems sichergestellt werden, ohne dass es einer behördlichen Identitätsprüfung oder (sogar) der Durchführung eines vollständigen Zulassungsverfahrens bedarf.

Die Feststellung der Identität und damit die Sicherstellung des materiellen Schutzaspekts erfolgt durch den Käufer, der in der ausländischen Apotheke gezielt und aus eigener Initiative nach dem dort zugelassenen Arzneimittel fragt. Er muss also im Zeitpunkt des Kaufs wissen, welches ausländische Produkt dem von ihm gewünschten einheimischen Arzneimittel entspricht. Dieses Wissen um die Identität kann er aus eigener pharmazeutischer Sachkunde besitzen oder es durch Beratung mit einem Apotheker und/oder Arzt erlangt haben. Eine darüber

---

[421] Siehe zu diesen Entscheidungen oben Drittes Kapitel, III, 2, b, aa.

hinausgehende staatliche Identitätsüberprüfung ist insbesondere auch nicht erforderlich, um die Dokumentationsfunktion, d. h. den administrativen Schutzaspekt des Zulassungssystems sicherzustellen. Dieser Schutzaspekt gewährleistet, dass die Zulassungsbehörden über die im Verkehr befindlichen Arzneimittel informiert sind, um diese gegebenenfalls zu überprüfen oder aus dem Verkehr nehmen zu können. Bei dem in großem Umfang durchgeführten Parallelhandel könnte diese Dokumentationsfunktion ohne entsprechende – durch die Identitätsprüfung sichergestellte – Überwachung umgangen werden. Im Fall des einzeln versandten Arzneimittels besteht diese Gefahr allerdings nicht. Das Arzneimittel verbleibt beim Käufer und wird im Regelfall bald eingenommen. Eine Dokumentation durch die Zulassungsbehörden des Einfuhrstaates ist hier also entbehrlich.

Auf ähnliche Weise lässt sich schließlich auch erklären, warum die Fremdsprachigkeit sowie andere äußere Unterschiede von Verpackung und Packungsbeilage einer Einordnung als „zugelassen" in den Entscheidungen *Schumacher* und *Kommission/Deutschland* nicht entgegenstanden. Eventuelle Verständnis- und Anwendungsschwierigkeiten können – so der EuGH – beim Einzelbezug durch eine direkte Beratung in der Apotheke oder beim Arzt ausgeräumt werden. Der Kontakt zu einem Apotheker kann nach Ansicht des Gerichtshofs also eine sichere Anwendung des Arzneimittels ebenso effektiv gewährleisten wie die schriftlich verfassten Informationen der Packungsbeilage.[422] Darüber hinaus ging der EuGH – zieht man die Schlussanträge von Generalanwalt *Jacobs* zur Auslegung des Urteils heran – davon aus, dass der sich bewusst für ein ausländisches Arzneimittel entscheidende Patient oftmals die Sprache des Ausfuhrstaates und damit die Sprache von Etikettierung und Packungsbeilage beherrscht. Eine sichere Anwendung des Arzneimittels und damit der dritte Schutzaspekt des Zulassungssystems kann danach im Einzelfall also erreicht werden, ohne dass Packungsbeilage und Etikettierung entsprechend angepasst werden.

Das Abweichen des EuGH vom formalen Zulassungskonzept des Gemeinschaftskodex kann somit auf der Einzelhandelsebene ebenso wie beim Parallelhandel mit einer primärrechtskonformen Auslegung des sekundärrechtlichen Zulassungsbegriffs erklärt werden. Diese Auslegung orientiert sich jeweils an den hinter dem Zulassungssystem stehenden Schutzüberlegungen und beruht insofern auf einem einheitlichen Zulassungsverständnis. Die tatsächlich vonein-

---

[422] Dem stehe insbesondere nicht entgegen, dass der beratende Apotheker nicht in dem Mitgliedstaat niedergelassen ist, welcher das Gesundheitsschutzniveau für den Bereich der sicheren Arzneimittelanwendung festlegt. Da die Anforderungen an die Apothekerausbildung gemeinschaftsweit harmonisiert sind, sei die Beratung eines in einem anderen Mitgliedstaat niedergelassenen Apothekers mit der eines Apothekers im Einfuhrstaat gleichzusetzen; EuGH, Urt. v. 8. März 1992, Rs. C-62/90, Kommission/Deutschland, Slg. 1992, S. I-2575, Rn. 17.

ander abweichende Ausgangssituation bei Parallelhandel und Einzelbezug führt allerdings dazu, dass diese primärrechtskonforme Auslegung im Ergebnis jeweils unterschiedlich ausfällt. Der Rechtsprechung des EuGH lässt sich also ein einheitliches Zulassungsverständnis, nicht aber nur *ein* unveränderlicher Zulassungsbegriff entnehmen, der ohne weitere Untersuchung auch auf andere Konstellationen übertragen werden kann. Vielmehr ist jeweils eine erneute, an den Schutzüberlegungen orientierte primärrechtskonforme Auslegung des sekundärrechtlichen Zulassungsbegriffs erforderlich, um zu entscheiden, unter welchen tatsächlichen Voraussetzungen ein Arzneimittel als im Einfuhrstaat zugelassen anzusehen ist.

Vor diesem Hintergrund stellt sich nun die Frage, wie die Verbringung inhaltlich identischer, in verschiedenen Mitgliedstaaten zugelassener Arzneimittel zu bewerten ist, wenn der grenzüberschreitende Vertrieb im Wege des gewerbsmäßigen Versandhandels auf der Einzelhandelsebene erfolgt. Kann die Einfuhr solcher Arzneimittel unter Hinweis auf die fehlende Zulassung untersagt werden oder ist die Situation – wie bereits bei Parallelhandel und Einzelbezug – abweichend zu beurteilen? Die Beantwortung dieser Frage hängt maßgeblich davon ab, ob und in welcher Weise in diesem Zusammenhang eine primärrechtskonforme Auslegung des sekundärrechtlichen Zulassungsbegriffs vorzunehmen ist.

dd) *Primärrechtskonforme Auslegung des Zulassungsbegriffs im Rahmen des grenzüberschreitenden gewerbsmäßigen Versandhandels auf der Einzelhandelsebene*

In der Rechtssache *DocMorris*, in welcher sich der EuGH ausdrücklich mit dem Versandhandel befasste, findet sich keine ausdrückliche Stellungnahme zur Frage der Einordnung des Versandes solcher Arzneimittel, die im Ausfuhrstaat zugelassen sind und inhaltlich mit einem Produkt übereinstimmen, welches im Einfuhrstaat zugelassen ist. Aufhorchen lässt aber eine Passage im Rahmen der Ausführungen zur Frage der Rechtfertigung eines Versandhandelsverbots für im Einfuhrstaat zugelassene Arzneimittel. Beim grenzüberschreitenden Verkauf verschreibungspflichtiger Arzneimittel bestehe – so der EuGH – die Möglichkeit, dass das Arzneimittel *„in einer anderen Sprache etikettiert ist als in der Sprache des Heimatstaates des Käufers."*[423] Dieser Hinweis verwundert, wenn man allein vom formalen Zulassungsbegriff des Gemeinschaftskodex ausgeht. Ein Arzneimittel, welches nur über eine fremdsprachige Beschriftung verfügt, kann danach im Einfuhrstaat nicht zugelassen sein. Dennoch geht der EuGH im Rahmen der Beurteilung eines Versandverbots für *zugelassene* Arzneimittel auf das Sprachenproblem ein. Dies könnte ein – wenn auch an versteckter Stelle

[423] EuGH, Urt. v. 11. Dezember 2003, Rs. C-322/01, DocMorris, NJW 2004, 131, Rn. 119.

placiertes – Argument dafür darstellen, dass der Gerichtshof hier im Sinne der *Schumacher* Rechtsprechung verstanden werden will: Die fremdsprachige Beschriftung von Verpackung und Packungsbeilage scheint der Einordnung eines Arzneimittels als „zugelassen" nicht entgegen zu stehen. Eine nähere Auseinandersetzung mit der Problematik findet sich in den Entscheidungsgründen allerdings nicht, so dass mit guten Gründen bezweifelt werden kann, dass der EuGH an dieser Stelle eine so weitreichende Aussage treffen wollte.[424] Betrachtet man zudem die tatsächliche Ausgangslage beim gewerbsmäßigen Versandhandel, so zeigt sich, dass diese in entscheidender Hinsicht von der Schumacher-Situation abweicht. Anders als beim Einzelbezug durch Privatpersonen werden die Arzneimittel beim Versandhandel nicht nur im Einzelfall, sondern gewerbsmäßig vertrieben. Eine einfache Übertragung der Schumacher-Rechtsprechung auf den gewerbsmäßigen Versandhandel verbietet sich daher. Gleiches gilt für die beim Parallelhandel gefundene Lösung: Der gewerbsmäßige Vertrieb erfolgt nämlich im Unterschied zum Parallelhandel nicht auf der Großhandelsebene, sondern durch eine Apotheke direkt an den Endkunden. Aufgrund dieser abweichenden tatsächlichen Situation ist beim Versandhandel eine separate, an den Schutzzwecken des Zulassungssystems orientierte primärrechtskonforme Auslegung des sekundärrechtlichen Zulassungsbegriffs erforderlich. Zentrale Frage ist, ob und auf welche Weise die Schutzaspekte des Zulassungssystems sichergestellt werden können, ohne den grenzüberschreitenden gewerbsmäßigen Versand solcher Arzneimittel kategorisch zu verbieten, die – inhaltlich identisch – in Ein- und Ausfuhrstaat jeweils national zugelassen sind.

(1) Der materielle Schutzaspekt des Zulassungssystems

Zur Sicherstellung des materiellen Schutzaspekts war es in den Entscheidungen *Schumacher* und *Kommission/Deutschland* für ausreichend erachtet worden, dass der Käufer des Arzneimittels wusste, welches ausländische Produkt dem von ihm im Inland gebrauchten Arzneimittel entsprach. Dieses Wissen i. V. m. der Tatsache, dass der Kauf in einer Apotheke stattfand, genügte, um von einem qualitativ gleichwertigen Arzneimittel auszugehen. Auch beim gewerbsmäßigen Arzneimittelversand erfolgt der Verkauf stets durch eine Apotheke. Allerdings wird der Käufer hier nur in seltenen Fällen gezielt ein im Niederlassungsstaat der Apotheke zugelassenes Arzneimittel verlangen. Vielmehr bestellt er im Regelfall das ihm von zu Hause bekannte Arzneimittel. Versendet nun die Apotheke das entsprechende ausländische Produkt, so liegt die Verantwortung der Identitätsfeststellung allein beim Apotheker. Die weitgehend harmonisierten Anforderungen an Ausbildung und Approbation des Apothekers sehen allerdings nicht vor, dass der Apotheker zur Identitätsfeststellung zweier Arzneimittel qualifi-

[424] So *Lenz*, NJW 2004, 332, 334, der das Problem erkennt, aber einen Fehler des EuGH unterstellt.

ziert sein muss.[425] Nicht immer ist eine solche Feststellung ohne weiteres möglich. Unter Umständen kann dies einen hohen technischen Aufwand erfordern, der in einer regulären Apotheke nicht zu leisten ist. Aus diesem Grund könnte es – überließe man die Identitätsfeststellung allein dem Apotheker – zu Unsicherheiten kommen, die zum einen die Gesundheit des Patienten gefährden und zum anderen den Apotheker einem hohen Haftungsrisiko aussetzen würden. Viel spricht also dafür, dass eine Identitätsprüfung durch den Apotheker alleine nicht ausreicht, um den qualitativen Aspekt des Zulassungssystems beim gewerbsmäßigen Versandhandel zu gewährleisten.

In Betracht kommt indes auch hier eine – der Lösung beim Parallelhandel entsprechende – behördliche Identitätsprüfung. Eine solche Prüfung durch die Zulassungsbehörden des Einfuhrstaates beschränkt den Warenverkehr weniger als ein vollständiges Verbot und trägt zugleich dem materiellen Schutzaspekt des Zulassungssystems Rechnung. Problematisch ist allerdings, dass die Durchführung einer solchen behördlichen Überprüfung sowohl für die Versandapotheke als auch für die Zulassungsbehörden einen hohen Kosten- und Zeitaufwand bedeutet. Beim Parallelhandel auf der Großhandelsebene werden die Arzneimittel in großen Mengen und über einen langen Zeitraum importiert, so dass der Aufwand einer behördlichen Überprüfung hierzu in einem angemessenen Verhältnis steht. Die Versandapotheke betreibt aber in wesentlich kleinerem Umfang den grenzüberschreitenden Vertrieb. Es erscheint logistisch kaum möglich, für jedes auf der Einzelhandelsebene „parallel importierte" Arzneimittel eine behördliche Identitätsprüfung zu beantragen und durchführen zu lassen. Ebenso wäre möglicherweise auch der von den Zulassungsbehörden zu erbringende Mehraufwand nicht ohne weiteres zu leisten.

Allerdings sind zahlreiche, auf der Großhandelsebene parallel importierte Arzneimittel bereits auf ihre Identität mit den im Einfuhrstaat zugelassenen Arzneimitteln überprüft und sodann registriert worden. Werden nun die entsprechenden Arzneimittel auf der Einzelhandelsebene versandt, so würde ein Verweis auf das auf der Großhandelsebene parallel importierte Produkt die inhaltliche Identität gewährleisten. Die Zulassungsbehörden des Einfuhrstaates könnten also z. B. eine Liste mit den Arzneimitteln erstellen, die auf der Großhandelsebene parallel importiert werden. Auf einer solchen Liste müssten alle parallel importierten Arzneimittel mit Name, Herkunftsmitgliedstaat, Packungsgröße u. s. w. aufgeführt werden. Durch eine tabellarische Gegenüberstellung könnten diese Arzneimittel dem jeweils entsprechenden, im Einfuhrstaat zugelassenen Produkt sowie seiner Zulassungsnummer zugeordnet werden. Auf diese Weise würde es Apothekern und Verbrauchern ermöglicht, die Identität zwischen EG-ausländ-

---

[425] Vgl. insbesondere RL 85/432/EWG zur Koordinierung der Rechts- und Verwaltungsvorschriften über bestimmte pharmazeutische Tätigkeiten, ABl.EG 1985 Nr. L 253, S. 34.

ischen und inländischen Produkten festzustellen. Da diese Identität auf der Großhandelsebene bereits staatlich festgestellt wurde, bestünden keine Bedenken gegen die Qualität und Wirksamkeit der Arzneimittel. Der materielle Schutzaspekt des Zulassungssystems könnte gewährleistet werden, ohne dass die Einfuhr des Arzneimittels unter Hinweis auf die fehlende Zulassung i. S. d. Gemeinschaftskodex untersagt werden muss.

(2) Der administrative Schutzaspekt des Zulassungssystems

Die als Grundlage der Arzneimittelüberwachung dienende Dokumentation des Arzneimittels – der administrative Schutzaspekt des Zulassungssystems – war in den Entscheidungen *Schumacher* und *Kommission/Deutschland* entbehrlich. Grund hierfür war, dass es sich um die im Einzelfall erfolgte Versendung eines Arzneimittels handelte, welches zum Verbleib beim Käufer bestimmt war. Auch gewerbsmäßig von Apotheken versandte Arzneimittel sind nicht zum Weitervertrieb, sondern zum persönlichen Verbrauch durch den einzelnen Käufer bestimmt. Eine Dokumentation durch die Zulassungsbehörden des Einfuhrstaates könnte also aus diesem Grund ebenfalls entbehrlich sein. Allerdings handelt es sich nicht um eine Arzneimittelverbringung im Einzelfall. Vielmehr werden verschiedene Arzneimittel in größerer Anzahl und über einen längeren Zeitraum – wenn auch jeweils nur in einer zum persönlichen Gebrauch bestimmten Menge – grenzüberschreitend versandt. Eine effektive Arzneimittelüberwachung setzt aber voraus, dass den Zulassungsbehörden bekannt ist, wer welches Arzneimittel parallel einführt. Soll ein Arzneimittel z. B. wegen auftretender Nebenwirkungen aus dem Verkehr gezogen werden, so sind neben dem Arzneimittelhersteller auch die das Arzneimittel vertreibenden Parallelimporteure hiervon zu unterrichten. Wäre den Zulassungsbehörden in einem solchen Fall nicht bekannt, welche in anderen Mitgliedstaaten ansässigen Apotheken das Arzneimittel grenzüberschreitend vertreiben, könnte eine solche Rückrufaktion, die unter Umständen von den Zulassungsbehörden des Niederlassungsstaates der versendenden Apotheke nicht für erforderlich erachtet wird, nicht effektiv durchgeführt werden.

Auf eine Dokumentation der Arzneimittel, die von einer EG-ausländischen Apotheke „parallel importiert" werden, kann also nicht vollständig verzichtet werden. Zur Gewährleistung der Dokumentationsfunktion könnte aber – ebenso wie im Rahmen des materiellen Schutzaspekts – auf eine von den Zulassungsbehörden erstellte Liste zurückgegriffen werden, welche diejenigen Arzneimittel aufführt, die bereits auf der Großhandelsebene parallel eingeführt werden. Würde die EG-ausländische Versandapotheke nun verpflichtet, in regelmäßigen Abständen mitzuteilen, welche der auf der Liste befindlichen Arzneimittel sie grenzüberschreitend vertreibt, so wären die Zulassungsbehörden stets darüber informiert, welche Arzneimittel von welcher ausländischen Apotheke vertrieben werden.

In Fällen, in denen ein Arzneimittel (noch) nicht auf der Großhandelsebene parallel importiert und auf seine Identität mit einem im Einfuhrstaat zugelassenen Arzneimittel hin überprüft worden ist, kommt eine solche vereinfachte Registrierung nicht in Betracht. In solchen Fällen ist die gewerbsmäßige Versendung auf der Einzelhandelsebene wie ein Parallelimport zu behandeln mit der Folge, dass vor der Versendung eine Identitätsprüfung vorzunehmen ist. Eine solche Identitätsüberprüfung mag einen hohen Aufwand erfordern. Sie stellt aber in jedem Fall eine weniger den freien Warenverkehr beeinträchtigende Maßnahme dar als ein kategorisches Versandverbot, welches sich auf die fehlende Zulassung i. S. d. Gemeinschaftskodex stützt.

(3) Schutzaspekt „Sichere Anwendung durch den Patienten"

Es bleibt die Frage nach der Sicherstellung des dritten Schutzaspekts des Zulassungssystems, des Aspekts der sicheren Anwendung durch den Patienten. Problematisch ist in diesem Zusammenhang insbesondere, ob dieser Schutzaspekt die Anpassung der fremdsprachigen Packungsbeilagen und Etikettierungen erforderlich macht.

Beim gewerblichen Arzneimittelversand erfolgt die Arzneimittelabgabe – wie in den Rechtssachen *Schumacher* und *Kommission/Deutschland* – auf der Einzelhandelsebene durch eine Apotheke direkt an den einzelnen Patienten. Möglicherweise könnte daher auch hier eine Anpassung von Verpackung und Packungsbeilage an die Vermarktungsvorschriften des Einfuhrstaates entbehrlich sein. Ebenso wie beim Einzelbezug besteht auch beim Versandhandel die Möglichkeit, im direkten Kontakt auf die (sprachlich) abweichende Verpackung hinzuweisen und durch eine entsprechende Beratung möglichen Missverständnissen vorzubeugen. Anders als in den für den Einzelhandel bisher entschiedenen Fällen begibt sich der Kunde beim Versandhandel aber nicht zunächst selbst in die ausländische Apotheke und verlangt dort ein bestimmtes ausländisches Arzneimittel. Vielmehr bestellt der Patient i. d. R. ein ihm bekanntes einheimisches Produkt, welches die Versandapotheke sodann durch das identische Produkt des Ausfuhrstaates ersetzt. Aufgrund der im Einzelfall notwendigen Eigeninitiative des Patienten konnte in den Entscheidungen des EuGH zum Einzelbezug davon ausgegangen werden, dass der Kunde die Sprache des Ausfuhrstaates beherrschte. Nicht zuletzt musste das Arzneimittel zunächst auch in einer fremden Sprache bestellt und gekauft werden. Im Gegensatz dazu können beim Versandhandel die Arzneimittel in der Sprache des Einfuhrstaates bestellt werden. In Deutschland sieht der durch das GMG neu eingefügte § 11a Nr. 2 d ApoG sogar zwingend vor, dass die Beratung beim Versand in deutscher Sprache erfolgt.[426] Schließlich werden die fremdsprachigen Arzneimittel beim gewerbsmäßigen Versandhandel auch nicht nur im Einzelfall grenzüberschreitend verkauft. Während im Einzelfall auf eine Anpassung der Sprache verzichtet werden konnte, kann bei dem in großem Umfang erfolgenden grenzüberschreitenden Arzneimittelversand nicht auf die Sprachkenntnisse und die Eigeninitiative jedes einzelnen Kunden vertraut werden. Die vom Zulassungssystem bezweckte Information des Kunden ist nicht allein deshalb effektiv gewährleistet, weil die Abgabe der Arzneimittel beim Versandhandel durch eine Apotheke erfolgt. Die in der Rechtssache *Kommission/Deutschland* für die „Verpackungsproblematik" gefundene Lösung – Verzicht auf Anpassung der Sprache bei gleichzeitiger Beratung durch Arzt und Apotheker – kann also nicht auf den gewerbsmäßigen Arzneimittelversand auf der Einzelhandelsebene übertragen werden.

In Betracht kommt allerdings die beim Parallelhandel gefundene Lösung: Auch Versandapotheken könnten die fremdsprachigen Arzneimittel unter Beachtung der markenrechtlichen Voraussetzungen umpacken und sie auf diese Weise den Vorschriften des Einfuhrstaates anpassen. Es erscheint allerdings sehr fraglich, ob dies praktisch von einer einzelnen Apotheke leistbar ist. Während Parallelimporteure ein beschränktes Sortiment einführen und die Umverpackung für eine große Anzahl von Arzneimitteln organisieren können, müssen Versandapotheken zahlreiche Arzneimittel in jeweils kleinen Mengen den Vorschriften des Einfuhrstaates anpassen. Der Umpackvorgang würde einen logistischen Aufwand erfordern, der sich nur schwer bezahlt machen würde. Zudem ist fraglich, wie die – vom EuGH ausdrücklich geforderte – Überwachung des Umpackvorgangs sichergestellt werden könnte. Beim Parallelhandel erfolgt diese Überwachung grundsätzlich im Rahmen des „vereinfachten Zulassungsverfahrens", d. h. der Identitätsüberprüfung.[427] Beim gewerblichen Versandhandel ist eine solche Identitätsüberprüfung jedoch – wie oben dargelegt – nicht erforderlich. Um sicherzustellen, dass beim Umpacken der Arzneimittel durch die Versandapotheke der Originalzustand der Ware nicht beeinträchtigt wird, müsste also ein zusätzlicher Überwachungsmechanismus eingerichtet werden.

Angesichts dieser Schwierigkeiten ist zu überlegen, ob ein vollständiges Umpacken beim gewerblichen Arzneimittelversand erforderlich ist, um die sichere Anwendung des Arzneimittels zu gewährleisten. Beim Parallelhandel werden die Arzneimittel auf der Großhandelsebene vertrieben. Erst auf einer nachfol-

---

[426] Durch den Verweis in § 73 Abs. 1 Nr. 1 a AMG gilt dies auch für den grenzüberschreitenden Versand aus einem anderen EG-Mitgliedstaat.

[427] Werden die Arzneimittel erst nach der Einfuhr umgepackt, kann die erforderliche Überwachung dadurch sichergestellt werden, dass der Parallelimporteur für den Umpackvorgang eine Herstellungserlaubnis benötigt, EuGH, Urt. v. 16. April 1991, Rs. C-347/89, Eurim-Pharm, Slg. 1991, S. I-1747 Rn. 28 ff.

genden Handelsstufe gelangen die Arzneimittel in die Apotheke, welche sodann die Produkte an die Patienten abgibt. Demgegenüber erfolgt die Arzneimittelabgabe beim Versandhandel auf der Einzelhandelsebene grenzüberschreitend direkt durch eine Apotheke. Während diese Tatsache zwar aus den oben dargelegten Gründen nicht zu einem vollständigen Verzicht auf die Anpassung von Verpackung und Packungsbeilage führen kann, könnte der direkte Kontakt zum Apotheker doch einige Abweichungen rechtfertigen. Ebenso wie in einer Präsenzapotheke besteht auch beim Versandhandel die Pflicht des Apothekers, den Patienten beim Kauf des Medikaments zu beraten und im Rahmen dessen auf Besonderheiten bei der Einnahme, eventuelle Nebenwirkungen u. ä. hinzuweisen. In Betracht käme daher, das (fremdsprachige) Arzneimittel zwar originalverpackt zu versenden, dem Paket aber einen losen Informationszettel in der Sprache des Kunden beizufügen. Ein solcher Informationszettel müsste die vom Einfuhrstaat verlangten inhaltlichen Angaben enthalten.[428] In einem persönlichen Anschreiben könnte der Apotheker auf die Wichtigkeit dieser beigelegten Packungsbeilage hinweisen und darüber hinaus den Patienten über das fremdsprachig beschriftete Medikament informieren. Zusätzlich könnte der Kunde im Rahmen der ohnehin stattfindenden persönlichen Beratung darauf hingewiesen werden, dass er ein fremdsprachiges Arzneimittel mit einer zusätzlichen Produktinformation in seiner Sprache erhalten wird. Eine solche Vorgehensweise hätte den Vorteil, dass die Arzneimittel nicht in mühsamer Kleinstarbeit umgepackt werden müssten. Zudem könnte auf eine aufwendige Überwachung verzichtet werden, da beim losen Hinzufügen einer Produktinformation nicht die Gefahr der Beeinträchtigung der Ware besteht. Die Überprüfung des Beipackzettels wäre demgegenüber mit wesentlich weniger Aufwand möglich. Da die Zulassungsbehörden des Einfuhrstaates darüber informiert sind, welche Arzneimittel von welcher Apotheke parallel versandt werden, könnten sie die Einhaltung dieses Erfordernisses durch einzelne Testbestellungen stichprobenartig überprüfen.

Der dritte Schutzaspekt des Zulassungssystems – der Aspekt „Sichere Anwendung durch den Patienten“ – kann mit dieser Vorgehensweise ebenso gut gewährleistet werden wie durch eine vollständige Anpassung von Packungsbeilage und Verpackung. Der lose beigefügte Informationszettel in Verbindung mit dem persönlichen Anschreiben und der Beratung durch den Apotheker gewährleistet, dass der Patient über das von ihm gekaufte Arzneimittel in seiner eigenen Sprache informiert wird.

---

[428] Die Versandapotheke könnte sich einen solchen Produktinformationszettel leicht dadurch beschaffen, dass sie die Packungsbeilage des entsprechenden im Einfuhrstaat zugelassenen Arzneimittels vervielfältigt. Eine solche Vorgehensweise entspricht der Handhabung im Parallelhandel und ist daher auch auf der Einzelhandelsebene nicht zu beanstanden.

3. Zwischenergebnis

Der Schutz des Arzneimittelzulassungssystems kommt grundsätzlich zur Rechtfertigung von Vertriebsbindungen in der Arzneimittelversorgung in Betracht. Dies gilt insbesondere auch für ein Verbringungsverbot für nicht zugelassene Arzneimittel wie § 73 Abs. 1 AMG, welches sich unmittelbar aus Art. 6 Abs. 1 Gemeinschaftskodex ergibt. Allerdings ist dieses Verbot primärrechtskonform dahingehend auszulegen, dass es dann keine Anwendung findet, wenn es sich um die Einfuhr von Arzneimitteln handelt, die mit einem im Einfuhrstaat national zugelassenen Arzneimittel inhaltlich identisch sind und sich von diesem nur hinsichtlich Verpackung und Packungsbeilage unterscheiden. Solche Arzneimittel sind als „zugelassen" zu qualifizieren, da die verschiedenen Gesundheitsschutzaspekte des Arzneimittelzulassungssystems sichergestellt werden können, ohne dass das eingeführte Arzneimittel im Einfuhrstaat erneut ein vollständiges Zulassungsverfahren i. S. d. Gemeinschaftskodex durchlaufen muss. Dies gilt – wenn auch unter verschiedenen Voraussetzungen – für den gewerbsmäßigen Versandhandel auf der Einzelhandelsebene in gleichem Maße wie für den Parallelhandel durch Großhändler und den individuell organisierten Import durch Einzelpersonen.

VIERTES KAPITEL

SCHLUSSFOLGERUNGEN UND AUSBLICK

I. Zusammenfassung der Ergebnisse und Problempunkte

Die Abgabe von Arzneimitteln an Endkunden wird in Deutschland an zahlreiche Voraussetzungen und Bedingungen geknüpft. Diese Vertriebsbindungen im deutschen Apothekenrecht, die auch nach den Änderungen durch das GKV-Modernisierungsgesetz (GMG) weiterhin bestehen, treten in Konflikt mit dem Gemeinschaftsrecht, sobald der Arzneimittelvertrieb grenzüberschreitend erfolgt. Dieser Konflikt zwischen nationaler Regelungsgewalt im Bereich der Arzneimittelversorgung und der Reichweite der EG-Grundfreiheiten zeigte sich in exemplarischer Weise in der Rechtssache *DocMorris*, in welcher der EuGH über die Vereinbarkeit des deutschen Arzneimittelversandverbots gem. § 43 Abs. 1 AMG a. F. mit der Warenverkehrsfreiheit zu befinden hatte. In seinem Urteil vom 11. Dezember 2003 entschied der Gerichtshof, dass es sich bei einem solchen Verbot um eine Maßnahme gleicher Wirkung handelt, welches nicht unter die sog. „Keck-Formel" und damit in den Anwendungsbereich des Art. 28 EG fällt.

Diese Bewertung entspricht der vorliegend entwickelten „Keck-Systematik", die zur Abgrenzung des Anwendungsbereichs der Warenverkehrsfreiheit entscheidend auf den Einfluss einer Regelung auf den Marktzugang abstellt. Eine Maßnahme fällt dann als diskriminierend nicht unter die „Keck-Formel" und damit unter den Tatbestand des Art. 28 EG, wenn sie den Zugang zum Markt für Waren aus anderen Mitgliedstaaten stärker behindert als sie dies für inländische Waren tut. Das Kriterium des Marktzugangs dient damit der Ausfüllung des Keck`schen Diskriminierungsbegriffs, d. h. der Formel *„rechtlich wie tatsächlich in der gleichen Weise betroffen."*

Der Begriff des Marktzugangs kann allerdings nur dann für die Bestimmung des Anwendungsbereichs der Warenverkehrsfreiheit hilfreich sein, wenn seine genaue Bedeutung geklärt ist. Es bietet sich daher an, eine – an die Marktabgrenzung des Wettbewerbsrechts angelehnte – nähere Bestimmung des jeweils relevanten Marktes vorzunehmen. In sachlicher Hinsicht kommt es hierbei entscheidend auf die Auslegung der Norm sowie auf die Bestimmung der von der Vorschrift betroffenen Handelsstufe an. Der Marktzugang ist auf jeder einzelnen Marktstufe zu gewährleisten, d. h. eine Behinderung kann auf der Einzelhandelsebene auch dann vorliegen, wenn die Waren auf der Großhandelsstufe nicht am Zugang gehindert werden. Dementsprechend hat der EuGH in der Rechtssache *DocMorris* auf den *„Zugang zum deutschen Markt der Endverbraucher für Arzneimittel"* abgestellt und nicht – wie in den bisherigen Keck-Entscheidungen

– pauschal auf „den Marktzugang“. Für die Bewertung des ehemaligen deutschen Arzneimittelversandverbots ist es also irrelevant, dass dieses Verbot keinen Einfluss auf den Großhandelsvertrieb hatte. Entscheidend kam es auf die beschränkende Wirkung für den Einzelhandelsvertrieb an.

Während im Hinblick auf die betroffene Handelsstufe somit eine genaue Marktabgrenzung erforderlich ist, kommt eine Bestimmung des relevanten Marktes anhand der Vertriebsform im Rahmen der Warenverkehrsfreiheit nicht in Betracht. So ist beim Beispiel des Arzneimittelversandverbots nicht zwischen einem Markt für Arzneimittel, die in der Apotheke gekauft werden und einem Markt für Arzneimittel, die im Wege des Versandes bezogen werden, zu unterscheiden. Dies ergibt sich daraus, dass der EuGH stets davon ausgeht, dass auf einem Markt i. S. d. Warenverkehrsfreiheit verschiedene Vermarktungsmöglichkeiten für ein bestimmtes Produkt bestehen. Würde die Vertriebsart nun zur Bestimmung des Marktes herangezogen, würde dieser Voraussetzung nicht Rechnung getragen, da auf einem solchen Markt dann nur diese eine Vertriebsmöglichkeit bestünde.

In geographischer Hinsicht stimmt der relevante Markt stets mit dem Geltungsbereich der Maßnahme überein. Handelt es sich also um eine Vorschrift, die im gesamten Mitgliedstaat gleichermaßen gilt, ist der räumlich relevante Markt mit dem Gebiet des Mitgliedstaates identisch. Etwas anderes gilt auch dann nicht, wenn – wie regelmäßig bei Regelungen des Einzelhandelsvertriebs – nach wettbewerbsrechtlichen Kriterien eine lokale Marktbestimmung erforderlich wäre. Für das Vorliegen einer Beschränkung des Warenverkehrs ist es nämlich unbeachtlich, dass möglicherweise andere inländische Produkte ebenso am Zugang zu einem solchen „lokalen Markt“ gehindert werden wie die entsprechenden Erzeugnisse aus anderen Mitgliedstaaten. Für eine Diskriminierung kommt es nach ständiger Rechtsprechung des EuGH allein auf den Vergleich des EG-ausländischen Produkts mit einem beliebigen inländischen Erzeugnis an, welches sich im Geltungsbereich der Vorschrift befindet. Die innerstaatliche Situation ist hierfür unbeachtlich, so dass sich auch eine genaue räumliche Marktbestimmung erübrigt. Dementsprechend kam es bei der Bewertung des ehemaligen deutschen Arzneimittelversandverbots nicht darauf an, dass der Zugang zu einem bestimmten „lokalen“ Apothekenmarkt durch das Verbot für andere, sich nicht auf diesem Markt befindliche deutsche Apotheker ebenso behindert wurde wie für Apotheker aus anderen Mitgliedstaaten. Entscheidend war vielmehr auf den Vergleich zwischen EG-ausländischen Apothekern und einem beliebigen deutschen Apotheker abzustellen. Dieser Vergleich führte zu dem Ergebnis, dass der Marktzugang für EG-ausländische Apotheker durch das Arzneimittelversandverbot stärker behindert wurde als für den deutschen „Vergleichsapotheker“. Während letzterer bereits auf dem Markt niedergelassen war und daher Arzneimittel auch ohne die Möglichkeit des Versandes direkt an Endkunden vertreiben konnte, war für erstere der Zugang zum Endkundenmarkt von der Eröffnung einer Apotheke abhängig. Diese Bewertung wurde in der Rechtssache *DocMorris* dadurch bestätigt, dass der EuGH ein Arzneimittelversandverbot im Ergebnis als diskriminierend i. S. d. „Keck-Formel" einordnete.

Aus diesem weiten Diskriminierungsverständnis folgt, dass jede Vertriebsbindung, die sich auf den Marktzugang auswirkt, zugleich diskriminierend wirkt. Denn die sich außerhalb des Marktes befindlichen Produkte werden stets schlechter gestellt als die Vergleichswaren, die sich bereits auf dem Markt befinden. Ein diskriminierungsfreies Versperren des Marktzugangs ist nur dann denkbar, wenn es für das betreffende Produkt überhaupt keinen inländischen Markt und damit keine Vergleichsgruppe gibt. Dies ist aber nur bei absoluten Vertriebsverboten möglich, welche als produktbezogene Regeln ohnehin nicht unter die „Keck-Formel" fallen.

Diese Analyse bestätigt die Geltung der „Keck-Formel", welche auf das Kriterium der Diskriminierung abstellt. Eine Vertriebsregelung hat entweder Einfluss auf den Marktzugang und ist dann auch diskriminierend oder sie wirkt sich erst nach erfolgtem Marktzugang aus. In einem solchen Fall werden in- und ausländische Produkte gleichbehandelt, so dass eine Überprüfung anhand der Warenverkehrsfreiheit ausscheidet. Das Kriterium des Marktzugangs dient also zur Ausfüllung des Keck'schen Diskriminierungsbegriffs und damit der Formel *„rechtlich wie tatsächlich in der gleichen Weise"* betroffen. Dieses Verständnis der „Keck-Formel" wird im Ergebnis durch das *DocMorris*-Urteil des EuGH bestätigt. Eine genaue Bestimmung des Marktbegriffs ist dort allerdings nur ansatzweise zu erkennen und weit entfernt von einer umfassend definierten Methode der Marktabgrenzung wie sie hier vorgeschlagen wurde.

Fällt eine Vertriebsbindung im Apothekenrecht in den Anwendungsbereich des Art. 28 EG, kommt eine Rechtfertigung gem. Art. 30 EG grundsätzlich aus zwei Gesichtspunkten des Gesundheitsschutzes in Betracht: Gesetzeszweck des Systems der Arzneimittelversorgung durch Apotheken ist die Gewährleistung einer sicheren und flächendeckenden Arzneimittelversorgung. Vorschriften, die sich auf die Zulassung von Arzneimitteln beziehen, sollen darüber hinaus das Arzneimittelzulassungssystem vor Umgehung schützen.

Der EuGH beschränkte sich bei der Beurteilung eines Arzneimittelversandverbots in der Rechtssache *DocMorris* auf den ersten Gesichtspunkt und nahm im Rahmen dessen eine – in der Begründung nur schwer nachvollziehbare – Differenzierung zwischen verschreibungspflichtigen und verschreibungsfreien Arzneimitteln vor. Während für verschreibungsfreie Arzneimittel die Rechtfertigung eines solchen Verbots zum Schutz der Gesundheit nicht in Betracht komme, könne ein Versandverbot für verschreibungspflichtige Arzneimittel unter bestimmten Voraussetzungen gerechtfertigt werden. Die ohnehin knappe Rechtfertigungsprüfung des EuGH vernachlässigt allerdings ein entscheidendes Argument: Insbesondere der deutsche Apothekerverband hatte sich bei seiner Verteidigung des Versandverbots stets darauf gestützt, dass es bei Zulassung des Versandhandels zu einem weitreichenden Apothekensterben kommen werde, welches wiederum zur Folge habe, dass die wohnortnahe Versorgung der Bevölkerung mit Arzneimitteln nicht mehr gewährleistet werden könne. Der EuGH hat in der Rechtssache *DocMorris* weder untersucht, inwieweit die befürchteten Folgen tatsächlich eintreten können[429], noch, ob und unter welchen Umständen eine Rechtfertigung aus diesem Grund in Betracht kommt. Die Frage, welche Folgen die Einführung des Arzneimittelversandhandels mit sich bringt, interessiert aber auch nach Aufhebung des Verbots. Während sie sich zu Geltungszeiten nur „theoretisch" im Rahmen der Rechtfertigungsprüfung stellte, müssen sich Apotheker und Politiker nun tatsächlich mit den möglicherweise eintretenden Folgen des Arzneimittelversandhandels auseinandersetzen.

Ein Blick auf die zu diesem Thema veröffentlichten Studien sowie der Vergleich mit Staaten, in denen der Arzneimittelversand bereits seit längerem möglich ist, hat gezeigt, dass die befürchteten negativen Folgen für die deutsche Apothekenlandschaft, insbesondere ein massives Apothekensterben, nicht mit Sicherheit zu erwarten sind. Theoretisch denkbar wäre allerdings, dass politischer Anpassungsdruck zur Änderung oder Aufhebung der Arzneimittelpreisverordnung sowie der Verbote des Fremd- und Mehrbesitzes führt. In jedem Fall sind die möglichen Folgen der Einführung des Arzneimittelversandhandels aber so mittelbar und unbestimmt, dass die Rechtfertigung eines Arzneimittelversandverbots bereits aus diesem Grund abgelehnt werden kann.

Geht man dessen ungeachtet von ihrem sicheren Eintreten aus, so könnte eine entsprechend konzipierte Reserveregulierung Vorkehrungen treffen, um eine Gefährdung der Versorgungssicherheit abzuwenden. Angelehnt an sog. „Universaldienstleistungsmodelle" in anderen Bereichen der Daseinsvorsorge, müsste diese Regulierung zunächst Möglichkeiten vorsehen, die eine flächendeckende Versorgung „im Wettbewerb" sicherstellen. Vorgeschlagen wurde hier ein vierstufiges Verfahren, welches in einem ersten Schritt die für eine flächendeckende Arzneimittelversorgung erforderlichen Leistungen definiert. Sollte sich herausstellen, dass diese Leistungen nicht erbracht werden oder ihre Erbringung in Zukunft mit hoher Wahrscheinlichkeit nicht sichergestellt werden kann, ist im Wege einer Bekanntmachung auf die Mängel hinzuweisen. Auf diese Weise können Apotheker, die eine Apotheke eröffnen möchten, auf die unterversorgten Gebiete aufmerksam gemacht werden. Scheitert ein solcher Versuch, die bestehende oder drohende Unterversorgung im Wege einer Selbstregulierung abzu-

---

[429] Dies ist ohnehin eine Tatsachenfrage, für deren Beantwortung der EuGH nicht zuständig ist; vgl. nur *Koenig/Haratsch*, Europarecht, Rn. 336 ff. sowie *Wegener* in: Calliess/Ruffert (Hrsg.), Kommentar zu EU- und EG-Vertrag, Art. 234 EG, Rn. 2 ff.

wenden, so kann in einem nächsten Schritt auf ein Ausschreibungsverfahren zurückgegriffen werden. Als Ergebnis eines solchen Verfahrens wird dem jeweils geeignetesten Bewerber eine – den beihilfenrechtlichen Anforderungen genügende – staatliche Förderung gewährt, um die entsprechenden Leistungen für die Arzneimittelversorgung zu erbringen. Nur dann, wenn auch ein solches Ausschreibungsverfahren keine Abhilfe erbringt, bleibt als letzte Stufe eine Betrauung durch Verpflichtung.

Eine so ausgestaltete Regulierung beschränkt den Warenverkehr in jedem Fall weniger als ein kategorisches Verbot des Arzneimittelversandes. Ein solches Verbot kann also nicht aus dem Gesichtspunkt der Sicherstellung der Arzneimittelversorgung gerechtfertigt werden. Daneben kann die so konzipierte Reserveregulierung auch für die Praxis sowie für die Überprüfung weiterer Vertriebsbindungen in der Arzneimittelversorgung nutzbar gemacht werden.

Für Vertriebsbindungen, die nicht zugelassene Arzneimittel betreffen, kommt darüber hinaus eine Rechtfertigung zum Schutz des Arzneimittelzulassungssystems in Betracht. Dies gilt insbesondere für ein mitgliedstaatliches Verbringungsverbot wie § 73 Abs. 1 AMG, welches auf allen Handelsstufen die Einfuhr nicht zugelassener Arzneimittel untersagt. Wie der EuGH in der Rechtssache *DocMorris* entschieden hat, ergibt sich ein solches Verbot unmittelbar aus Art. 6 Abs. 1 Gemeinschaftskodex, wonach das Inverkehrbringen von Arzneimitteln von der vorherigen Erteilung einer Zulassung abhängig gemacht wird. Aus der Tatsache, dass es sich bei einer Vorschrift um die Umsetzung von Sekundärrecht handelt, folgt indes nicht, dass das primäre Recht keine Rolle mehr spielt. Vielmehr müssen auch die Vorschriften des sekundären Rechts mit dem EG-Vertrag vereinbar sein und sind stets im Lichte des Primärrechts auszulegen. Der EuGH hat eine solche primärrechtliche Rechtfertigungsprüfung allerdings offensichtlich nicht für erforderlich erachtet. Es kann daher davon ausgegangen werden, dass er im Einklang mit seiner früheren Rechtsprechung keine primärrechtlichen Bedenken gegen ein Einfuhrverbot für nicht zugelassene Arzneimittel erkannte. Diesem Ergebnis ist im Grundsatz zuzustimmen, da ein solches Verbot erforderlich ist, um das Ziel des Arzneimittelzulassungssystems – die Sicherstellung des Gesundheitsschutzes durch eine effektive Vormarktkontrolle – zu gewährleisten.

Dem Primärrecht kommt in diesem Zusammenhang aber aus einem anderen Grund Bedeutung zu: Es ist zur Bestimmung des dem Verbot zu Grunde zu legenden Zulassungsbegriffs heranzuziehen. Aus einer primärrechtskonformen Auslegung der sekundärrechtlichen Zulassungsvorschriften des Gemeinschaftskodex folgt nämlich, dass ein Verbringungsverbot für nicht zugelassene Arzneimittel dann nur eingeschränkt Anwendung findet, wenn es sich um die Einfuhr eines im Ausfuhrstaat national zugelassenen Arzneimittels handelt, welches mit einem im Einfuhrstaat national zugelassenen Arzneimittel inhaltlich identisch ist und sich von diesem nur hinsichtlich Packungsbeilage und Verpackung unterscheidet. Bei formaler Betrachtung der im Gemeinschaftskodex normierten Zulassungsvoraussetzungen verfügt ein solches Arzneimittel im Einfuhrstaat über keine Zulassung. Eine primärrechtskonforme Auslegung dieses sekundärrechtlichen Zulassungskonzepts führt aber dazu, dass das Arzneimittel unter bestimmten Voraussetzungen dennoch als „zugelassen" zu qualifizieren ist und seine Einfuhr somit nicht unter Hinweis auf die fehlende Zulassung untersagt werden darf. Die verschiedenen Gesundheitsschutzaspekte des Arzneimittelzulassungssystems können im Fall der Einfuhr solcher inhaltlich identischer Arzneimittel durch weniger einschneidende Maßnahmen als die Durchführung eines erneuten, vollständigen Zulassungsverfahrens nach dem Gemeinschaftskodex sichergestellt werden. Dies gilt grundsätzlich für den gewerbsmäßigen Versandhandel auf der Einzelhandelsebene in gleichem Maße wie für den Parallelhandel durch Großhändler und den individuell organisierten Import durch Einzelpersonen. Die Voraussetzungen, unter denen Arzneimittel, die mit einem im Einfuhrstaat zugelassenen Produkt inhaltlich identisch sind, als „zugelassen" qualifiziert werden können, weichen jedoch je nach tatsächlicher Ausgangssituation voneinander ab. Während beim Einzelbezug weder eine offizielle Feststellung der Identität noch eine Anpassung von Verpackung und Packungsbeilage erforderlich ist, kann ein Arzneimittel beim Parallelimport nur dann eingeführt werden, wenn es an die Vermarktungsanforderungen des Einfuhrstaates angepasst wurde und seine Identität mit einem im Einfuhrstaat zugelassenen Produkt feststeht.

Für Parallelhandel und Einzelbezug konnte dieses Ergebnis aus der Rechtsprechung des EuGH abgeleitet werden. Demgegenüber fehlt hinsichtlich des gewerbsmäßigen Arzneimittelversandhandels auf der Endkundenebene eine höchstrichterliche Auseinandersetzung mit der Problematik. Wendet man allerdings das – aus der bisherigen Rechtsprechung des EuGH entwickelte – primärrechtskonforme Zulassungsverständnis auf die tatsächliche Ausgangslage beim Versandhandel an, so zeigt sich, dass auch dort die Einfuhr dieser Arzneimittel nicht kategorisch untersagt werden muss, um die Schutzaspekte des Zulassungssystems effektiv zu gewährleisten. Aufgrund der abweichenden tatsächlichen Ausgangssituation verbietet sich jedoch eine einfache Übertragung sowohl der Parallelhandelsrechtsprechung als auch der beim Einzelbezug gefundenen Lösung. Im Ergebnis kann beim Versandhandel zwar wie beim Einzelbezug auf eine offizielle Identitätsüberprüfung verzichtet werden. Anders als dort genügt aber allein die inhaltliche Identität von eingeführtem und im Einfuhrstaat zugelassenen Produkt nicht. Vielmehr müssen die Zulassungsbehörden stets darüber informiert sein, welche EG-ausländische Apotheke welche Produkte auf der Einzelhandelsebene „parallel" einführt. Diese Information könnte etwa dadurch gewährleistet werden, dass die Apotheker auf einer entsprechenden Liste diejenigen Arzneimittel markieren, die sie „parallel" vertreiben. Darüber hinaus kann beim gewerbsmäßigen Versandhandel auf der Einzelhandelsebene nicht vollständig auf eine Anpassung von Verpackung und Packungsbeilage verzichtet werden. Anders als beim Parallelhandel ist aber keine vollständige Anpassung durch aufwändiges Umpacken oder andere Anpassungsmaßnahmen erforderlich. Die Gewährleistung einer sicheren Anwendung kann beim gewerblichen Apothekenversandhandel ebenso gut durch ein loses Beifügen des landessprachlichen Beipackzettels sowie eine dahingehende Beratung durch den Apotheker gewährleistet werden.

II. Schlussfolgerungen für weitere Vertriebsbindungen im deutschen Apothekenrecht

Die anhand des Beispiels Arzneimittelversandverbot gewonnenen Erkenntnisse können zur Überprüfung weiterer Vertriebsbindungen in der Arzneimittelversorgung herangezogen werden. In Betracht kommt nicht nur eine Überprüfung am Maßstab der Warenverkehrsfreiheit, sondern – aufgrund der weitgehenden Konvergenz insbesondere im Bereich der Rechtfertigung[430] – auch für den Konflikt mit anderen Grundfreiheiten. Anhand ausgewählter Vorschriften sollen daher im Folgenden einige weitere Problempunkte aufgezeigt und Lösungsansätze angedacht werden.

1. Die Apothekenpflicht des § 43 Abs. 1 AMG

Das deutsche Apothekenmonopol des § 43 Abs. 1 AMG ist bisher noch nicht auf den Prüfstand des Gemeinschaftsrechts gestellt worden. Im Hinblick auf das Urteil des EuGH in Sachen *Kommission/Griechenland*[431] konnte stets argumentiert werden, dass es sich – wie dort das Apothekenmonopol für Säuglingsnahrung – um eine klassische „Keck-Regelung“ handele, die nicht in den Anwendungsbereich der Warenverkehrsfreiheit falle. Das vom EuGH in *Kommission/Griechenland* gefundene Ergebnis wurde allerdings im Rahmen dieser Arbeit bereits in Frage gestellt.[432] Untersucht man nämlich solche Verkaufsmonopole, die für den Einzelhandel gelten, auf ihre marktzugangsbehindernde Wirkung, so wird deutlich, dass auf der Einzelhandelsstufe – anders als auf der vom EuGH ausschließlich berücksichtigten Großhandelsebene – eine diskriminierende Behinderung des Marktzugangs vorliegt.

Entsprechend kann auch die deutsche Apothekenpflicht als Maßnahme gleicher Wirkung i. S. d. Art. 28 EG eingeordnet werden. So verhindert diese etwa, dass

---

[430] Zur Konvergenz der Grundfreiheiten siehe nur *Mojzesowicz*, Möglichkeiten und Grenzen einer einheitlichen Dogmatik der Grundfreiheiten, S. 141 ff.; *Eilmansberger*, JBl. 1999, 345 u. 434; *Kingreen*, Struktur der Grundfreiheiten, S. 74 ff.; *Koenig/Haratsch*, Europarecht, Rn. 537 ff.

[431] EuGH, Urt. v. 4. April 1995, Rs. C-391/92, Kommission/Griechenland, Slg. 1995, S. I-1621; zum Inhalt dieser Entscheidung siehe oben Drittes Kapitel, III, 2, b, aa.

[432] Siehe oben Zweites Kapitel, I, 4, b, aa, (3).

ein britischer Drogist bestimmte – in Großbritannien nicht der Apothekenpflicht unterfallende – Arzneimittel direkt an Endkunden in Deutschland vertreibt. Der Drogist müsste – was ihm mangels entsprechender Ausbildung tatsächlich nicht möglich sein wird – zunächst entweder in Deutschland oder – um von der Möglichkeit des Versandes nach § 73 Abs. 1 Nr. 1 a AMG Gebrauch machen zu können – in Großbritannien eine Apotheke eröffnen. Dieses Erfordernis macht für ihn den Verkauf in Deutschland unmöglich und behindert somit das grundsätzliche „Ob" des Vertriebs. Das Apothekenmonopol wirkt sich auf der Einzelhandelsebene vor dem Marktzugang aus und fällt insofern nicht unter die „Keck-Formel".

Die hiervon abweichende Bewertung eines Apothekenmonopols in der Rechtssache *Kommission/Griechenland* folgte daraus, dass sich der EuGH bei der Betrachtung der Auswirkungen auf den Marktzugang nur auf die Großhandelsebene konzentrierte. Diese einseitige Sichtweise lässt sich – wie bereits aufgezeigt[433] – damit erklären, dass zum Zeitpunkt der Entscheidung die praktische Möglichkeit des grenzüberschreitenden Einzelhandelsvertriebs nur sehr eingeschränkt bestand. Mittelbar erkennt dies nunmehr auch der EuGH an, indem er in der Rechtssache *DocMorris* ausdrücklich darauf hinweist, dass *„das Aufkommen des Internets als Mittel des grenzüberschreitenden Verkaufs"* zur Folge hat, *„dass die Reichweite und damit die Wirkung dieses Verbots* [Anm.: des Arzneimittelversandverbots] *in einem größeren Zusammenhang zu prüfen sind, [...]."*[434] Dementsprechend würde es nicht verwundern, wenn der Gerichtshof die Bewertung von Verkaufsmonopolen in Zukunft dieser gewandelten tatsächlichen Ausgangssituation anpassen und ein Apothekenmonopol als Maßnahme gleicher Wirkung i. S. d. Art. 28 EG einordnen würde.[435]

Die Frage der Vereinbarkeit des deutschen Apothekenmonopols mit der Warenverkehrsfreiheit ist dementsprechend im Rahmen der Rechtfertigung zu entscheiden. Stellt man in diesem Zusammenhang generell auf „das Apothekenmonopol" ab, dürfte eine Rechtfertigung gem. Art. 30 EG zum Schutz der Gesundheit nur schwer zu verneinen sein. Der Gemeinschaftskodex für Humanarzneimittel geht an verschiedenen Stellen davon aus, dass die Mitgliedstaaten Apotheken und/oder anderen qualifizierten Personen die Abgabe von Arzneimitteln an die Öffentlichkeit vorbehalten können.[436] Auch der EuGH hat in seiner, die Niederlassungsfreiheit betreffenden Entscheidung *Mac Quen* ausdrücklich bestätigt, dass Regelungen, die bestimmte Tätigkeiten besonders qualifizierten

---

[433] Siehe oben Zweites Kapitel, I, 4, b, aa, (3).

[434] EuGH, Urt. v. 11. Dezember 2003, Rs. C-322/01, DocMorris, NJW 2004, 131, Rn. 73.

[435] Auch *Koch* erkennt im Urteil *DocMorris* eine dahingehende Abweichung von der bisherigen Rechtsprechung, EuZW 2004, 50.

[436] Vgl. etwa die Erwägungsgründe 36 und 38 sowie Art. 1 Nr. 17 Gemeinschaftskodex (RL 2001/83/EG, ABl.EG 2001 Nr. L 311, S. 67).

Berufstätigen vorbehalten, aus Gesundheitsschutzgründen gerechtfertigt sein können.[437] Grund für die Apothekenpflicht ist die Besonderheit der Ware Arzneimittel. Arzneimittel können sich – werden sie unsachgemäß oder in zu großen Mengen eingenommen – gesundheitsschädigend auswirken. Der Apotheker soll als hierfür besonders qualifizierte Person gewährleisten, dass die Arzneimittelabgabe kontrolliert erfolgt und damit Missbräuche soweit wie möglich ausgeschlossen werden. Die Apothekenpflicht kann danach also grundsätzlich gem. Art. 30 EG aus Gesundheitsschutzgründen gerechtfertigt werden.

Etwas anderes könnte allerdings im Hinblick auf einzelne Produkte gelten, die der Apothekenpflicht unterfallen, ohne dass eine potentielle Gefährdung der Gesundheit besteht. Dies kommt insbesondere bei solchen Erzeugnissen in Betracht, die nicht unter die Definition des „Arzneimittels" i. S. d. Art. 1 Nr. 2 Gemeinschaftskodex fallen.[438] So befand auch Generalanwalt *Lenz* in seinen Schlussanträgen zu der Rechtssache *Kommission/Griechenland*, dass die Apothekenpflicht für Säuglingsnahrung nicht aus Gesundheitsschutzgründen gerechtfertigt werden könne.[439] Es sei insbesondere nicht ersichtlich, dass – wie von der griechischen Regierung vorgetragen – die Apothekenpflicht *„das mütterliche Stillen der Neugeborenen fördere"*.[440] Ähnliche – sehr mittelbar erscheinende – Gesundheitsschutzgründe dürften auch in Deutschland als Begründung für die Apothekenpflicht zahlreicher Produkte angeführt werden. Eine Überprüfung dieser Gründe anhand des Gemeinschaftsrechts würde sich an mancher Stelle sicher sinnvoll erweisen.

2. Die Arzneimittelpreisverordnung

Die Abgabepreise für Arzneimittel unterliegen in den meisten EG-Mitgliedstaaten unterschiedlichen staatlichen Vorgaben und weichen daher erheblich voneinander ab.[441] Trotz weit verbreiteter Kritik an dem daraus resultierenden

---

[437] EuGH, Urt. v. 1. Februar 2001, Rs. C-108/96, Mac Quen, Slg. 2001, S. I-837, Rn. 30; in der Entscheidung ging es um eine belgische Regelung, die die Vornahme bestimmter Augenuntersuchungen hierfür qualifizierten Augenärzten vorbehielt. Dies führte dazu, dass die Durchführung dieser Untersuchungen insbesondere auch solchen Augenoptikern untersagt war, die in ihrem Herkunftsstaat (im konkreten Fall Großbritannien) solche Untersuchungen durchführen durften.

[438] RL 2001/83/EG, ABl.EG 2001 Nr. L 311, S. 67; Arzneimittel sind danach *„alle Stoffe oder Stoffzusammensetzungen, die als Mittel zur Heilung oder zur Verhütung menschlicher Krankheiten bezeichnet werden."*

[439] GA *Lenz* zu: EuGH, Urt. v. 4. April 1995, Rs. C-391/92, Kommission/Griechenland, Slg. 1995, S. I-1621, Tz. 26 ff.

[440] GA *Lenz* zu: EuGH, Urt. v. 4. April 1995, Rs. C-391/92, Kommission/Griechenland, Slg. 1995, S. I-1621, Tz. 49.

[441] Siehe zu den unterschiedlichen Preisregulierungen in den EG-Mitgliedstaaten die Hinweise in Fn. 132.

starken Preisgefälle innerhalb der EG beschränken sich sekundärrechtliche Harmonisierungsbemühungen bislang auf den Erlass der sog. Transparenzrichtlinie, welche für einen Überblick über die einzelstaatlichen Vereinbarungen zur Preisfestsetzung sorgt, ohne gemeinschaftsweite Preisvorgaben aufzustellen.[442] Es liegt daher nahe zu untersuchen, inwiefern solche nationalen Preisvorschriften – wie sie etwa in der deutschen Arzneimittelpreisverordnung zu finden sind – mit den Art. 28, 30 EG vereinbar sind.[443] Dies gilt umso mehr, wenn man sich die Gesetzesbegründung für die einheitlichen deutschen Apothekenabgabepreise vor Augen führt: Schutz des Verbrauchers vor Überforderung durch willkürliche Preisgestaltung sowie wirtschaftlicher Schutz des Apothekenstandes.[444] Es erscheint unwahrscheinlich, dass diese wenig überzeugenden Gründe einer gemeinschaftsrechtlichen Rechtfertigungsprüfung standhalten können.

Die Frage der Rechtfertigung stellt sich allerdings auch in diesem Zusammenhang nur, wenn die Preisregeln als „Maßnahmen gleicher Wirkung" i. S. d. Art. 28 EG qualifiziert werden können. Bei der staatlichen Festlegung von Preisen handelt es sich um Vorgaben für den Vertrieb eines Produkts und somit um klassische Vertriebsbindungen. Nicht zuletzt war auch die der Entscheidung *Keck und Mithouard* zugrunde liegende Anti-dumping Vorschrift eine Regelung, die die freie Preisbildung beeinträchtigte.

Voraussetzung einer Überprüfung der Voraussetzungen der „Keck-Formel" ist allerdings, dass die Vorschriften der Arzneimittelpreisverordnung überhaupt auf die grenzüberschreitende Arzneimittelabgabe Anwendung finden. Unterliegen EG-ausländische Apotheken hingegen allein den Preisvorgaben des Herkunftsmitgliedstaates, haben die deutschen Preisvorschriften keinen Einfluss auf den grenzüberschreitenden Vertrieb, so dass kein Konflikt mit der Warenverkehrsfreiheit gem. Art. 28 EG auftritt. Der EuGH hat in der Rechtssache *DocMorris* zur deutschen Arzneimittelpreisverordnung Stellung genommen. Ohne dies nä-

---

[442] RL 89/105/EWG betreffend die Transparenz von Maßnahmen zur Regelung der Preisfestsetzung bei Arzneimitteln für den menschlichen Gebrauch und ihre Einbeziehung in die staatlichen Krankenversicherungssysteme (sog. Transparenzrichtlinie), ABl.EG 1989 Nr. L 40, S. 8.

[443] Der EuGH hat in der Rechtsache *Merck* bestätigt, dass nationale Preisregulierungssysteme „als solche" nicht unzulässig sind, sondern nur dann als vertragswidrig eingestuft werden, wenn sie zu einer Beeinträchtigung des Warenverkehrs führen und nicht gerechtfertigt sind, EuGH, Urt. v. 5. Dezember 1996, Rs. C-267/95 u. C-268/95, Merck, Slg. 1996, S. I-6285, 6389, Rn. 47; eine Untersuchung der Rechtsprechung des EuGH zu Arzneimittelpreisregelungen findet sich bei *Snell*, EBLR 2003, 507, 508 ff.

[444] *Kloesel/Cyran*, AMG, § 78, Rn. 1; *Berger*, Arzneimittelversorgung, S. 17 ff.; insbesondere nach der zum 1. Januar 2004 in Kraft getretenen Beschränkung der Preisbindung auf verschreibungspflichtige Arzneimittel erscheint diese Gesetzesbegründung sehr fragwürdig; zur Arzneimittelpreisverordnung und den Änderungen durch das GMG siehe oben Erstes Kapitel, II, 2, g.

her zu begründen, scheint er davon auszugehen, dass EG-ausländische Apotheken bei der grenzüberschreitenden Arzneimittelabgabe *nicht* an die deutschen Preisvorschriften gebunden sind.[445] Verschiedene Gründe sprechen allerdings gegen diese Annahme. Die Arzneimittelpreisverordnung knüpft ihre Anwendbarkeit an die Abgabe des Arzneimittels in Deutschland. Nach wohl überwiegender Ansicht gibt die Apotheke ein Arzneimittel in dem Moment an den Kunden ab, in dem dieser die tatsächliche Verfügungsgewalt über das Produkt erhält.[446] Erfolgt der grenzüberschreitende Vertrieb im Wege des Versandes, findet die Arzneimittelabgabe also in Deutschland statt, so dass die Arzneimittelpreisverordnung Anwendung finden muss.[447]

Die deutschen Preisvorschriften fallen allerdings auch dann, wenn man von der Anwendbarkeit der Arzneimittelpreisverordnung auf die grenzüberschreitende Arzneimittelabgabe ausgeht, nicht in den Anwendungsbereich des Art. 28 EG. In dem Moment der Abgabe befinden sich die Arzneimittel nämlich bereits auf dem insofern relevanten deutschen Apothekenendkundenmarkt. Die Vorschriften wirken sich also erst nach erfolgtem Marktzugang aus, sie regeln das „Wie" der Arzneimittelabgabe, nicht aber das grundsätzliche „Ob" des Vertriebs in Deutschland. Bei den Vorschriften der Arzneimittelpreisverordnung handelt es sich daher um klassische „Keck-Vorschriften", die aus dem Anwendungsbereich der Warenverkehrsfreiheit herausfallen.[448]

3. Die „Positivliste" des § 73 Abs. 1 Satz 2 AMG

Nach der – erst in der letzten Entwurfsfassung in das GMG aufgenommenen[449] – Vorschrift des § 73 Abs. 1 Satz 2 AMG veröffentlicht das Bundesministerium *„in regelmäßigen Abständen eine aktualisierte Übersicht über die Mitgliedstaaten der Europäischen Union und die anderen Vertragsstaaten des Europäischen Wirtschaftsraumes, in denen für den Versandhandel und den elektronischen Handel mit Arzneimitteln dem deutschen Recht vergleichbare Sicherheitsstandards bestehen."* Nach der Gesetzesbegründung soll diese Staatenliste *„dem*

---

[445] Die Ansicht des Gerichtshofs bleibt letztlich allerdings unklar. Die Entscheidungsgründe geben nur die Meinung des deutschen Apothekerverbands wieder, ohne ihr inhaltlich zu widersprechen oder sich mit ihr auseinanderzusetzen. Möglicherweise wollte sich der Gerichtshof daher zu dieser Frage überhaupt nicht äußern; EuGH, Urt. v. 11. Dezember 2003, Rs. C-322/01, DocMorris, NJW 2004, 131, Rn. 120.

[446] Vgl. nur *Rehmann*, AMG, § 4, Rn. 19; *Kloesel/Cyran*, AMG, § 4, Rn. 57 m. w. N.; *Doepner*, HWG, § 11 Nr. 14, Rn. 11.

[447] Anders allerdings das OLG Hamm in einem Urteil vom 21. September 2004, das eine Bindung an die AMPreisVO für ausländische Apotheken ablehnt (Az. 4 U 74/04).

[448] So im Ergebnis auch *Snell*, EBLR 2003, 507, 511; anders allerdings das OLG Hamm, Urteil v. 21. September 2004, Az. 4 U 74/04..

[449] Entwurf v. 8. September 2003, BT-Drucks. 15/1525, S. 66; in der Entwurfsfassung vom 16. Juni 2003 findet sich der Zusatz hingegen noch nicht, BT-Drucks. 15/1170, S. 49.

Verbraucher zur Orientierung" dienen[450] und damit wohl keine, den Versandhandel aus anderen Mitgliedstaaten verbietende, Regelung beinhalten. Die Formulierung der Vorschrift kann allerdings auch so verstanden werden, dass die Übersicht eine abschließende „Positivliste" der Staaten enthält, aus denen ein Arzneimittelversand nach Deutschland zulässig ist. Dies hätte zur Folge, dass Apotheken aus Mitgliedstaaten, die (noch) nicht in der Übersicht aufgeführt sind, daran gehindert werden, Arzneimittel nach Deutschland zu versenden, und zwar unabhängig davon, ob sie den deutschen Sicherheitsstandards tatsächlich genügen.

Geht man also vom Wortlaut aus, der den Ausgangspunkt jeder Auslegung staatlicher Normen bildet[451], so enthält die Vorschrift eine formale Diskriminierung von Waren aus denjenigen Mitgliedstaaten, welche sich nicht auf der Liste befinden. Es handelt sich damit um eine rechtfertigungsbedürftige Beschränkung des freien Warenverkehrs.

Die strengen Sicherheitsvorkehrungen, die das GMG an den Arzneimittelversand stellt, dienen dem Ziel einer sicheren Arzneimittelabgabe und damit dem Gesundheitsschutz. Im Hinblick darauf, dass der EuGH in der Rechtssache *DocMorris* unter bestimmten Voraussetzungen sogar ein kategorisches Versandverbot für verschreibungspflichtige Arzneimittel für gerechtfertigt hält, dürften gegen diese Sicherheitsvorkehrungen keine gemeinschaftsrechtlichen Bedenken bestehen.[452] Grundsätzlich ist es daher gerechtfertigt, den grenzüberschreitenden Versand aus solchen Apotheken zu verbieten, die diesen Anforderungen nicht genügen.

Zu beachten ist allerdings, dass die Vorschriften der Art. 28, 30 EG als Regel-Ausnahme Verhältnis konzipiert sind. Die Möglichkeit der Rechtfertigung nach Art. 30 EG stellt eine Ausnahme zu dem Grundsatz des Art. 28 EG dar, wonach Maßnahmen, die den freien Warenverkehr beschränken, grundsätzlich verboten sind.[453] Dieser Systematik entsprechen auch die vom EuGH entwickelten Darlegungs- und Beweislastregeln. Den Nachweis für eine Gesundheitsgefährdung muss danach der Mitgliedstaat erbringen, der sich auf die Rechtfertigung beruft.[454] Ihm obliegt also die Pflicht, in negativer Hinsicht festzulegen und zu be-

---

[450] BT-Drucks. 15/1525, S. 166.

[451] Siehe nur *Larenz,* Methodenlehre, S. 343.

[452] EuGH, Urt. v. 11. Dezember 2003, Rs. C-322/01, DocMorris, NJW 2004, 131, Rn. 117 ff.

[453] Zu diesem Grundsatz siehe nur *Epiney* in: Ehlers (Hrsg.), Europäische Grundrechte und Grundfreiheiten, § 8, Rn. 46 ff.; *Bleckmann*, Europarecht, Rn. 1521 ff.; *Epiney* in: Calliess/Ruffert (Hrsg.), Kommentar zu EU- und EG-Vertrag, Art. 30 EG, Rn. 1.

[454] EuGH, Urt. v. 12. Juli 1990, Rs. C-128/89, Kommission/Italien, Slg. 1990, S. I-3239, Rn. 23; EuGH, Urt. v. 1. Juni 1994, Rs. C-317/92, Kommission/Deutschland, Slg. 1994, S. I-2039, Rn. 20; EuGH, Urt. v. 28. April 1998, Rs. C-158/96, Kohll, Slg. 1998, S. I-1931, Rn. 52, 53; siehe hierzu im Detail *Baumhof*, Beweislast vor dem EuGH, S. 146 ff.

gründen, wann und warum der grenzüberschreitende Warenverkehr ausnahmsweise beschränkt werden soll. Die Möglichkeit einer positiven Abgrenzung, wie sie das AMG nun eröffnet, sieht der EG-Vertrag hingegen nicht vor. Sollte der Zusatz des § 73 Abs. 1 Satz 2 AMG in diesem Sinne verstanden und angewendet werden, so dürfte dies mit der Systematik der Art. 28, 30 EG nicht vereinbar sein und daher einen Verstoß gegen die gemeinschaftsrechtliche Warenverkehrsfreiheit darstellen.

4. Die Beschränkung des Mehrbesitzes auf drei Filialapotheken

Mit der Auflockerung des strengen Mehrbesitzverbots durch das GMG[455] stellt sich die Frage, ob sich auch die oftmals geäußerten gemeinschaftsrechtlichen Bedenken gegen das Verbot erledigt haben. Problematisch ist in diesem Zusammenhang die Vereinbarkeit mit der Niederlassungsfreiheit gem. Art. 43 ff. EG.[456] Die Niederlassungsfreiheit, die für natürliche und juristische Personen gleichermaßen gilt, begründet das Recht zur Aufnahme und Ausübung selbständiger Erwerbstätigkeit sowie zur Gründung und Leitung von Unternehmen und Zweigniederlassungen in einem anderen Mitgliedstaat.[457] Um diese Freiheit zu gewährleisten, war das Mehrbesitzverbot auf Druck der Kommission bereits 1994 auf das Gebiet der BRD beschränkt worden.[458] Zuvor setzte die Errichtung einer Apotheke in Deutschland auch die Aufgabe aller in anderen Mitgliedstaaten betriebener Apotheken voraus. Ersetzt wurde diese strenge Regelung durch die heute noch geltende Vorschrift des § 2 Abs. 1 Nr. 8 ApoG, welche nur noch eine Mitteilungspflicht über die in anderen EG-Mitgliedstaaten betriebenen Apotheken enthält. Das Mehrbesitzverbot untersagte nach dieser Änderung also nicht das Betreiben von weiteren Apotheken in anderen Mitgliedstaaten und galt insofern in nur abgeschwächter Form. Die gemeinschaftsrechtlichen Bedenken ergaben sich dementsprechend nun auch nicht mehr aus dem eigentlichen Verbot des Mehrbesitzes, sondern aus dem Zusammenspiel mit der in § 7 Satz 1 ApoG normierten Pflicht zur persönlichen Leitung der deutschen Apotheke. Diese Regelung, welche die weitgehende Anwesenheit des Apothekers in den Apothekenbetriebsräumen erfordert, hatte zur Folge, dass das

---

455 Siehe hierzu im Einzelnen oben Erstes Kapitel, II, 2, f.

456 Ausführliche Untersuchungen zur Frage der Vereinbarkeit des Mehrbesitzverbots mit der Niederlassungsfreiheit finden sich bei *Starck*, Fremd- und Mehrbesitzverbot, S. 30 ff.; *Friauf*, Fremd- und Mehrbesitzverbot, S. 56 ff.; *Zuck/Lenz*, Der Apotheker in seiner Apotheke, S. 91 ff. sowie *Taupitz*, Fremd- und Mehrbesitzverbot, S. 76 ff.

457 Zur Niederlassungsfreiheit siehe nur *Bröhmer* in: Calliess/Ruffert (Hrsg.), Kommentar zu EU- und EG-Vertrag, Art. 43 EG, Rn. 5 ff.; *Tietje* in: Ehlers (Hrsg.), Europäische Grundrechte und Grundfreiheiten, § 10.

458 Stellungnahme der Kommission vom 10. Dezember 1992, KOM/1992/2901 endg.; da aufgrund dieser Stellungnahme eine Klage der Kommission erwartet wurde, wurde das Gesetzgebungsverfahren mit Eile betrieben, BT-Drucks. 12/7211, S. 5.

Betreiben einer weiteren Apotheke in einem anderen Mitgliedstaat nur möglich war, wenn dort keine entsprechende Pflicht zur persönlichen Leitung bestand.

An dieser Ausgangsproblematik hat sich durch die Änderungen des GMG allerdings nichts geändert. Die neue Fassung des § 7 ApoG sieht weiterhin den Grundsatz der persönlichen Leitung der Apotheke vor. Diese Pflicht ist nur insofern eingeschränkt worden, als sie dem Inhaber der Betriebserlaubnis nur noch für die Hauptapotheke obliegt (§ 2 Abs. 5 Nr. 1 ApoG). Mögliche Filialapotheken sind von angestellten Apothekern persönlich zu leiten, welche vom Betreiber zuvor zu benennen sind (§ 7 Satz 2 i. V. m. § 2 Abs. 5 Nr. 2 ApoG). Für Apotheker anderer Mitgliedstaaten bedeutet dies, dass sie nun zwar mehrere Apotheken in Deutschland betreiben dürfen. Voraussetzung ist aber nach wie vor, dass sie eine der in Deutschland betriebenen Apotheken persönlich leiten und dort auch überwiegend anwesend sein müssen.

Diese Pflicht zur persönlichen Leitung der deutschen Hauptapotheke dürfte die Entscheidung für Apotheker anderer Mitgliedstaaten zur Errichtung einer weiteren Apotheke in Deutschland nicht unwesentlich erschweren. Insbesondere dann, wenn auch der Herkunftsmitgliedstaat eine ähnliche Pflicht vorsieht, stellt die Regelung ein erhebliches Hindernis dar. Es liegt nahe, hierin eine Beschränkung der Niederlassungsfreiheit – genauer des Rechts zur Gründung einer Zweigniederlassung – zu sehen.[459] Insbesondere ist nicht ersichtlich, mit welchen Gesundheitsschutzgründen die persönliche Leitungspflicht gerechtfertigt werden könnte. Eine sichere Arzneimittelversorgung kann auch dann gewährleistet werden, wenn statt des Erlaubnisinhabers ein angestellter Apotheker die Apotheke leitet und dort anwesend ist. Bei solchen Apothekern handelt es sich um beruflich adäquat qualifizierte Berufsausübende, die den strengen Standesregeln genauso unterliegen wie die Inhaber der Betriebserlaubnis. Dies scheint im Übrigen mittlerweile auch der deutsche Gesetzgeber so zu sehen, da sich anders nicht erklären lässt, warum er die Leitung von Filialapotheken angestellten

---

[459] Die Niederlassungsfreiheit erschöpft sich nicht in einem Diskriminierungsverbot, sondern hat sich in der Rechtsprechung des Europäischen Gerichtshofs zu einem Beschränkungsverbot weiterentwickelt. Danach fallen auch mitgliedstaatliche Maßnahmen, die für In- und Ausländer gleichermaßen gelten, in den Anwendungsbereich der Niederlassungsfreiheit, wenn sie die Ausübung einer selbständigen Erwerbstätigkeit behindern oder weniger attraktiv machen. Siehe insbesondere EuGH, Urt. v. 30. November 1995, Rs. C-55/94, Gebhard, Slg. 1995, S. I-4165; vgl. auch EuGH, Urt. v. 12. Juli 1984, Rs. 107/63, Klopp, Slg. 1984, S. 2971 und EuGH, Urt. v. 31. März 1993, Rs. C-19/92, Kraus, Slg. 1993, S. I-1663; die Frage, ob die Niederlassungsfreiheit neben einem Diskriminierungsverbot auch ein darüber hinausgehendes Beschränkungsverbot enthält, war in der Literatur lange umstritten. Mittlerweile wird aber durchgängig davon ausgegangen, dass der EuGH die Frage zugunsten eines weiten Verständnisses im Sinne eines Beschränkungsverbots entschieden hat; vgl. *Bröhmer* in: Calliess/Ruffert (Hrsg.), Kommentar zu EU- und EG-Vertrag, Art. 43 EG, Rn. 29 ff. m. w. N.

Apothekern anvertraut. Mögliche Leitungsaufgaben oder Überwachungsfunktionen können vom Erlaubnisinhaber zudem auch von Ferne oder bei regelmäßigen Besuchen ausgeübt werden. Eine ständige Anwesenheit in der Apotheke ist hierfür nicht erforderlich. In Bezug auf andere Heilberufe – wie insbesondere Ärzte – hat der EuGH dementsprechend das Erfordernis einer dauernden Anwesenheit zum Schutz der Gesundheit ausdrücklich zurückgewiesen.[460] Vor diesem Hintergrund erscheint die deutsche Pflicht zur persönlichen Leitung der Hauptapotheke jedenfalls insofern nicht zu rechtfertigen, wie sie die persönliche Anwesenheit in der Apotheke voraussetzt.

5. Das Fremdbesitzverbot

Das Verbot des Fremdbesitzes[461] macht es Nichtapothekern unmöglich, sich in Deutschland niederzulassen, um dort Arzneimittel an Endkunden zu vertreiben. Insbesondere verhindert es auch, dass in einem anderen Mitgliedstaat ansässige juristische Personen, die nach den Vorschriften ihres Gründungsstaates rechtmäßig Arzneimittel vertreiben, eine Zweigniederlassung in Deutschland gründen oder aber ihren Sitz nach Deutschland verlegen. Ebenso wie beim Verbot des Mehrbesitzes stellt sich also auch hier die Frage nach der Vereinbarkeit mit der Niederlassungsfreiheit gem. Art. 43 ff. EG.[462]

Im Gegensatz zum Mehrbesitzverbot sprechen im Fall des apothekenrechtlichen Fremdbesitzverbots allerdings zahlreiche Gründe für eine Rechtfertigung aus Gründen des Gesundheitsschutzes (Art. 46 Abs. 1 EG). Es wurde bereits festgestellt, dass die grundsätzliche Beschränkung der Arzneimittelabgabe auf Apotheken für eine sichere Arzneimittelversorgung erforderlich und geeignet und damit gerechtfertigt sein kann.[463] In ähnlicher Weise soll auch das Fremdbesitzverbot gewährleisten, dass die Abgabe von Arzneimitteln nur von Apothekern vorgenommen wird. Diese sollen nicht dem Einfluss berufsfremder Personen ausgesetzt werden, um zu verhindern, dass fachfremde Kriterien die Entscheidungen des Apothekers beeinflussen.

Voraussetzung einer Rechtfertigung ist allerdings stets, dass das angestrebte Ziel nicht auch durch Maßnahmen erreicht werden kann, welche die Niederlassungsfreiheit weniger beschränken. Hier könnte daran gedacht werden, eine Regelung zu schaffen, die im Fall einer Fremdfinanzierung dem Apotheker stets die letzte

---

[460] EuGH, Urt. v. 16. Juni 1992, Rs. C-351/90, Kommission/Luxemburg, Slg. 1992, S. I-3945, Rn. 22 ff. und EuGH, Urt. v. 30. April 1986, Rs. 96/85, Kommission/Frankreich, Slg. 1986, S. 1475, Rn. 12 ff.; das Erfordernis der ständigen Anwesenheit stellt auch *Becker*, ApoR 2004, 8, 12 in Frage.

[461] Siehe hierzu oben Erstes Kapitel, II, 2, f.

[462] Siehe die Literaturhinweise in Fn. 456.

[463] Vgl. die Ausführungen zur Vereinbarkeit der Apothekenpflicht mit der Warenverkehrsfreiheit oben Viertes Kapitel, II, 1.

Entscheidungsmacht zuerkennt. Eine solche – theoretisch durchaus denkbare – Konstruktion begegnet allerdings insofern Bedenken, als sie in der Praxis schwer kontrollierbar und durchsetzbar sein dürfte. Die finanzielle Übermacht der Investoren gegenüber dem wirtschaftlich von ihnen abhängigen Apotheker birgt zudem die Gefahr, dass die dem Apotheker zuerkannte Entscheidungsmacht letztendlich – möglicherweise unterbewusst – im Sinne der nichtpharmazeutischen Betreiber ausgeübt wird. Im Hinblick auf diese Argumente und angesichts des im Bereich des Gesundheitsschutzes vom EuGH gewährten großzügigen mitgliedstaatlichen Beurteilungsspielraums[464] kann das deutsche Verbot des Fremdbesitzes wohl gem. Art. 46 Abs. 1 EG gerechtfertigt werden.

Neben einer Verletzung der Niederlassungsfreiheit könnte grundsätzlich auch an eine Verletzung der Kapitalverkehrsfreiheit gem. Art. 56 EG durch das Verbot des Fremdbesitzes gedacht werden. Unter dem Begriff des Kapitalverkehrs, der vom EG-Vertrag selbst nicht definiert wird, ist jede über die Grenzen eines Mitgliedstaates der Gemeinschaft hinweg stattfindende Übertragung von Geld- oder Sachkapital zu verstehen, die primär zu Anlagezwecken erfolgt.[465] Das apothekenrechtliche Verbot macht es Kapitalanlegern aus anderen Mitgliedstaaten unmöglich, in eine in Deutschland niedergelassene Apotheke zu investieren. Der Annahme einer Verletzung der Kapitalverkehrsfreiheit stehen jedoch zwei Argumente entgegen: Zum einen würden die entsprechenden Investitionen allein zu dem Zweck erfolgen, einer als Kapitalgesellschaft im Ausland gegründeten Apotheke die Ausübung der Apothekertätigkeit auch in Deutschland zu ermöglichen. Sie würden also in unmittelbarem Zusammenhang mit der Ausübung der Niederlassungsfreiheit stehen. Grundsätzlich sind aber solche Direktinvestitionen, die ausschließlich zum Zweck der selbständigen wirtschaftlichen Betätigung in einem anderen Mitgliedstaat erfolgen, nur als Annex zur Niederlassungsfreiheit zu betrachten.[466] Eine selbständige Beurteilung am Maßstab der Kapitalverkehrsfreiheit könnte also bereits aus diesem Gesichtspunkt ausscheiden. Zum anderen kommen aber auch im Rahmen der Kapitalverkehrsfreiheit die bereits erörterten Gesundheitsschutzerwägungen zum Tragen.

6. Die Vorschrift des § 2 Abs. 2 ApoG

Nach § 2 Abs. 2 ApoG erhalten Apotheker, die ihr Diplom in einem anderen Mitgliedstaaten der EG erworben haben, in Deutschland nur dann eine Erlaubnis zum Betrieb einer Apotheke, wenn die Erlaubnis für eine Apotheke beantragt

---

[464] Siehe hierzu oben Drittes Kapitel, I.

[465] Vgl. *Bröhmer* in: Calliess/Ruffert (Hrsg.), Kommentar zu EU- und EG-Vertrag, Art. 56 EG, Rn. 8; *v. Wilmowsky* in: Ehlers (Hrsg.), Europäische Grundrechte und Grundfreiheiten, § 12.

[466] Vgl. *Bröhmer* in: Calliess/Ruffert (Hrsg.), Kommentar zu EU- und EG-Vertrag, Art. 56 EG, Rn. 24.

wird, die seit mindestens drei Jahren betrieben wird. Hierdurch wird das Recht zur Ausübung einer selbständigen Erwerbstätigkeit in für EG-Ausländer diskriminierender Weise beeinträchtigt, so dass eine Beschränkung der Niederlassungsfreiheit ohne weiteres bejaht werden kann. Zur Rechtfertigung der Vorschrift wird zumeist angeführt, es handele sich um die Umsetzung der Richtlinie 85/433/EWG über die gegenseitige Anerkennung der Diplome, Prüfungszeugnisse und sonstigen Befähigungsnachweise des Apothekers.[467] Tatsächlich lautet Art. 2 Abs. 2 der Richtlinie 85/433/EWG wie folgt: „*Die Mitgliedstaaten sind jedoch nicht verpflichtet, den in Absatz 1 genannten Diplomen, Prüfungszeugnissen und sonstigen Befähigungsnachweisen für die Gründung neuer, der Öffentlichkeit zugänglicher Apotheken Wirkung zu verleihen. Im Sinne dieser Richtlinie gelten als solche auch Apotheken, die vor weniger als drei Jahren eröffnet wurden.*" Das Sekundärrecht gestattet den Mitgliedstaaten in dieser Vorschrift ausdrücklich, solche Apotheker, die ihre Berufsqualifikation in anderen EG-Mitgliedstaaten erworben haben, bei der Gründung neuer Apotheken schlechter zu stellen als Apotheker mit einem inländischen Diplom. Apotheken, die vor weniger als drei Jahren eröffnet wurden, werden zudem Neueröffnungen gleichgestellt. Mit Einführung des § 2 Abs. 2 ApoG hat der Mitgliedstaat Bundesrepublik Deutschland von dieser sekundärrechtlichen Erlaubnis Gebrauch gemacht. Es handelt sich also um die Umsetzung von Art. 2 Abs. 2 Richtlinie 85/433/EWG. Diese Tatsache hat zur Folge, dass eine direkte Überprüfung der mitgliedstaatlichen Norm anhand des Primärrechts ausscheidet. Wie im Rahmen der Ausführungen zum Verbringungsverbot für nicht zugelassene Arzneimittel bereits aufgezeigt[468], bedeutet dies jedoch nicht, dass dem primären Recht keine Bedeutung mehr zukommt. Im Zentrum der Untersuchung steht in einem solchen Fall die sekundärrechtliche Norm, die ihrerseits den Vorgaben des Primärrechts genügen muss. Hebt man dementsprechend Art. 2 Abs. 2 Richtlinie 85/433/EWG auf den Prüfstand der Art. 43 ff. EG, so erscheint es sehr zweifelhaft, ob die Vorschrift gemeinschaftsrechtlich gerechtfertigt werden kann.

Die Erwägungsgründe der Richtlinie 85/433/EWG weisen darauf hin, dass einige Mitgliedstaaten die Zahl der Apotheken, die neu eingerichtet werden können, beschränken, während andere Mitgliedstaaten keine solchen Vorkehrungen getroffen haben. Daher sei es „*verfrüht vorzusehen, dass sie die Auswirkungen der Anerkennung der Diplome, Prüfungszeugnisse und sonstigen Befähigungsnachweise des Apothekers auch auf die Ausübung der Tätigkeit des Apothekers als Inhaber einer seit weniger als drei Jahren der Öffentlichkeit zugänglichen Apo-*

[467] RL 85/433/EWG über die gegenseitige Anerkennung der Diplome, Prüfungszeugnisse und sonstigen Befähigungsnachweise des Apothekers und über Maßnahmen zur Erleichterung der tatsächlichen Ausübung des Niederlassungsrechts für bestimmte pharmazeutische Tätigkeiten, ABl.EG 1985 Nr. L 253, S. 37.

[468] Siehe oben Zweites Kapitel, II, 2, sowie Drittes Kapitel, III, 1.

theke ausdehnen müssen." Dieser Begründung folgen die deutschen Gesetzesmaterialien zur Umsetzungsvorschrift: Mit Einführung des § 2 Abs. 2 ApoG solle *„ein übermäßiger Zustrom von niederlassungswilligen Apothekern in die Mitgliedstaaten, in denen grundsätzlich Niederlassungsfreiheit besteht, verhindert werden.*"[469]

Insbesondere im Hinblick auf die im Rahmen der Versandhandelsdiskussion geäußerten Befürchtungen, es werde bei Zulassung des Arzneimittelversandes zu einem Apothekensterben kommen, kann diese Argumentationsführung nicht überzeugen. Einerseits wird befürchtet, mangels ausreichender Anzahl von Apotheken sei die flächendeckende Versorgung mit Apotheken in Gefahr, andererseits aber soll es – ebenfalls zur Sicherung der flächendeckenden Arzneimittelversorgung – notwendig sein, Apotheker von der Niederlassung in anderen Mitgliedstaaten abzuhalten. Andere Gesundheitsschutzgründe, die zur Rechtfertigung der Vorschrift herangezogen werden könnten, sind nicht ersichtlich. Zudem wurde in Kapitel Drei ausführlich dargelegt, welche Regulierungsalternativen denkbar sind, um eine flächendeckende Arzneimittelversorgung sicherzustellen.[470] Ebenso wie in Deutschland dürften auch in anderen Mitgliedstaaten solche Regulierungsmodelle denkbar sein. Vor diesem Hintergrund kommt eine Rechtfertigung der Norm des Art. 2 Abs. 2 Richtlinie 85/433/EWG aus Gesundheitsschutzgründen nicht in Betracht.

Die primärrechtliche Bedenklichkeit der Vorschrift war offensichtlich auch dem Gemeinschaftsgesetzgeber bei Erlass der Richtlinie bewusst. Anders lässt sich der Zusatz in den Erwägungsgründen nicht erklären, wonach dieses Problem *„von Kommission und Rat innerhalb einer bestimmten Frist erneut geprüft werden*" muss. Mit einiger Verspätung ist diese Überprüfung unterdessen erfolgt: In dem Vorschlag der Kommission für eine Richtlinie über die Anerkennung von Berufsqualifikationen vom 7. März 2002, welche unter anderem die Richtlinie 85/433/EWG ersetzen soll, findet sich eine dem Art. 2 Abs. 2 entsprechende Beschränkung der Anerkennung von Prüfungsnachweisen nicht wieder.[471] Mit Inkrafttreten dieser neuen Richtlinie, die am 11. Februar 2004 in erster Lesung vom Europäischen Parlament mit Änderungsanträgen gebilligt wurde[472], wird der deutsche Gesetzgeber verpflichtet sein, die Vorschrift des § 2 Abs. 2 ApoG innerhalb einer bestimmten Umsetzungsfrist aufzuheben.[473] Bis zu diesem noch unbestimmten Zeitpunkt ergibt sich die deutsche Norm jedoch aus Art. 2 Abs. 2

---

469 BR-Drucks. 583/87, S. 16; *Ress/Ukrow*, Niederlassungsrecht von Apotheken, S. 71.

470 Siehe oben Drittes Kapitel, II, 2, c, ee.

471 ABl.EG 2002 Nr. C 181, S. 183.

472 Der aktuelle Stand des Gesetzgebungsverfahrens ist abrufbar unter http://europa.eu.int/eur-lex/de/search/search_lip.html nach Eingabe der Kommissionssache KOM/2002/0119 endg.

473 Vgl. zu Umsetzung und Vorwirkung von Richtlinien nur *Schroeder* in: Streinz (Hrsg.), EUV/EGV, Art. 249 EG, Rn. 78 ff. sowie *Koenig/Haratsch*, Europarecht, Rn. 279 ff.

Richtlinie 85/433/EWG. Aufgrund dieser Übereinstimmung mit dem Sekundärrecht gilt sie solange als gemeinschaftsrechtskonform, bis die Richtlinienvorschrift aufgehoben oder vom EuGH für nichtig erklärt wurde.[474]

III. Folgerungen für künftige Reformvorhaben

Die Aufhebung des Arzneimittelversandverbots in § 43 Abs. 1 AMG durch das GMG war das Resultat lange diskutierter Reformbemühungen im deutschen Gesundheitswesen. Diese Konsequenz hätte jedenfalls für verschreibungsfreie Arzneimittel auch aus der Gemeinschaftsrechtswidrigkeit des Verbots gezogen werden müssen.

In welchem Ausmaße in Zukunft von der Möglichkeit des Versandes – sowohl von Seiten der Apotheker als auch seitens der Verbraucher – Gebrauch gemacht wird, bleibt nun dem Markt überlassen. Eine sichere Prognose oder gezielte Steuerung ist zum jetzigen Zeitpunkt nicht möglich. Umso wichtiger wird es sein, die diesbezügliche Entwicklung auf dem Apothekenmarkt genau zu beobachten, um für den Fall, dass eine Gefährdung der Arzneimittelversorgung zu befürchten steht, dieser Entwicklung mit geeigneten Mechanismen entgegentreten zu können. Bei der Erarbeitung und Diskussion solcher regulierenden Mechanismen sind stets die gemeinschaftsrechtlichen Vorgaben zu beachten. Es bietet sich an, – wie im Rahmen dieser Arbeit dargestellt – hierzu auf Universaldienstleistungsmodelle aus anderen Bereichen der Daseinsvorsorge zurückzugreifen.

Diese Änderungen des deutschen Apothekenrechts sind indes zurzeit nicht zwingend geboten. Ebenso folgt auch aus der vorliegend entwickelten Lösung für den Versand von nicht in Deutschland zugelassenen Arzneimitteln keine Notwendigkeit zur Anpassung des § 73 Abs. 1 AMG. Vielmehr können solche Arzneimittel, die mit einem in Deutschland zugelassenen Arzneimittel inhaltlich identisch sind, unter den aufgezeigten Voraussetzungen so behandelt werden als verfügten sie über eine deutsche Zulassung. Entsprechend werden seit Jahren auf der Großhandelsebene Parallelimporte nicht unter das Verbringungsverbot des § 73 Abs. 1 AMG subsumiert. Die Identitätsüberprüfung – auch als vereinfachtes Zulassungsverfahren bezeichnet – erfolgt ohne gesetzliche Grundlage allein aufgrund einer Bekanntmachung des Bundesgesundheitsministeriums aus

---

[474] Aufgrund des derzeit diskutierten Richtlinienvorschlags ist eine Vorlage zum EuGH wohl eher unwahrscheinlich. Grundsätzlich ist aber jedes deutsche Gericht, welches mit der Regelung befasst wird, aufgrund der ins Auge springenden Unwirksamkeit der Norm verpflichtet, die Frage der Vereinbarkeit der sekundärrechtlichen Vorschrift mit dem Primärrecht dem EuGH zur Entscheidung vorzulegen; siehe nur *Koenig/Pechstein/Sander*, EU-/EG-Prozessrecht, Rn. 804 ff.; EuGH, Urt. v. 22. Oktober 1987, Rs. 314/85, Foto Frost, Slg. 1987, S. 4199, Rn. 15 ff.

dem Jahre 1995.[475] Diese Handhabung ist nicht zuletzt darauf zurückzuführen, dass auch auf Gemeinschaftsebene eine Anpassung des Sekundärrechts an die Parallelhandelsrechtsprechung des EuGH bisher ausblieb. Ein entsprechender, von der Kommission im Jahr 1980 vorgelegter Richtlinienentwurf scheiterte an den Bedenken des Wirtschafts- und Sozialausschusses und musste – nach Ablehnung durch das Europäische Parlament – zurückgenommen werden.[476] Die Kommission beschränkte sich daraufhin auf den Erlass einer rechtlich unverbindlichen Mitteilung, in welcher sie ihren Standpunkt zur rechtlichen Bewertung von Parallelimporten darlegte.[477] Mit Ausweitung des Parallelimports wird die Schaffung einer sekundärrechtlichen Grundlage durch entsprechende Anpassung des Gemeinschaftskodex allerdings immer dringlicher. Nur so können Unsicherheiten bei der Bewertung der Rechtsprechung des EuGH vermieden werden. Sollte sich der Parallelimport zudem auch auf der Einzelhandelsebene weiter verbreiten, dürften solche Unsicherheiten vermehrt auftreten.

Inwieweit sich die neue Bezugsmöglichkeit in der Praxis tatsächlich etablieren wird, bleibt jedoch fraglich. Ihrer Ausweitung könnte insbesondere eine Besonderheit des Endkundenmarktes für Arzneimittel entgegenstehen: Die Arzneimittelkosten werden zum großen Teil nicht von den Kunden selbst, sondern von gesetzlichen oder privaten Krankenversicherungen getragen.[478] Dies führt dazu, dass sich der Arzneimittelvertrieb auf der Endkundenebene überwiegend auf erstattungsfähige Produkte konzentriert. Die Verschreibungsgewohnheiten und Voraussetzungen der Erstattung können allerdings von Mitgliedstaat zu Mitgliedstaat erheblich voneinander abweichen.[479] Insbesondere sind oftmals nur bestimmte Packungsgrößen vom Versicherungsschutz abgedeckt. Wird aufgrund dessen ein Arzneimittel nun im Ein- und Ausfuhrmitgliedstaat in verschiedenen Packungsgrößen vertrieben, kommt mangels Kostenübernahme ein direkter grenzüberschreitender Verkauf an einen im Einfuhrstaat versicherten Kunden

---

[475] Bekanntmachung über die Zulassung von parallelimportierten Arzneimitteln im Rahmen eines vereinfachten Verfahrens v. 8. November 1995, PharmR 1996, 202.

[476] Vorschlag für eine Richtlinie des Rates zur Änderung der Richtlinien 65/65/EWG und 75/319/EWG über die Angleichung der Rechts- und Verwaltungsvorschriften über Arzneispezialitäten, ABl.EG 1980 Nr. C 143, S. 8; zum Scheitern dieses Entwurfs siehe *Wagner*, Europäisches Zulassungssystem, S. 89.

[477] KOM/1981/803 endg.: Mitteilung der Kommission über Parallelimporte von Arzneispezialitäten, deren Inverkehrbringen bereits genehmigt ist, ABl.EG 1982 Nr. C 1982, S. 5; diese Mitteilung wurde im Dezember 2003 aktualisiert, KOM (2003) 839 endg.

[478] Zu dieser besonderen Struktur des Arzneimittelmarktes siehe *Krock*, Einfluss der europäischen Grundfreiheiten auf den Handel mit Arzneimitteln, S. 172 ff.; *Schöffski*, Regulierung des Apothekenwesens, S. 9 ff.; *Friske*, Mehr Markt und Wettbewerb in der deutschen Arzneimittelversorgung?, S. 40 ff.

[479] *Wagner*, Europäisches Zulassungssystem, S. 132; *Reich*, NJW 1984, 2000, 2002; siehe etwa auch EuGH, Urt. v. 11. Juli 1996, Rs. C-232/94, MPA Pharma, Slg. 1996, S. I-3671.

nicht in Betracht. Beim Parallelimport auf der Großhandelsebene wird aus diesem Grund regelmäßig auch die Packungsgröße den Anforderungen des Einfuhrmitgliedstaates angepasst. Auf der Einzelhandelsebene dürfte eine solche Anpassung der Packungsgrößen aus logistischen Gründen hingegen nur schwer realisierbar sein.[480] Die praktische Umsetzung des rechtlich zulässigen „Parallelimports auf der Einzelhandelsebene“ könnte daher an den verschiedenen mitgliedstaatlichen Verschreibungs- und Erstattungsvorschriften scheitern. Solange diese Vorschriften keiner gemeinschaftsweiten Harmonisierung unterzogen werden, ist eine Verbreitung deshalb nur für solche Produkte denkbar, deren Kosten nicht von der Krankenkasse übernommen werden. Angesichts des Kostendrucks, mit dem sich insbesondere die gesetzlichen Krankenkassen zurzeit konfrontiert sehen, dürfte die Anzahl der nicht erstattungsfähigen Arzneimittel in Zukunft aber weiter steigen.[481] Eine Ausweitung des „Parallelimports auf der Einzelhandelsebene“ erscheint insofern durchaus realistisch. Umso wichtiger wird es daher sein, diese grenzüberschreitende Bezugsmöglichkeit auf eine rechtlich eindeutige Grundlage zu stellen.

Während im Bereich des Parallelhandels eine Anpassung der rechtlichen Vorgaben somit zwar sinnvoll, nicht aber zwingend erforderlich ist, bedarf das Apothekenrecht an anderer Stelle der gemeinschaftsrechtlich gebotenen Änderung oder Anpassung. Auf sekundärrechtlicher Ebene ist insbesondere auf die Vorschrift des Art. 2 Abs. 2 Richtlinie 85/433/EWG hinzuweisen, die in nicht gerechtfertigter Weise die Niederlassungsfreiheit beschränkt. Der von der Kommission vorgelegte Richtlinienvorschlag über die Anerkennung von Berufsqualifikationen, der eine Aufhebung dieser Norm vorsieht, ist insofern uneingeschränkt zu begrüßen. Daneben besteht auch auf mitgliedstaatlicher Ebene Änderungsbedarf. Dies gilt vor allem für die Anwesenheitspflicht des § 7 Abs. 1 ApoG, die den Mehrbesitz für Apotheker aus anderen Mitgliedstaaten praktisch unmöglich macht. Von den durch das GMG eingeführten Änderungen begegnet insbesondere die „Positivliste“ des § 73 Abs. 1 Satz 2 AMG gemeinschaftsrechtlichen Bedenken.

Mit dem Gemeinschaftsrecht vereinbar haben sich demgegenüber die Arzneimittelpreisverordnung und das Fremdbesitzverbot herausgestellt. Dies heißt allerdings nicht, dass hier nicht aus anderen, überwiegend politischen Gesichtspunkten möglicher Reformbedarf besteht. Die unterschiedlichen Preisregelungen in den Mitgliedstaaten der EG werden – insbesondere im Hinblick auf das hieraus resultierende Defizit wettbewerblicher Strukturen – bereits seit langem kriti-

---

[480] Siehe oben Drittes Kapitel, III, 2, c, dd.

[481] So wurden etwa durch das GMG alle nicht verschreibungspflichtigen Arzneimittel aus der Leistungspflicht der gesetzlichen Krankenversicherung herausgenommen; vgl. § 34 SGB V.

siert.[482] Die Kommission vertraut insofern auf die integrationsfördernde Wirkung des Parallelhandels. Dieser löse einen Systemwettbewerb aus und zwinge die Mitgliedstaaten langfristig zu einer Umgestaltung der nationalen Regulierungssysteme.[483] Dieser Einschätzung der Kommission ist insbesondere auch insofern zuzustimmen, als die zunehmende Versandhandelstätigkeit auf der Einzelhandelsebene zu verstärktem Druck auf den nationalen Gesetzgeber führen dürfte. Die Konkurrenz aus dem EG-Ausland, die identische Arzneimittel zu geringeren Preisen anbieten kann[484], bedeutet einen erheblichen Wettbewerbsnachteil für deutsche Apotheker. Eine solche sog. Inländerdiskriminierung ist zwar gemeinschaftsrechtlich nicht verboten[485], kann aber politisch auf Dauer wohl kaum gewollt sein.

Ebenso spricht auch für eine Aufhebung bzw. Lockerung des deutschen Fremdbesitzverbots ein gewichtiges politisches Argument. Das bestehende Fremdbesitzverbot versperrt deutschen Apotheken den Zugang zu Eigenkapitalmärkten. Solche Finanzierungsmöglichkeiten wären aber für den Aufbau einer wirtschaftlich arbeitenden Versandapotheke erforderlich. Denn erst ab einer bestimmten Größe der Apotheke und einer entsprechenden Menge an verkauften Arzneimitteln wird der Versandhandel rentabel. Ohne die Möglichkeit der Finanzierung durch fremdes Eigenkapital, regelmäßig Wagniskapital (venture capital), wird es für deutsche Apotheken deshalb sehr schwer sein, den für den Aufbau einer Versandapotheke erforderlichen logistischen und technischen Aufwand zu leisten und einen wirtschaftlichen Apothekenbetrieb zu erreichen. Demgegenüber unterfallen Apotheken, die in Mitgliedstaaten ansässig sind, die das Fremdbesitzverbot nicht kennen, nicht den deutschen Restriktionen. Die Beibehaltung des Fremdbesitzverbots hätte also eine einseitige Privilegierung von EG-ausländischen Apotheken wie DocMorris zur Folge und würde zu einer Diskriminierung der deutschen Apotheker führen. Ebenso wie bei der Preisregulierung dürfte dies zu einem politischen Anpassungsdruck führen. Im Hinblick auf die Wettbewerbsfähigkeit deutscher Apotheken spricht politisch also viel dafür, das Verbot des Fremdbesitzes in Deutschland zu lockern oder ganz aufzuheben.[486]

---

[482] *Schroeder*, EuZW 1994, 78; *Koenig/Engelmann/Sander*, GRUR Int. 2001, 919; *Handelsblatt* v. 15. Dezember 2003, „EU will Regulierung von Arzneimitteln lockern", S. 10; *Frankfurter Allgemeine Zeitung* v. 11. Dezember 1996, „Noch lange kein europäischer Pharma-Markt", S. 17.

[483] Siehe insbesondere Mitteilung der Kommission über den Binnenmarkt für Arzneimittel v. 25. November 1998, KOM/1998/588 endg., S. 6; zuletzt betonte Wettbewerbskommissar Monti die Bedeutung des Parallelhandels für den europäischen Binnenmarkt, *Frankfurter Allgemeine Zeitung* v. 9. Mai 2001, „EU-Kommission: Grauimporte zulassen", S. 16.

[484] Dies allerdings nur, wenn man davon ausgeht, dass sie nicht der deutschen Preisbindung unterfällt; zu dieser Frage oben Viertes Kapitel, II, 2.

[485] Siehe nur *Koenig/Haratsch*, Europarecht, Rn. 723.

[486] So auch *Koch*, EuZW 2004, 50 f.

Da dieses Verbot zwar gemeinschaftsrechtlich gerechtfertigt werden kann, nicht aber vom Sekundärrecht zwingend vorgesehen ist, wird es letztlich dem deutschen Gesetzgeber überlassen bleiben, wie hoch er die mit dem Fremdbesitz verbundenen Gesundheitsgefahren bewertet und welchen Änderungsbedarf er erkennt. In jedem Fall müssen bei zukünftigen Reformbestrebungen stets die Vorgaben des Gemeinschaftsrechts im Auge behalten werden. Das Beispiel Arzneimittelversandverbot hat gezeigt, wie weit insbesondere die Grundfreiheiten des EG-Vertrags das nationale Apothekenrecht beeinflussen können.

LITERATURVERZEICHNIS

ABDA (Bundesvereinigung Deutscher Apothekerverbände)	Jahresbericht 2002/2003, Eschborn 2003 (zitiert: *ABDA*, Jahresbericht 2002/2003).
Adler, Madeleine	Universaldienstleistungen nach dem TKG, Verfassungsrechtliche Grundlagen und Fragen des Rechtsschutzes, Aachen 2000 (zitiert: *Adler*, Universaldienstleistungen).
Adrian, Axel	Juristische Methodenlehre und die „Keck-Entscheidung" des EuGH, EWS 1998, 288.
Ahlfeld, Martin	Zwingende Erfordernisse im Sinne der Cassis-Rechtsprechung des Europäischen Gerichtshofs zu Art. 30 EGV, Anwendungsbereiche – Einzelstaatliche Regelungsspielräume – Quellen, Baden-Baden 1997 (zitiert: *Ahlfeld*, Zwingende Erfordernisse).
Arndt, Hans-Wolfgang	Europarecht, 6. Auflage, Heidelberg 2003 (zitiert: *Arndt*, Europarecht).
Arndt, Hans-Wolfgang	Warenverkehrsfreiheit und nationale Verkaufsbeschränkungen, Anmerkungen zum Urteil des EuGH vom 24. November 1993 – Keck und Mithouard, ZIP 1994, 188.
Badura, Peter	Wirtschaftliche Betätigung der öffentlichen Hand zur Gewährleistung von Daseinsvorsorge in: Schwarze, Jürgen (Hrsg.), Daseinsvorsorge im Lichte des Wettbewerbsrechts, Baden-Baden 2001, S. 25 (zitiert: *Badura* in: Schwarze (Hrsg.), Daseinsvorsorge im Lichte des Wettbewerbsrechts).
Bartling, Hartwig *Luzius, Franz*	Grundzüge der Volkswirtschaftslehre, 14. Auflage, München 2002 (zitiert: *Bartling/Luzius*, Volkswirtschaftslehre).
Baumhof, Angelika	Die Beweislast im Verfahren vor dem Europäischen Gerichtshof, Baden-Baden 1996 (zitiert: *Baumhof*, Beweislast vor dem EuGH).

Beck`scher TKG-Kommentar Telekommunikationsgesetz, herausgegeben von Büchner, W.; Ehmer, J.; Geppert, M.; Kerkhoff, B.; Piepenbrock, H.-J.; Schütz, R.; Schuster, F.; 2. Auflage 2000 (zitiert: *Bearbeiter*, in: Beck´scher TKG-Kommentar).

Becker, Ulrich Lockerung des Mehr- und Fremdbesitzverbots von Apotheken im Lichte des Grundgesetzes und der Grundfreiheiten des EG-Vertrags, ApoR 2004, 8.

Becker, Ulrich Gesetzliche Krankenversicherung im Europäischen Binnenmarkt, NJW 2003, 2272.

Becker, Ulrich Von „Dassonville" über „Cassis" zu „Keck" – Der Begriff der Maßnahme gleicher Wirkung in Art. 30 EGV, EuR 1994, 162.

Berger, Matthias J. Die Arzneimittelversorgung durch Apotheken, Berlin 1974 (zitiert: *Berger*, Arzneimittelversorgung).

Blankenberg, Klaus Online-Arzneimittelhandel in den USA, BKK 2001, 84.

Blankenberg, Klaus Quo vadis Arzneimittelversorgung? Konsequenzen einer Legalisierung des Arzneimittelversandhandels, PharmR 2001, 244.

Blasius, Helga
Cranz, Hubertus Arzneimittel und Recht in Europa, Stuttgart 1998 (zitiert: *Blasius/Cranz*, Arzneimittel und Recht in Europa).

Blasius, Helga
Müller-Römer, Dietrich
Fischer, Jürgen Arzneimittel und Recht in Deutschland, Stuttgart 1998 (zitiert: *Blasius/Müller-Römer/Fischer*, Arzneimittel und Recht in Deutschland).

Bleckmann, Albert Europarecht, 6. Auflage, Köln, Berlin, Bonn, München 1997 (zitiert: *Bleckmann*, Europarecht).

Bunte, Hermann-Josef Kartellrecht, München 2003 (zitiert: *Bunte*, Kartellrecht).

Bydlinski, Franz Juristische Methodenlehre und Rechtsbegriff, zweite, ergänzte Auflage, Wien 1991 (zitiert: *Bydlinski,* Methodenlehre).

Calliess, Christian Ruffert, Matthias (Hrsg.) Kommentar zu EU-Vertrag und EG-Vertrag, 2. Auflage, Neuwied 2002 (zitiert: *Bearbeiter* in: Calliess/Ruffert (Hrsg.), Kommentar zu EU- und EG-Vertrag).

Cassel, Dieter Ordnungspolitischer Reformbedarf des Arzneimittelmarktes in: Stein, Peter (Hrsg.), Perspektiven zur Regelung des Internetversandhandels von Arzneimitteln, S. 13, München 2002 (zitiert: *Cassel* in: Stein (Hrsg.), Perspektiven zur Regelung des Internetversandhandels von Arzneimitteln).

Cassel, Dieter Reformoptionen im deutschen Arzneimittelvertrieb und ihre Effekte, in: Wille, Eberhard/Albring, Manfred (Hrsg.), Konfliktfeld Arzneimittelversorgung, S. 281 (zitiert: *Cassel* in Wille/Albring, Konfliktfeld Arzneimittelversorgung).

Classen, Claus Dieter Auf dem Weg zu einer einheitlichen Dogmatik der EG-Grundfreiheiten?, Absolute und relative Gehalte der Grundfreiheiten, EWS 1995, 97.

Collatz, Brigitte (Hrsg.) Handbuch der EU-Zulassung, Zentralisiertes Verfahren und Verfahren der gegenseitigen Anerkennung für Human- und Tierarzneimittel, Aulendorf 1998 (zitiert: *Collatz,* Handbuch der EU-Zulassung).

Cyran, Walter Rotta, Christian Apothekenbetriebsordnung, Kommentar, Stuttgart Loseblatt, Stand: August 2003 (zitiert: *Cyran/Rotta,* ApoBetrO).

Dettling, Heinz-Uwe Arzneimittelverkauf oder –versorgung? Anmerkungen zum Urteil des EuGH in Sachen DocMorris, PharmR 2004, 66.

Dettling, Heinz-Uwe — Arzneimittel in der Gesundheitsreform 2003, Die Neuregelungen des Gesetzes zur Modernisierung der gesetzlichen Krankenversicherung (GKV-Modernisierungsgesetz – GMG), Frankfurt 2003 (zitiert: *Dettling*, Arzneimittel in der Gesundheitsreform 2003).

Dettling, Heinz-Uwe — Schlussanträge in Sachen DocMorris, Generalanwältin contra EuGH, Handelsware contra Heilmittel, PharmR 2003, 194.

Deutsch, Erwin
Spickhoff, Andreas — Medizinrecht (Arztrecht, Arzneimittelrecht, Medizinprodukterecht und Transfusionsrecht), 5. Auflage, Berlin/Heidelberg 2003 (zitiert: *Deutsch,* Medizinrecht).

Deutsch, Erwin
Lippert, Hans-Dieter — Kommentar zum Arzneimittelgesetz, Berlin, Heidelberg 2001 (zitiert: *Deutsch/Lippert,* AMG).

Diekmann, Thomas J.
Christophers, Hinrich — Herstellerrabatterstattung an EU-ausländische Apotheken, ApoR 2003, 143.

Doepner, Ulf — Heilmittelwerbegesetz, Kommentar, 2. Auflage, München 2000 (zitiert: *Doepner*, HWG).

Doerfert, Carsten — Europarecht, Neuwied und Kriftel 2001 (zitiert: *Doerfert*, Europarecht).

Eberhartinger, Michael — Konvergenz und Neustrukturierung der Grundfreiheiten, EWS 1997, 43.

Ehlers, Alexander P. F. — Neuordnung der Versorgung mit Arzneimitteln – Änderungen im Rahmen des Entwurfes des Gesundheitssystemmodernisierungsgesetzes (GMG), Pharm. Ind. 2003, 835.

Ehlers, Dirk — Die Grundfreiheiten des europäischen Gemeinschaftsrechts, Teil I, JURA 2001, 266; Teil II, JURA 2001, 482.

Ehlers, Dirk (Hrsg.) — Europäische Grundrechte und Grundfreiheiten, Berlin 2003 (zitiert: *Verfasser* in: Ehlers (Hrsg.), Europäische Grundrechte und Grundfreiheiten).

Eichler, Alexander Arzneimittel im Internet, Anmerkung zu LG Frankfurt a.M., Urteile vom 9.11.2000, K & R 2001, 144.

Eilmansberger, Thomas Zur Reichweite der Grundfreiheiten des Binnenmarktes, 1. Teil, JBl. 1999, 345; 2. Teil, JBl. 1999, 434.

Emmerich, Volker Kartellrecht, 9. Auflage, München 2001 (zitiert: *Emmerich*, Kartellrecht).

Emmerich-Fritsche, Angelika Der Grundsatz der Verhältnismäßigkeit als Direktive und Schranke der EG-Rechtsetzung, Berlin 2000 (zitiert: *Emmerich-Fritsche*, Grundsatz der Verhältnismäßigkeit).

Engelmann, Christina Kostendämpfung im Gesundheitswesen und EG-Wettbewerbsrecht, Am Beispiel der Versorgung mit Arzneimitteln und ärztlichen Leistungen in der deutschen und französischen gesetzlichen Krankenversicherung, Baden-Baden 2002 (zitiert: *Engelmann*, Kostendämpfung im Gesundheitswesen und EG-Wettbewerbsrecht).

Epiney, Astrid
Möllers, Thomas M. J. Freier Warenverkehr und nationaler Umweltschutz, Zu dem den EG-Mitgliedstaaten verbleibenden Handlungsspielraum im Europäischen Umweltschutzrecht unter besonderer Berücksichtigung der Verhältnismäßigkeitsprüfung, Köln/Berlin/München 1992 (zitiert: *Epiney/Möllers*, Freier Warenverkehr und nationaler Umweltschutz).

Ernst, Stefan Arzneimittelverkauf im Internet, WRP 2001, 893.

Feiden, Karl
Pabel, Hermann Wörterbuch der Pharmazie, Band 3, Arzneimittel- und Apothekenrecht, Stuttgart 1985 (zitiert: *Feiden/Pabel*, Wörterbuch der Pharmazie).

Fink-Anthe, Carola Parallelhandel in Europa weiter auf Wachstumskurs, PharmInd 2002, 128.

Fischer, Hans Georg Europarecht, 3. Auflage, München 2001 (zitiert: *Fischer*, Europarecht).

Forsthoff, Ernst — Lehrbuch des Verwaltungsrechts, Erster Band: Allgemeiner Teil, 10. Auflage, München 1973 (zitiert: *Forsthoff*, Verwaltungsrecht AT).

Freisler, Horst — Situation und Position der Arzneimittelhersteller in der EU, in: Schwarze, Jürgen (Hrsg.), Unverfälschter Wettbewerb für Arzneimittel im europäischen Binnenmarkt, Pharmazeutische Produkte im Widerstreit von freiem Warenverkehr und nationalen Preiskontrollen, Baden-Baden 1998, S. 23 (zitiert: *Freisler* in: Schwarze (Hrsg.), Unverfälschter Wettbewerb für Arzneimittel).

Freund, Matthias — Infrastrukturgewährleistung in der Telekommunikation, NVwZ 2003, 408.

Freytag, Christiane — Parallelimporte nach EG- und WTO-Recht, Patente und Marken versus Handelsfreiheit, Berlin 2001 (zitiert: *Freytag*, Parallelimporte).

Friauf, Karl Heinrich — Das apothekenrechtliche Verbot des Fremd- und Mehrbesitzes, Heidelberg 1992 (zitiert: *Friauf*, Fremd- und Mehrbesitzverbot).

Friske, Jan Eckhard — Mehr Markt und Wettbewerb in der deutschen Arzneimittelversorgung?, Eine gesundheitsökonomische Untersuchung im Spiegel amerikanischer Markterfahrungen, Bayreuth 2003 (zitiert: *Friske*, Mehr Markt und Wettbewerb in der deutschen Arzneimittelversorgung?).

Gabler Wirtschaftslexikon — Die ganze Welt der Wirtschaft: Betriebswirtschaft, Volkswirtschaft, Recht und Steuern, 15. Auflage, Wiesbaden 2001 (zitiert: *Gabler*, Wirtschaftslexikon).

Geiger, Rudolf — EUV, EGV, Vertrag über die Europäische Union und Vertrag zur Gründung der Europäischen Gemeinschaft, Kommentar, 4. Auflage, München 2003 (zitiert: *Geiger*, EG-Vertrag).

Geldmacher, Günther — Verbotene Apothekenpacht, DWW 1999, 109.

Gornig, Gilbert — Europäisches Gemeinschaftsrecht, Freizügigkeit und Niederlassungsfreiheit von Apotheken, DAZ 1989, S. 1252.

Grabitz, Eberhard
Hilf, Meinhard (Hrsg.) — Das Recht der Europäischen Union, Kommentar in 3 Bänden, Loseblatt München, Stand: August 2003 (zitiert: *Bearbeiter* in: Grabitz/Hilf (Hrsg.), EG-Vertrag).

Grams, Hartmut A. — Zum Betrieb von Filialapotheken und Apotheken-Einkaufsgemeinschaften, MedR 1997, 406.

Groeben, Hans von der
Thiesing, Jochen
Ehlermann, Claus-Dieter (Hrsg.) — Kommentar zum EU-/EG-Vertrag, Band 1: Art. A-F EUV Art. 1-84 EGV, 5. Auflage, Baden-Baden 1997 (zitiert: *Bearbeiter* in: Groeben/Thiesing/Ehlermann (Hrsg.), Kommentar zu EU- und EG-Vertrag).

Gundel, Jörg — Die Rechtfertigung von faktisch diskriminierenden Eingriffen in die Grundfreiheiten des EGV, JURA 2001, 79.

Haage, Heinz — Impfstoffversand an Ärzte, MedR 2001, 562.

Hanika, Heinrich — Europäisches Arzneimittelrecht, Die pharmazeutische Industrie in Europa auf dem Weg zur Vollendung des Binnenmarktes für Arzneimittel, MedR 2000, 63.

Harms, Jens — Daseinsvorsorge im Wettbewerb. Zur Abgrenzung von Dienstleistungen von allgemeinem wirtschaftlichem Interesse im Sinne der Art. 16 und 86 EG-Vertrag in: Brede, Helmut (Hrsg.), Wettbewerb in Europa und die Erfüllung öffentlicher Aufgaben, Baden-Baden 2000/2001, S. 25 (zitiert: *Harms* in: Brede (Hrsg.), Wettbewerb in Europa und die Erfüllung öffentlicher Aufgaben).

Hart, Dieter
Hilken, Arnold
Merkel, Harald
Woggan, Olaf (Hrsg.) — Das Recht des Arzneimittelmarktes, Baden-Baden 1988 (zitiert: *Verfasser* in: Hart/Hilken/Merkel/Woggan (Hrsg.), Arzneimittelmarkt).

Heermann, Peter W. — Artikel 30 EGV im Lichte der „Keck" Rechtsprechung: Anerkennung sonstiger Verkaufsmodalitäten und Einführung eines einheitlichen Rechtfertigungstatbestands, GRUR Int. 1999, 579.

Heinemann, Antje-Katrin — Die rechtlichen Rahmenbedingungen bei Parallelimporten von Arzneimitteln in die Bundesrepublik Deutschland, PharmR 2001, 180.

Hiltl, Christoph — Formalzulassung von Parallelimporten, Anmerkung zum „Smith & Nephew"-Urteil des EuGH vom 12. November 1996, PharmR 1997, 84.

Herdegen, Matthias — Die Regulierung des Postuniversaldienstes: Abschied vom Markt?, ZRP 1999, 63.

Herdegen, Matthias — Europarecht, 5. Auflage, München 2003.

Hödl, Sascha Oliver — Die Beurteilung von verkaufsbehindernden Maßnahmen im Europäischen Binnenmarkt, Neue Interpretationsansätze zu Art. 30 EGV auf der Grundlage der Keck-Entscheidung, Baden-Baden 1997 (zitiert: *Hödl*, Verkaufsbehindernde Maßnahmen im Europäischen Binnenmarkt).

Hösch, Ulrich — DocMorris, Anmerkungen zum Urteil des EuGH vom 11.12.2003 in der Rechtssache C-322/01, GewArch 2004, 98.

Hösch, Ulrich — Arzneimittelvertrieb durch Internetapotheken, GewArch 2004, 14.

Hoffmann, Heinrich — Kommentar zum Gesetz über das Apothekenwesen, München 1961 (zitiert: *Hoffmann*, ApoG).

Hrbek, Rudolf
Nettesheim, Martin (Hrsg.) — Europäische Union und mitgliedstaatliche Daseinsvorsorge, Baden-Baden 2002 (zitiert: *Verfasser* in: Hrbek/Nettesheim (Hrsg.), EU und mitgliedstaatliche Daseinsvorsorge).

Hubmann, Heinrich
Götting, Horst-Peter — Gewerblicher Rechtsschutz, Patent-, Gebrauchsmuster-, Geschmacksmuster-, Marken- und Wettbewerbsrecht, 7. Auflage, München 2002 (zitiert: *Hubmann/Götting*, Gewerblicher Rechtsschutz).

Hügel, Herbert
Fischer, Jürgen
Kohm, Baldur
Pharmazeutische Gesetzeskunde, 32. Auflage, Stuttgart 2001 (zitiert: *Hügel/Fischer/Kohm*, Pharmazeutische Gesetzeskunde).

Jarass, Hans D.
Richtlinienkonforme bzw. EG-rechtskonforme Auslegung nationalen Rechts, EuR 1991, 211.

Jarass, Hans D.
Grundfragen der innerstaatlichen Bedeutung des EG-Rechts, Die Vorgaben des Rechts der Europäischen Gemeinschaft für die nationale Rechtsanwendung und die nationale Rechtsetzung nach Maastricht, Köln/Berlin/Bonn/München 1994 (zitiert: *Jarass*, Grundfragen der innerstaatlichen Bedeutung des EG-Rechts).

Jarass, Hans D.
Elemente einer Dogmatik der Grundfreiheiten II, EuR 2000, 705.

Jarass, Hans D.
Beljin, Saša
Unmittelbare Anwendung des EG-Rechts und EG-rechtskonforme Auslegung, JZ 2003, 768.

Joliet, René
Der freie Warenverkehr: Das Urteil Keck und Mithouard und die Neuorientierung der Rechtsprechung, GRUR Int. 1994, 979.

Kämmerer, Jörn Axel
Daseinsvorsorge als Gemeinschaftsziel oder: Europas „soziales Gewissen", NVwZ 2002, 1041.

Kerckhoff, Thomas
Das Schweizer Modell des Arzneimittelversandhandels – Modell für den europäischen Binnenmarkt?, in: Klusen, Norbert (Hrsg.), Europäischer Binnenmarkt und Wettbewerb – Zukunftsszenarien für die GKV, Baden-Baden 2003, S. 180 (zitiert: *Kerckhoff* in: Klusen (Hrsg.), Zukunftsszenarien für die GKV).

Kingreen, Thorsten
Das Leistungserbringungsrecht der gesetzlichen Krankenversicherung nach dem EuGH-Urteil Müller-Fauré/van Riet, ZESAR 2003, 199.

Kingreen, Thorsten
Anmerkung zu EuGH, Rs. C-322/01 Deutscher Apothekerverband/DocMorris, ZESAR 2004, 102.

Kingreen, Thorsten Die Struktur der Grundfreiheiten des Europäischen Gemeinschaftsrechts, Berlin 1999 (zitiert: *Kingreen*, Struktur der Grundfreiheiten).

Kischel, Uwe Die Kontrolle der Verhältnismäßigkeit durch den Europäischen Gerichtshof, EuR 2000, 380.

Kloesel, Arno
Cyran, Walter Arzneimittelrecht, Kommentar, 3. Auflage, Stuttgart, Loseblatt Stand: Juli 2002 (zitiert: *Kloesel/Cyran*, AMG).

Koch, Benjamin Eine erste Bewertung der Entscheidung „DocMorris" des EuGH, EuZW 2004, 50.

Koenig, Christian Zum Internet-Auftritt einer niederländischen Online-Apotheke sowie zum Spannungsverhältnis zwischen „Versand" und „Bezug" nach §§ 43 Abs. 1 und 73 Abs. 2 Nr. 6 a Arzneimittelgesetz, Frankfurt 2000 (zitiert: *Koenig*, Internet-Auftritt).

Koenig, Christian Daseinsvorsorge durch Wettbewerb!, EuZW 2001, 481.

Koenig, Christian
Beer, Daniela
Meurer, Friederike Der Anspruch auf Erstattung des Herstellerrabatts gemäß § 130a Abs. 1 S. 2 SGB V bei der Arzneimittelabgabe durch Apotheken anderer Mitgliedstaaten, ZESAR 2004, 57.

Koenig, Christian
Engelmann, Christina Schutz von Reimporten durch die Freiheit des Warenverkehrs, EWS 2001, 405.

Koenig, Christian
Engelmann, Christina E-Commerce mit Arzneimitteln im Europäischen Binnenmarkt und die Freiheit des Warenverkehrs, ZUM 2001, 19.

Koenig, Christian
Engelmann, Christina Internet-Handel mit Arzneimitteln zwischen Wettbewerb im EG-Binnenmarkt und nationaler Regulierung, PharmR 2000, Europäisches Arzneimittelrecht 1, S. 1.

Koenig, Christian
Engelmann, Christina
Sander, Claude Parallelhandelsbeschränkungen im Arzneimittelbereich und die Freiheit des Warenverkehrs, GRUR Int. 2001, 919.

Koenig, Christian
Engelmann, Christina
Wunsch, Christiane
Einführung einer unbegrenzten Gültigkeit der Arzneimittelzulassung – Bedeutet der Reformvorschlag der europäischen Kommission vom 18. Juli 2001 zur umfassenden Neugestaltung der geltenden EU-Vorschriften für Humanarzneimittel eine Gefahr für die Sicherheit und Wirksamkeit der Arzneimittel?, PharmR 2001, Europäisches Arzneimittelrecht 3, S. 1.

Koenig, Christian
Haratsch, Andreas
Europarecht, 4. Auflage, Tübingen 2003 (zitiert: *Koenig/Haratsch*, Europarecht).

Koenig, Christian
Kühling, Jürgen
Rasbach, Winfried
Versorgungssicherheit im Wettbewerb – Ein Vergleich der gemeinschaftsrechtlichen, französischen und deutschen Energierechtsordnungen, ZNER 2003, S. 3.

Koenig, Christian
Kühling, Jürgen
Theobald, Christian (Hrsg.)
Hentschel, Kristin (Red.)
Recht der Infrastrukturförderung, 2004, im Erscheinen (zitiert: *Bearbeiter* in: Koenig/Kühling/Theobald (Hrsg.), Recht der Infrastrukturförderung).

Koenig, Christian
Meurer, Friederike
Engelmann, Christina
Das EuGH-Urteil „Deutscher Apothekerverband/DocMorris", Auftrieb für die Warenverkehrsfreiheit, EWS 2004, 65.

Koenig, Christian
Meurer, Friederike
Engelmann, Christina
Die Schlussanträge im EuGH-Verfahren in Sachen DocMorris: Ein wichtiger Schritt auf dem Weg zu einer liberalisierten und sicheren Arzneimittelversorgung in Europa, PharmR 2003, 113.

Koenig, Christian
Müller, Eva-Maria
Die EG-rechtliche Zulässigkeit digitaler Bestellformulare einer E-Pharmacy – die Heilmittelwerbeverbote der § 8 Abs. 1 und § 8 Abs. 2 HWG auf dem Prüfstand des Europäischen Gemeinschaftsrechts, PharmR 2002, 5.

Koenig, Christian
Müller, Eva-Maria
5 Jahre EMEA – Ein Zwischenruf auf die gemeinschaftlichen Zulassungsverfahren für Arzneimittel, PharmR 2000.

Koenig, Christian
Müller, Eva-Maria
Trafkowski, Armin
Internet-Handel mit Arzneimitteln und Wettbewerb im EG-Binnenmarkt, EWS 2000, 97.

Koenig, Christian
Pechstein, Matthias
Sander, Claude
EU-/EG- Prozessrecht, 2. Auflage, Tübingen 2002 (zitiert: *Koenig/Pechstein/Sander*, EU-/EG- Prozessrecht).

Krock, Alexander
Der Einfluss der europäischen Grundfreiheiten auf den Handel mit Arzneimitteln am Beispiel der Ärzte und Arzneimittel, Konstanz 1998 (zitiert: *Krock*, Einfluss der europäischen Grundfreiheiten auf den Handel mit Arzneimitteln).

Kühling, Jürgen
Bereiche öffentlicher Daseinsvorsorge in Deutschland: Die Telekommunikationswirtschaft als Paradebeispiel einer Daseinsvorsorge im Wettbewerb, in: Hrbek, Rudolf/Nettesheim, Martin (Hrsg.), Europäische Union und mitgliedstaatliche Daseinsvorsorge, Baden-Baden 2002, S. 138 (zitiert: *Kühling* in: Hrbek/Nettesheim (Hrsg.), EU und mitgliedstaatliche Daseinsvorsorge).

Langen, Eugen
Bunte, Hermann-Josef
(Hrsg.)
Kommentar zum deutschen und europäischen Kartellrecht, Band 1, 9. Auflage, Neuwied 2001 (zitiert: *Bearbeiter* in: Langen/Bunte (Hrsg.), Kartellrecht).

Larenz, Karl
Methodenlehre der Rechtswissenschaft, 6. Auflage, Berlin u. a. 1991 (zitiert: *Larenz*, Methodenlehre).

Lenz, Carl Otto
Borchardt, Klaus-Dieter
(Hrsg.)
EU- und EG-Vertrag, 3. Auflage, Köln, Basel, Wien 2003 (zitiert: *Bearbeiter* in: Lenz/Borchardt (Hrsg.), EU- und EG-Vertrag).

Lenz, Carl Otto
Ein undeutlicher Ton, NJW 1994, 1633.

Lenz, Christofer
Warenverkehrsfreiheit nach der DocMorris-Entscheidung zum Versand von Arzneimitteln, NJW 2004, 332.

Löwenberg, Fabian
Service Public und öffentliche Dienstleistungen in Europa, Ein Beitrag zu Art. 16 des EG-Vertrages, Berlin 2001 (zitiert: *Löwenberg*, Service Public und öffentliche Dienstleistungen in Europa).

Malz, Christiane Die Internet-Apotheke in Europa unter besonderer Berücksichtigung des deutschen und englischen Rechts, Frankfurt/M. 2003 (zitiert: *Malz*, Die Internet-Apotheke in Europa).

Mand, Elmar Arzneimittelversand durch Internet-Apotheken im Europäischen Binnenmarkt, Rechtsprobleme bei der Anwendung und Auslegung der §§ 43, 73 AMG, WRP 2003, 37.

Mand, Elmar E-Commerce mit Arzneimitteln, Auswirkungen des Herkunftslandprinzips auf das Internationale Wettbewerbsrecht, MMR 2003, 77.

Mankowski, Peter Anmerkung zu LG Berlin, Urteil v. 7. 11. 2000, 103 O 192/00, MMR 2001, 251.

Matthies, Heinrich Artikel 30 EG-Vertrag nach Keck, in: Festschrift für Ulrich Everling, Baden-Baden 1995, S. 803 (zitiert: *Matthies* in: FS Everling).

Meyer, Andreas Europäischer Binnenmarkt und produktspezifisches Werberecht, GRUR Int. 1996, 697.

Meyer, Hilko J. E-Commerce mit Arzneimitteln, Ist der Internet-Vertrieb apothekenpflichtiger Arzneimittel an Endverbraucher in Deutschland zulässig?, Stuttgart 2000 (zitiert: *Meyer*, E-Commerce mit Arzneimitteln).

Millarg, Ivo Die Schranken des freien Warenverkehrs in der EG, Systematik und Zusammenwirken von Cassis-Rechtsprechung und Art. 30 EG-Vertrag, Baden-Baden 2001 (zitiert: *Millarg*, Schranken des freien Warenverkehrs).

Mojzesowicz, Karolina Möglichkeiten und Grenzen einer einheitlichen Dogmatik der Grundfreiheiten, Baden-Baden 2001 (zitiert: *Mojzesowicz*, Möglichkeiten und Grenzen einer einheitlichen Dogmatik der Grundfreiheiten).

Möschel, Wernhard Kehrtwende in der Rechtsprechung des EuGH zur Warenverkehrsfreiheit, NJW 1994, 429.

Neumann, Thomas Organisation der Arzneimittelversorgung in der Bundesrepublik Deutschland, Gesundheitsökonomische Analyse von Steuerungsproblemen im System der Gesetzlichen Krankenversicherung, Köln 1986 (zitiert: *Neumann,* Arzneimittelversorgung).

Nicolaysen, Gert Europarecht II, Das Wirtschaftsrecht im Binnenmarkt, Baden-Baden 1996 (zitiert: *Nicolaysen*, Europarecht II).

Oppermann, Thomas Europarecht, 2. Auflage, München 1999 (zitiert: *Oppermann,* Europarecht).

Palandt, Otto Bürgerliches Gesetzbuch, Kommentar, 63. Auflage, München 2004 (zitiert: *Palandt/Bearbeiter*, BGB).

Pfaff, Martin
Wassener, Dietmar
Sterzel, Astrid
Neldner, Thomas Analyse potentieller Auswirkungen einer Ausweitung des Pharmaversandes in Deutschland, Frankfurt 2002 (zitiert: *Pfaff/Wassener/Sterzel/Neldner*, Analyse potentieller Auswirkungen des Pharmaversandes).

Pieck, Johannes Aufgabenbereiche von Arzt und Apotheker aus rechtlicher Sicht, PZ 1989, 740.

Platzer, Helmut Internetversandhandel von Arzneimitteln – ein neuer Weg? Offene Fragen der Arzneimittelversorgung in Deutschland, in: Stein, Peter (Hrsg.), Perspektiven zur Regelung des Internetversandhandels von Arzneimitteln, S. 29, München 2002 (zitiert: *Reichert* in: Stein (Hrsg.), Perspektiven zur Regelung des Internetversandhandels von Arzneimitteln).

Prinz, Aloys
Vogel, Alexander E-Commerce im Arzneimittelhandel, zulassen, verbieten oder regulieren?, Gütersloh 2003 (zitiert: *Prinz/Vogel*, E-Commerce im Arzneimittelhandel).

Rehmann, Wolfgang Ist die arzneimittelrechtliche Zulassung personenbezogen?, PharmR 1995, S. 287.

Rehmann, Wolfgang Formalzulassung von Parallelimporten, Anmerkung zum Urteil des Europäischen Gerichtshofes vom 12.11.1996 – Smith & Nephew, zugleich Erwiderung auf Hiltl, PharmR 1997, 326.

Rehmann, Wolfgang Arzneimittelgesetz (AMG), Kommentar, 2. Auflage, München 2003 (zitiert: *Rehmann,* AMG).

Reich, Norbert Parallelimporte von Arzneimitteln nach dem Recht der Europäischen Gemeinschaft, NJW 1984, 2000.

Reich, Norbert The „November Revolution" of the European Court of Justice: Keck, Meng and Audi revisited, CML Rev. 1994, 459.

Reichert, Gerhard Gefahren des Arzneimittelversandhandels aus der Sicht der Apotheker, in: Stein, Peter (Hrsg.), Perspektiven zur Regelung des Internetversandhandels von Arzneimitteln, S. 19, München 2002 (zitiert: *Platzer* in: Stein (Hrsg.), Perspektiven zur Regelung des Internetversandhandels von Arzneimitteln).

Ress, Georg
Ukrow, Jörg Niederlassungsrecht von Apotheken in Europa, Stuttgart 1991 (zitiert: *Ress/Ukrow*, Niederlassungsrecht von Apotheken).

Rolfes, Marcus Internetapotheken, Rechtliche Probleme der Heilmittelwerbung im Internet und die Zulässigkeit des E-Commerce mit Arzneimitteln, München 2003 (zitiert: *Rolfes*, Internetapotheken).

Rösler, Patrick Der relevante Markt in der Europäischen Fusionskontrolle, NZG 2000, 761.

Roßnagel, Alexander Europäische Marktfreiheiten und atomrechtliche Entsorgungsvorsorge, DÖV 1996, 984.

Rotta, Christian Novellierung des Apothekenrechts: Aufbruch zu neuen Ufern?, NJW 1995, 755.

Sachs, Michael (Hrsg.) Grundgesetz Kommentar, 3. Auflage, München 2003 (zitiert: *Bearbeiter* in: Sachs (Hrsg.), Grundgesetz).

Sack, Rolf — Staatliche Regelungen sogenannter „Verkaufsmodalitäten“ und Art. 30 EG-Vertrag, EWS 1994, 37.

Sander, Axel — Arzneimittelrecht, Loseblattsammlung, Stuttgart, Berlin, Köln, Stand: September 2002; Band 1: § 1 - § 46 (zitiert: *Sander*, Arzneimittelrecht).

Sander, Gerald G.
Sigloch, Daniel — Der Arzneimittelversand im Lichte der Keck-Rechtsprechung des EuGH – zugleich Anmerkung zu den Schlussanträgen in der Rechtssache C-322/01, PharmR 2003, 371.

Sander, Gerald G. — Rechtsfragen des Arzneimittelhandels im Internet, ApoR 2002, 132.

Sander, Gerald G. — Der Vertrieb von Arzneimitteln über das Internet, im Spannungsverhältnis von Freihandel und Gesundheitsschutz, Eschborn 2002 (zitiert: *Sander*, Der Vertrieb von Arzneimitteln über das Internet).

Schäfers, Christina
Kaesbach, Wolfgang — Internethandel mit Arzneimitteln, Qualität und Sicherheit müssen gewährleistet sein, BKK 2000, 203.

Schiedermair, Rudolf
Pieck, Johannes — Apothekengesetz, Kommentar, 2. Auflage, Loseblatt, Stand 1978 (zitiert: *Schiedermair/Pieck*, ApoG).

Schmitz, Volker — Die kommerzielle Kommunikation im Binnenmarkt im Lichte der neueren Rechtsprechung zur Warenverkehrsfreiheit, Baden-Baden 2000 (zitiert: *Schmitz*, Die kommerzielle Kommunikation im Binnenmarkt).

Schneider, Markus
Hofmann, Uwe
Späth, Brigitta
Grzeschik, Claudia
Köse, Aynur — Die Regulierung von Arzneimittelmärkten im internationalen Vergleich, Auswirkungen von Positivlisten, Festbeträgen, Zuzahlungen und Arzneimittelbudgets, Augsburg 2000 (zitiert: *Schneider/Hofmann/Späth/Grzeschik/Köse*, Regulierung von Arzneimittelmärkten).

Schöffski, Oliver Die Regulierung des deutschen Apothekenwesens, Eine ökonomische Analyse, Baden-Baden 1995 (zitiert: *Schöffski*, Regulierung des Apothekenwesens).

Schroeder, Dirk
Federle, Anne Das Keck-Urteil: Tatsächlich eine Abkehr von „Yves Rocher"?, ZIP 1994, 1428.

Schroeder, Werner Parallelimport von Arzneimitteln und freier Warenverkehr, EuZW 1994, 78.

Schulte, Bernd Warenverkehrsfreiheit und Dienstleistungsfreiheit im gemeinsamen Markt: Auswirkungen auf das Deutsche Gesundheitswesen, Teil 1: Bestandsaufnahme, A&S Heft 7-8/2001, 36.

Schütz, Jörg Der räumlich relevante Markt in der Fusionskontrolle – Zum „Backofenmarkt"-Beschluss des BGH –, WuW 1996, 286.

Schwarze, Jürgen Einführung: Daseinsvorsorge im Lichte des Wettbewerbsrechts in: Schwarze, Jürgen (Hrsg.), Daseinsvorsorge im Lichte des Wettbewerbsrechts, S. 9 (zitiert: *Schwarze* in: Schwarze (Hrsg.), Daseinsvorsorge im Lichte des Wettbewerbsrechts).

Schwarze, Jürgen (Hrsg.) EU-Kommentar, Baden-Baden 2000 (zitiert: *Bearbeiter* in: Schwarze (Hrsg.), EU-Kommentar).

Schwintowski, Hans-Peter Freier Warenverkehr im europäischen Binnenmarkt, Eine Fundamentalkritik an der Rechtsprechung des EuGH zu Art. 28 EGV, RabelsZ 2000, 38.

Snell, Jukka Free Movement of Pharmaceutical Products: An Overdose of Cheap Drugs?, EBLR 2003, 507.

Starck, Christian Die Vereinbarkeit des apothekenrechtlichen Fremd- und Mehrbesitzverbotes mit den verfassungsrechtlichen Grundrechten und dem gemeinschaftsrechtlichen Niederlassungsrecht, Baden-Baden 1999 (zitiert: *Starck*, Fremd- und Mehrbesitzverbot).

Steinberg, Philipp Zur Konvergenz der Grundfreiheiten auf der Tatbestands- und Rechtfertigungsebene, EuGRZ 2002, 13.

Steindorff, Ernst EG-Vertrag und Privatrecht, Baden-Baden 1996 (zitiert: *Steindorff*, EG-Vertrag und Privatrecht).

Steiner, J. Drawing the Line: Uses and Abuses of Article 30 EEC, CML Rev. 1992, 749.

Stober, Rolf Kommentar zum Ladenschlussgesetz, 4. Auflage, Köln/Berlin/Bonn/München 2000 (zitiert: *Stober*, LSchlG).

Streinz, Rudolf Das Verbot des Apothekenversandhandels mit Arzneimitteln, Eine „Verkaufsmodalität" im Sinne der Keck-Rechtsprechung?, EuZW 2003, 37.

Streinz, Rudolf (Hrsg.) EUV/EGV, München 2003 (zitiert: *Bearbeiter* in: Streinz (Hrsg.), EUV/EGV).

Taupitz, Jochen Das apothekenrechtliche Verbot des „Fremd- und Mehrbesitzes" aus verfassungs- und europarechtlicher Sicht, Heidelberg 1998 (zitiert: *Taupitz*, Fremd- und Mehrbesitzverbot).

Traugott, Rainer Zur Abgrenzung von Märkten, WuW 1998, 929.

Viscusi, W. Kip
Vernon, John M.
Harrington, Joseph E. Economics of Regulation and Antitrust, 3. Auflage, Cambridge u.s.w. 2000 (zitiert: *Viscusi/Vernon/Harrington*, Economics of Regulation).

Wagner, Susanne A. Zwangsrabatte für Arzneimittel als verfassungswidrige Sonderabgabe mit Finanzierungsfunktion, PharmR 2003, 409.

Wagner, Susanne A. Europäisches Zulassungssystem für Arzneimittel und Parallelhandel, Stuttgart 2000 (zitiert: *Wagner*, Europäisches Zulassungssystem).

Weyer, Hartmut Die Rechtsprechung zum freien Warenverkehr: Dassonville – Cassis de Dijon – Keck, DZWiR 1994, 89.

Weyer, Hartmut Freier Warenverkehr und nationale Regelungsgewalt in der Europäischen Union, Eine Analyse des Anwendungsbereiches der Art. 30-36 EG-Vertrag auf Grundlage der Rechtsprechung des EuGH, Berlin, New York 1997 (zitiert: *Weyer*, Freier Warenverkehr und nationale Regelungsgewalt in der EU).

Wiesener, Jan DocMorris und die Aufhebung des Versandhandelsverbots in Deutschland, GesR 2004, 43.

Wigge, Peter / *Kleinke, Sören* Kooperative Berufsausübung zwischen Apothekern und anderen Gesundheitsberufen, MedR 2002, 391.

Wigge, Peter Arzneimittelversorgung durch niedergelassene Apotheker in der gesetzlichen Krankenversicherung, NZS 1999, 584.

Wittig, Walter Parallel- und Reimporte im Arzneimittelmarkt, PharmInd 2002, 909.

Ziller, Ruth Versandhandel mit Arzneimitteln, PharmR 1999, 186.

Zuck, Rüdiger / *Lenz, Christofer* Der Apotheker in seiner Apotheke, zur verfassungsrechtlichen und europarechtlichen Zulässigkeit des Fremd- und Mehrbesitzverbotes bei Apotheken, Stuttgart 1999 (zitiert: *Zuck/Lenz*, Der Apotheker in seiner Apotheke).

Zuleeg, Manfred Die Grundfreiheiten des Gemeinsamen Markts im Wandel, in: Festschrift für Ulrich Everling, Baden-Baden 1995, 1717 (zitiert: *Zuleeg* in: FS Everling).

Peter Lang · Europäischer Verlag der Wissenschaften

Christina Malz

Die Internet-Apotheke in Europa

Unter besonderer Berücksichtigung des deutschen und englischen Rechts

Frankfurt am Main, Berlin, Bern, Bruxelles, New York, Oxford, Wien, 2003.
XII, 258 S.
Europäische Hochschulschriften: Reihe 2, Rechtswissenschaft. Bd. 3764
ISBN 3-631-51411-5 · br. € 51.50*

Der E-Commerce mit Arzneimitteln ist ein hochaktuelles, gleichermaßen praktisch wie wissenschaftlich interessantes Thema. Es geht dabei um die Frage, inwieweit Arzneimittel über das Internet vertrieben werden dürfen. Die Arbeit beschäftigt sich mit der Schnittstelle zwischen dem Internetrecht und dem Pharmazierecht. Anforderungen, die das Recht an den E-Commerce stellt, orientieren sich wesentlich an der Art der angebotenen Ware oder Dienstleistung. Auch der Handel mit Arzneimitteln unterliegt als solcher schon immer besonderen Anforderungen, die sich aus der Eigenart der Ware Arzneimittel und der besonderen Schutzbedürftigkeit des Patienten ergeben. Die Arbeit gliedert sich nach einer allgemeinen Darstellung der wirtschaftlichen und gesellschaftlichen Dimension der Problematik in die drei Schwerpunkte Europa, Deutschland und Großbritannien.

Aus dem Inhalt: E-Commerce mit Arzneimitteln · Europarechtlicher Rahmen · Vereinbarkeit der Rechtslage in Deutschland mit dem Europarecht · Exemplarische Betrachtung der Rechtslage in Großbritannien

Kolibri 360 GmbH
Ferdinand-Jühlke-Straße 7
99095 Erfurt, Deutschland
produktsicherheit@kolibri360.de

Druck:
CPI Druckdienstleistungen GmbH
im Auftrag der
Kolibri 360 GmbH
Ferdinand-Jühlke-Str. 7
99095 Erfurt